Perspektiven und Orientierungen

Schriftenreihe des Bundeskanzleramtes Band 15

Föderale Union – Europas Zukunft?

Herausgegeben von

Heinrich Schneider und Wolfgang Wessels

mit Beiträgen von

Dieter Biehl
Siegfried Magiera
Rudolf Hrbek
Heinrich Schneider
Larry Kramer
Joseph H. Weiler
Wolfgang Wessels

C. H. Beck'sche Verlagsbuchhandlung
München 1994

Die in diesem Band veröffentlichten Beiträge sind im Dezember 1993 abgeschlossen worden. Spätere Entwicklungen konnten deshalb nur in Einzelfällen berücksichtigt werden.

Die Deutsche Bibliothek – CIP-Einheitsaufnahme

Föderale Union – Europas Zukunft? / Hrsg. von Heinrich Schneider und Wolfgang Wessels. Mit Beitr. von Dieter Biehl ... – München : Beck, 1994
(Perspektiven und Orientierungen ; Bd. 15)
ISBN 3 406 38141 3
NE: Schneider, Heinrich [Hrsg.]; Biehl, Dieter; GT

ISBN 3 406 38141 3

Gesamtherstellung: C. H. Beck'sche Buchdruckerei Nördlingen
Gedruckt auf säurefreiem,
aus chlorfrei gebleichtem Zellstoff hergestelltem Papier

INHALTSVERZEICHNIS

HEINRICH SCHNEIDER/WOLFGANG WESSELS

Föderales Europa im Widerstreit – Einführung und Übersicht

I. Die „Vereinigten Staaten von Europa" – eine Idee von gestern?

Bald nachdem sich die Staats- und Regierungschefs der zwölf EG-Mitgliedstaaten entschlossen hatten, durch die Vorbereitung eines Vertrages über die Europäische Union „den mit der Gründung der EG eingeleiteten Prozeß der europäischen Integration auf eine neue Stufe zu heben",[1] ist über den zukünftigen Weg der Europapolitik eine Debatte in Gang gekommen, die an die Fundamente und an bislang kaum umstrittene Prinzipien dieser Politik rührt. Die Bestrebungen zur Einigung Europas hatten ihren ersten wichtigen Impuls bald nach dem Ende des Zweiten Weltkrieges erhalten. Eines der auslösenden Signale war Winston Churchills Plädoyer für die Schaffung der „Vereinigten Staaten von Europa" im September 1946. Damit sollte „... den ... Völkern dieses unruhigen und machtvollen Kontinents das Gefühl eines weitgespannten Patriotismus und einer gemeinsamen Staatszugehörigkeit" gegeben werden.[2] So hatte ein Staatsmann, der als ein mit beiden Beinen auf der Erde stehender Realpolitiker galt, eine prägnante Formel für die föderalistische Einigung Europas geprägt, die bis in die letzten Jahre wegweisend zu bleiben schien. Noch im April 1992 erklärte Bundeskanzler Helmut Kohl: „Der Vertrag über die Europäische Union leitet eine neue, entscheidende Etappe des europäischen Einigungswerks ein, die in wenigen Jahren dazu führen wird, das zu schaffen, was die Gründungsväter des modernen Europa nach dem letzten Kriege erträumt haben: die Vereinigten Staaten von Europa".[3] Einen Monat später räumte der Bundeskanzler ein, daß das Wort Churchills zu Mißverständnissen verleiten kann: „... Ich habe diese Formel jahrzehntelang gebraucht, aber ich habe lernen müssen, daß die Formel in die Irre führt, weil jeder, der diese Formel hört, sofort ... an die Vereinigten Staaten von Amerika denkt..." Das führe zu falschen Konsequenzen. Die Bürger der USA sind, obschon ihre Vorfahren ganz verschiedene Erbschaften in die Neue Welt mitbrachten, inzwischen zu einer einzigen Nation geworden. In Europa soll sich gerade dies nicht wiederholen: „Wir bleiben vielmehr in diesem Vereinten Europa Deutsche, Briten, Italiener oder Franzosen...".[4] Die neue Union soll „kein zentralistisches Europa werden", sondern die Vielfalt der Völker und Kulturen bewahren; kein „Überstaat", aber dennoch ein Ganzes, das nach föderalistischen Bauprinzipien gestaltet sein soll: „bürgernah" und „demokratisch".[5]

Allerdings ist – zumindest in Deutschland, aber vermutlich doch auch über Deutschland hinaus – die Diskussionslage durch das Urteil des Bundesverfassungsgerichts zum Maastrichter Vertrag[6] in gewisser Weise verändert worden: Die föderale Perspektive einer künftigen Entwicklung der Europäischen Union wird durch das Urteil nicht in Frage, aber doch unter bestimmte Bedingungen gestellt. Das Gericht hat offen gelassen, ob die Schaffung eines „Bundesstaates" im klassischen Sinn im Rahmen und auf der Basis des Grundgesetzes zulässig ist. Es hat jedoch nachdrücklich betont, daß derzeit die supranationale Gemeinschaftsgewalt in maßgeblicher, ja überwiegender Weise von den Mitgliedstaaten getragen und legitimiert wird, und daß eine eigenständige supranationale Legitimierung erst dann vorstellbar wäre, wenn dazu bestimmte „vorrechtliche Voraussetzungen" gegeben sind, die nach Auffassung des Gerichts derzeit noch nicht gegeben sind, sich aber im Laufe der Zeit im Rahmen der Union entwickeln können.[7] Dies wird nicht für notwendig gehalten, damit „die demokratischen Grundlagen der Union schritthaltend mit der Integration ausgebaut werden" können.[8] Die Weiterentwicklung wird also positiv in Aussicht genommen. Aber gegenüber politischen Zielsetzungen, die am klassischen Bundesstaatsmodell (vor allem dann, wenn es eine Kompetenzkompetenz für den Bund einschließt) orientiert sind, hat das Gericht unmißverständlich Bedenken artikuliert.

Da es im übrigen sogar bestimmte Elemente der bisherigen eigenen Judikatur zu Lasten der Gemeinschaftshoheit modifiziert hat, wird man das Urteil auch als ein Indiz für einen verfassungspolitischen Stimmungswandel betrachten können, der sich zu den oben zitierten Äußerungen des Bundeskanzlers in Bezug auf die Formel von den „Vereinigten Staaten von Europa" in Parallele setzen läßt. Die am klassischen Bundesstaat orientierte Denkschule wird es vermutlich auf absehbare Zeit schwerer haben, ihre Vorstellungen erfolgreich zur Geltung zu bringen.

Diese Zielsetzungen sind nicht unumstritten. In den Maastrichter Vertragsverhandlungen konnte die Aufnahme einer Formel, mit der die föderale Zielorientierung der Union zum Ausdruck gebracht werden sollte, nicht durchgesetzt werden. Inzwischen hat die Diskussion an Schärfe, aber auch an Facettenvielfalt eher noch zugenommen. In der Meinungslandschaft über mögliche, wünschenswerte und zu verhindernde Entwicklungen der europäischen Integration hat sich weder eine „herrschende Lehre" noch ein markantes Gegenüber zweier oder dreier Denkschulen durchgesetzt.

Dessen ungeachtet wird es nötig sein, daß sich die Zwölf (und vielleicht hat sich die Zahl der Mitgliedstaaten schon bald vermehrt) darüber verständigen, wie der Entwicklungsprozeß der Europäischen Union weitergehen soll. Im Maastrichter Vertrag ist ja bereits der Zusammentritt einer weiteren Regierungskonferenz verbindlich festgelegt worden. Sie soll im Lichte der bis dahin gewonnenen Erfahrungen, aber auch weil im Vorfeld von Maastricht eine ganze Reihe von Fragen ungelöst blieben, erneut eine Vertragsreform in die Wege leiten. Welche Perspektiven diese Arbeiten bestimmen sollen – darüber muß die Diskussion so bald wie möglich eröffnet werden.

Diese Diskussion selbst muß einen vielschichtigen Charakter haben; es kann dabei nicht um einige wenige Fragen gehen, auch wenn sich seit Anfang der Vorbereitung des Maastrichter Vertrages die Auseinandersetzung auf singuläre Aspekte der Gesamtproblematik konzentriert hat.

II. Föderalismus als Gestaltungsprinzip der Europäischen Union

Die Europapolitik steht also im Anschluß an den Maastrichter Vertrag vor vielen entscheidenden Fragen. Im vorliegenden Band wird allerdings nur eine von ihnen herausgegriffen: Kann der Föderalismus der Europapolitik neue Wege weisen oder gar zu einem bestimmenden Prinzip der Europäischen Union werden? Das Thema ist aus einer ganzen Reihe von Gründen beachtenswert:

Schon der eingangs gegebene Hinweis auf die „Vereinigten Staaten von Europa" zeigt an, daß föderalistische Vorstellungen zumindest als eine von mehreren Alternativen der Finalität des Einigungsprozesses relevant waren; die Kontroverse über die Aufnahme einer entsprechenden Formel in den Maastrichter Vertrag läßt deutlich werden, daß dies auch noch bis in die neunziger Jahre hinein der Fall war.

Die immer wieder erhobene Forderung nach demokratisch legitimierter und kontrollierter Handlungsfähigkeit der Europäischen Union und ihrer Organe ist ein Indiz dafür, daß das Thema weiterhin auf der Tagesordnung bleiben wird, selbst dann, wenn man aus taktischen Gründen bestimmte Ausdrücke vermeidet.[9]

Legitimierte Handlungsfähigkeit der Unionsorgane soll aber nach einer verbreiteten, vom Europäischen Rat unmißverständlich übernommenen Auffassung nicht auf Kosten von „Bürgernähe" erreicht werden. Sie soll mit dem Subsidiaritätsprinzip in Einklang stehen. Die „föderale Berufung" der Union darf nicht zur Rechtfertigung einer ungehemmt zentralisierenden und unitarisierenden Politik mißbraucht werden. Schon der Umstand, daß es nicht überflüssig ist, dies ausdrücklich zu betonen, deutet an, daß sich der politische Bedeutungsgehalt der Begriffe „föderal" und „Föderalismus" nicht von selbst versteht. Eine genauere Vergegenwärtigung und Beurteilung der Begriffsinhalte des Föderalismus und seiner verschiedenen Deutungen ist unerläßlich.

Eine zusätzliche Problemdimension erhält das Thema dadurch, daß die Tendenzen zur Stärkung der Supranationalen Ebene Bestrebungen ausgelöst haben, eine „mehrstufige" föderale Gliederung des europäischen Gemeinwesens in Aussicht zu nehmen und zu entwickeln, d.h. eine „subnationale" Ebene politischer Aufgabenwahrnehmung und Willensbildung vorzusehen oder zu stärken. Dadurch soll das Subsidiaritätsprinzip verstärkt geltend gemacht und effektuiert werden, und zwar nicht nur im Verhältnis Union (Gemeinschaft)/Mitgliedstaaten, und außerdem soll auch eine „Rückkoppelung" der supranationalen Politik selbst an „bürgernähere" politische Willensbildungsprozesse ermöglicht werden. Im Maastrichter Vertrag selbst hat sich das in den Bestimmungen über den „Ausschuß der Regionen" niedergeschlagen. Dahinter steht aber die Vorstellung, daß eine europäische Gesamtentwicklung, die vom Prinzip der föderalen Gliederung und der Subsidiarität bestimmt ist, sich auch auf die innere Gliederung der Mitgliedstaaten der Union auswirken könnte.

Es liegt nahe, daß solche Ideen vor allem dort formuliert werden oder Resonanz finden, wo in einem Mitgliedstaat ohnehin bereits das Prinzip der Zusammensetzung des Staates aus eigenständigen Gliedverbänden (Regionen, Bundesländern usw.) realisiert ist oder erstrebt wird. Dort, wo diese Binnengliederung selbst „föderal" begriffen wird, also in Bundesstaaten wie der Bundesrepublik Deutschland, Belgien oder im künftigen Mitgliedstaat Österreich, sind daher auch schon Ideen über die Wünschbarkeit eines „Föderalismus auf drei Ebenen" ins Spiel gebracht worden, nicht zu reden von radikalen Bestrebungen zur Realisierung eines „Europas der Regionen", in dem die eigentlichen Träger der föderalen Europäischen Union nicht mehr die bisherigen Nationalstaaten wären, sondern kleinere, „bürgernähere", nach bisherigen Kriterien „subnationale" Einheiten. Dies alles legt zumindest die Frage nahe, was sich daraus an Konsequenzen für die Interpretation und die mögliche Anwendung des föderalen Prinzips in der Fortentwicklung der Europäischen Union ergibt. Im übrigen findet die Auseinandersetzung über den europäischen Föderalismus in einem Problemkontext statt, der über die Europapolitik hinausgeht: Das Verständnis von Staat und Gesellschaft, von souveräner Wahrnehmung hoheitlicher Aufgaben und kooperativer Bewältigung sozialer und wirtschaftlicher Steuerungsprobleme ist im Umbruch begriffen.

III. Die föderalistische Herausforderung Europas – Optionen für die Zukunft

Versucht man, die Vielzahl der gängigen Beiträge über die Fortführung der europäischen Einigungspolitik überschaubar zu machen, so gewinnt man den Eindruck, daß sich drei Alternativen anbieten, die unterschiedliche Stellungnahmen zur Frage nach dem Föderalismus einschließen. Sie werden im folgenden, in idealtypischer Prägnanz, einander gegenübergestellt.

1. Fortschreibung des „Rom/Maastricht-Europas" – die Variante eines fusionierten Handelns der Staaten und der Unionsorgane

Als erste wird eine Option dargestellt, die drei erkennbare integrationspolitische Langzeittendenzen, so wie sie sich aus den Römischen Verträgen entwickelt und erneut auch im Maastrichter Vertrag über die Europäische Union niedergeschlagen haben, für die Zukunft der Europäischen Union fortschreibt. Entsprechend der ersten Charakteristik bei dieser Trendextrapolation werden sich die Organe und Gremien der Europäischen Gemeinschaft/Europäischen Union zunehmend mit traditionellen und neuen öffentlichen Funktionen beschäftigen. Fast alle Themen auf der nationalen Tagesordnung werden ebenfalls – wenn auch mit unterschiedlicher Intensität und in verschiedenen Verfahren – im Rahmen der Europäischen Union behandelt.

Transferiert werden – nach der zweiten Charakteristik dieser Option – auch weiterhin Kompetenzen zum Einsatz staatlicher Handlungs- und Steuerungsinstrumente von der nationalen auf die europäische Ebene. In wachsendem Maße und auf zunehmend mehr Politikfeldern werden von den Organen der Europäischen Union Entscheidungen vorbereitet, getroffen, durchgeführt und kontrolliert, die verbindlich für die Mitgliedstaaten und Bürger dieser Union sind. Die Kompetenzverteilung zwischen nationaler und europäischer Ebene beruht jedoch nicht auf einer eindeutigen Anwendung des Subsidiaritätsprinzips, sondern entspricht den politischen Wünschen einzelner Regierungen nach einer gemeinsamen Problemverarbeitung. Die vertikale Aufgabenzuordnung ist Produkt eines politischen Verhandlungspakets, das zu einer zunehmenden Ansiedlung von staatlichen Handlungsinstrumenten im Rahmen der Europäischen Union führt. Das Ergebnis ähnelt so eher dem Bild eines „Flickenteppichs" als einer durchdachten föderalen Konstruktion. Vorteil dieses Vorgehens ist eine flexible Anpassung an die politischen Erwartungen für einen Handlungsbedarf der Europäischen Union. Zum Einsatz von staatlichen Instrumenten im Rahmen einer sich so entwikkelnden Europäischen Union gehört auch, daß die europäische Ebene und die Mitgliedstaaten ihre jeweiligen Gesetzgebungskompetenzen und Haushaltsbefugnisse „im Verbund" einsetzen, d. h. viele innere und äußere Aufgaben gemeinsam – durch ein „Bündeln" der Zuständigkeiten – angehen; Instrumente werden „fusioniert". Politische Verantwortlichkeiten verschmelzen durch „Partnerschaften" mehrerer Ebenen hoheitlicher Gewaltausübung.

Ein dritter integrationspolitischer Langzeittrend wird bei dieser Option ebenfalls fortgeschrieben: Die Zahl der Organe und Gremien der Europäischen Union, in denen Akteure aus den Mitgliedstaaten an der Beschlußfassung mitwirken, wird erneut erweitert; entsprechend werden bei dieser Option die Verfahren zur Vorbereitung, Verabschiedung, Durchführung und Kontrolle von Entscheidungen weiter differenziert. Nationale Parlamente werden an mehreren Phasen der Problemverarbeitung durch die Europäische Union sowohl innerstaatlich als auch durch besondere Beteiligungsformen – wie die Konferenzen von Parlamenten – verstärkt einbezogen. Der im Maastrichter Vertragswerk neu gegründete Regionalausschuß erhält – nach dieser Option – begrenzte, aber wirksame Mitentscheidungsrechte. Zu dieser prozeduralen Differenzierung gehört auch die Möglichkeit von Ausnahme- und Sonderregeln einer abgestuften Integration innerhalb einer erweiterten Europäischen Union oder von Teilmitgliedschaften anderer europäischer Staaten, die ihren „Weg nach Europa" suchen.

Insgesamt ist dieses Modell von der umfassenden Suche der Staaten nach Wegen gemeinsamer Problemlösung in vielfältigen Formen bestimmt. Die Spannung zwischen demokratischen und effizienten Strukturen für rationale und effektive Problemlösungen einerseits und dem nationalen Beharren auf umfassenden Mitentscheidungsrechten bzw. der Endkontrolle oder gar der Möglichkeit eines zumindest begrenzten Ausstiegs bzw. der Gewährung von Sonderregelungen wird nicht gelöst, sondern führt immer wieder zur Ausweitung von gemeinsam behandelten Politikbereichen und zur Differenzierung entsprechender Verfahren.

2. Föderaler Qualitätssprung – die Variante einer klassischen Föderation

Die (klassisch-)föderale Option für die Weiterentwicklung der Europäischen Union leitet aus einer konkreten Einschätzung der Entwicklungsprozesse und des derzeitigen Zustands der europäischen Integration die Folgerung ab, daß eine bloße Fortführung dieses Weges zu einer Integrationskrise führen würde. Die Defizite an Handlungsfähigkeit, Effizienz, Effektivität und Legitimität der bestehenden EU gelten als Beweggründe dafür, die Verfassung eines europäischen Bundesstaates auszuarbeiten, die sich im Hinblick auf vertikale Kompetenzverteilung und auf das Organsystem an klassischen Bundesstaatsmodellen orientiert.

Die Verteilung von Kompetenzen auf die verschiedenen staatlichen Ebenen folgt – nach diesen Vorstellungen – dem auf allen Gebieten anzuwendenden Subsidiaritätsprinzip. Für die föderale Ebene wird zumeist ein parlamentarisches Regierungssystem vorgesehen. Als Parlament wird ein aus dem EP und dem Rat bestehendes Zweikammersystem anvisiert. Die vom EP gewählte Regierung geht aus der jetzigen Kommission hervor. Der Gerichtshof der Europäischen Gemeinschaften wird zu einem Verfassungsgericht, das für alle von der Europäischen Union behandelten Bereiche zuständig ist.

Diese Option läuft darauf hinaus, vermittels einer Verfassung die Tendenzen zu einem bürokratischen Zentralismus durch eine bewußte Doppelstrategie zu konterkarieren: durch eine Begrenzung der Kompetenzen der Europäischen Union auf das für die gemeinsame Problemverarbeitung notwendige Maß und durch ein parlamentarisch- demokratisches Regierungssystem auf der Ebene der Europäischen Union. Vorkehrungen gegen eine Zentralisierung oder Unitarisierung der supranationalen Staatsebene werden für wichtig gehalten. Die Verfassung sollte gegenüber den – als gegenwärtig dominierend unterstellten – Tendenzen der unkontrollierten Ausuferung der Gemeinschaftszuständigkeiten einen „schlanken" („lean") Bundesstaat kreieren, der gleichzeitig handlungsfähig und direkt demokratisch legitimiert ist.

3. Orientierung am klassischen Nationalstaat – die Variante einer Rückbildung der Europäischen Union

Die Kritik der oben erwähnten integrationspolitischen Langzeittrends wird von den Vertretern dieser Variante als Grund zu einer „Flucht zurück" betrachtet und nicht, wie im zweiten Modell, als Anlaß eines „Sprungs nach vorn". Sie geht davon aus, daß das Schwinden des „permissive consensus" in der Bevölkerung und die Frustration wichtiger v. a. nationaler Akteure, die sich aus der Politik der Europäischen Union weithin ausgeschlossen fühlen, eine Legitimationskrise der Integration ausgelöst hat. Gegen die „Machtansprüche von Brüssel" wird tendenziell die Rückkehr zum klassischen Staatensystem befürwortet, das lediglich mit eher unpolitischen oder strikt intergouvernementalen Kooperationsmechanismen angereichert wird. Das Verlangen nach uneingeschränkter nationalstaatlicher Handlungsautonomie oder die Verlagerung bisher supranationaler Befugnisse auf Gremien der „flexiblen" Zusammenarbeit zwischen Regierungen und Verwaltungen wird als „natürliche" Rückkehr zur Normalität verstanden, wie sie nur in der Ära der „Blockbildungen" während des Ost-West- Konflikts „überwunden" schien. Die Lenkung der Europapolitik liegt in den Händen des Europäischen Rates, in dem sich die höchsten Autoritätsträger der souveränen Nationalstaaten zusammenfinden. So wird auch die Infragestellung der national- konstitutionellen Demokratie aufgehalten und „geheilt". Diese Variante hat auch nach der unverkennbaren Abkühlung des integrationspolitischen Klimas seit der Fertigstellung des Maastrichter Unionsvertrags im Winter 1991/92 nicht unbedeutende Anhänger, nicht zuletzt im Europäischen Parlament. Sie müssen sich allerdings nun auch mit dem „Maastricht-Urteil" des Bundesverfassungsgerichts auseinandersetzen, das – wie oben erwähnt – die Auffassung vertritt, für einen großen „Sprung nach vorn" mangle es unter den gegebenen Umständen an unerläßlichen Voraussetzungen.[10]

Die Staaten können ihre Verfassung nach eigenem Willen gestalten; das gilt auch für das Ja oder Nein zur internen Dezentralisierung, Regionalisierung oder Föderalisierung: Eine supranationale Föderation gilt als irreale Utopie.

4. Die Optionen im Vergleich

Die drei Modelle müssen einem doppelten Test ausgesetzt werden. Zum einen müssen sie daraufhin überprüft werden, ob sie real möglichen Entwicklungstendenzen, wie sie objektiv erkennbar sind, einigermaßen entsprechen. Zum anderen müssen sie in der Debatte über die anstehenden politischen Entscheidungen Anklang finden, d.h. zumindest als diskussionswürdig gelten. Beide Erfordernisse sind nicht kongruent – aber jedes von ihnen ist relevant.

Der Vergleich erlaubt weder eine verläßliche Aussage über die erwartbare Realisierung dieser oder jener Option, noch steht er im Zeichen einer vorgängigen Präferenz, was die Wünschbarkeit einer der drei skizzierten Entwicklungen betrifft. In jeder der drei Optionen werden Erfahrungen aus den Föderalismusdebatten ausgewertet und auf eine mögliche europäische Zukunft projiziert.

Die Gegenüberstellung dieser Idealtypen ist allerdings nicht unproblematisch. Sie impliziert Rückgriffe auf Erfahrungen und Diskussionen, die gegebenenfalls für das Europa der neunziger Jahre nur noch begrenzte Akzeptanz und Anwendungsfähigkeit aufweisen. Mit dem Bezug auf historisch häufig verzerrte und von wesentlichen Bedingungen abstrahierte Modelle werden wir vielleicht nur unzureichend für die Realitäten der neunziger Jahre gewappnet sein. Andererseits prägen die skizzierten Optionen auch heute noch die herrschenden Vorstellungen über die mögliche und wünschbare Zielsetzung der Integrationspolitik; dies ist zuletzt insbesondere bei einem Blick auf das Maastricht-Urteil des Bundesverfassungsgerichts[11] erkennbar; die Argumentation des Gerichts ist stark von einer idealtypischen Gegenüberstellung eines „Verbunds souveräner Staaten" (wenngleich mit eigenen hoheitlichen Aufgaben und Befugnissen) und eines mit Kompetenzkompetenz ausgestatteten Bundesstaates geprägt. Demgegenüber wird es ratsam sein, von der Fixierung auf bisherige Sichtweisen Abstand zu nehmen und auf der Grundlage von Überlegungen, wie sie in den Beiträgen dieses Bandes entwickelt werden, neue Perspektiven und Strukturmodelle zu entwerfen.

IV. Föderale Perspektive in zeitgemäßer Sicht: aktuelle Diskussionsbeiträge

Die Beiträge dieses Bandes sollen beim Entwurf solcher neuer Perspektiven behilflich sein. Sie behandeln Themen, an denen eine zeitgemäße Erörterung der europapolitischen Chancen des Föderalismus nicht vorbeigehen kann. Wichtig ist aber vor allem, daß sie nicht für sich stehen, sondern zueinander in Bezug gesetzt werden. Die Autoren vertreten unterschiedliche Disziplinen: von der Rechtswissenschaft über die Wirtschaftlichen Staatswissenschaften (die Finanzwissenschaft) bis zur Politikwissenschaft. Die Überlegungen und Argumente befassen sich mit einem einzigen, wenn auch verschiedene Aspekte aufweisenden Zusammenhang: die europäische Integration beruht ja selbst auf der produktiven Verknüpfung von ökonomischen Triebkräften, rechtlichen Normen, organisatorischen Arrangements und politischen Kräftekonstellationen.[12] Dieser mehrdimensionale, gleichsam dialektische Charakter der Europapolitik erfordert es, daß auch die Erkundung von Bedingungen der Möglichkeit einer föderalen Weiterentwicklung der Europäischen Union dementsprechend „mehrdimensional" und interdisziplinär erfolgen muß. Das heißt nicht, daß die Autoren der verschiedenen Beiträge zu allen behandelten Fragen gleiche Auffassungen vertreten; deutlich wird dies schon an dem Umstand, daß sie für gleiche Phänomene nicht dieselben Begrifflichkeiten verwenden.

Die Debatte über die Weiterentwicklung der Europäischen Union kreist seit einiger Zeit um die Begriffe „Föderalismus" und „Subsidiarität". Über ihren Gehalt und über ihre Tragweite als Gestaltungsprinzipien der Union herrschen häufig unklare, jedenfalls aber unterschiedliche Vorstellungen. Eine Klärung ist zur Rationalisierung der Diskussion unerläßlich.

Das Thema einer föderalen Ausgestaltung der Europäischen Union kommt ebensowenig wie die Forderung nach einer entsprechenden Verfassung von ungefähr. Schon bisher weist die Struktur der EG unverkennbar gewisse föderale Züge auf.[13] Trotzdem wäre ihre Umformung zu einer „föderalen Union" einerseits die Konsequenz aus ihrer bisherigen Entwicklung, andererseits aber etwas anderes als eine bloße Fortführung bisher bestimmender Tendenzen und Strukturbildungsprozesse. Die Erarbeitung und Inkraftsetzung einer föderalen Verfassung könnte eine Reihe von Widersprüchen der bisherigen Gemeinschaftsstruktur überwinden helfen. Dies ist eine These des Beitrags von Heinrich Schneider, der die nach dem Abschluß des Maastrichter Unionsvertrags gegebene Lage des Integrationssystems in den historisch-politischen Zusammenhang stellt. Dabei wird insbesondere deutlich, daß man die mit der Schaffung der Montan-Union vor mehr als 40 Jahren begonnene Integrationspolitik als eine zunächst planmäßig angelegte „Verfassungspolitik" in einem sehr spezifischen Sinn verstehen kann: anders als im herkömmlichen westlichen Verfassungsdenken ging es um die Konstitutionalisierung eines Programms der Veränderung der „empirischen Verfassung" der beteiligten Gesellschaften, insbesondere der Volkswirtschaften, das in bewußter Nutzung der Möglichkeiten der Dialektik von rechtsnormativen Vorgaben und faktischen Interessenlagen und Einstellungen darauf angelegt war, eine „immer engere Union" zwischen den beteiligten Staaten und den betroffenen Völkern und gesellschaftlichen Kräften in die Wege zu leiten, in erster Linie durch eine wirtschaftliche Marktintegration. Der Autor erläutert, daß es im Zuge dieser Politik nicht zufälligerweise zu den Projekten einer Wirtschafts- und Währungsunion (WWU) und einer Politischen Union kam – aber auch, warum dabei Spannungen und Widersprüche auftauchten. Er plädiert für einen neuen Ansatz der Integration in Form einer föderalen Verfassungspolitik, die aber nicht, wie das z. B. im Europäischen Parlament gefordert wird, auf einen Bundesstaat ausgerichtet ist, sondern auf ein föderales Gemeinwesen neuen Typs.

Diskussionen über die Möglichkeit einer föderalistisch orientierten Weiterentwicklung der Europäischen Union können nicht nur an Hand der bisher gängigen Kategorien der europäischen Einigungspolitik wie z. B. „Internationalismus" vs. „Supranationalismus" geführt werden, und auch ältere Erfahrungen föderaler Organisation von Staaten und Staatengemeinschaften sind für die in Europa heute und morgen anstehenden Probleme nur begrenzt fruchtbar. Dies beruht u. a. darauf, daß die Staaten, um deren Zusammenschluß es dabei geht, ihren Charakter geändert haben. Die europapolitische Debatte – auch und gerade die um den europäischen Föderalismus – kann nicht angemessen begriffen werden, wenn nicht die dabei im Spiel befindlichen Vorstellungen vom Wesen und von den Aufgaben des Staates sowie von den diesbezüglichen Veränderungen mitbedacht werden. Diesem Zusammenhang geht der Beitrag von Wolfgang Wessels nach, indem er vier in den einschlägigen Auseinandersetzungen wirksame „Staatsbilder" idealtypisch herausarbeitet. Die Schlußfolgerung des Autors besagt, daß auch die Europapolitik nicht so sehr „eigenen" Gesetzen folgt als vielmehr umfassenden

Tendenzen der Veränderung politischer Systeme, staatlicher Aufgaben und Aufgabenlösungsverfahren. Als entscheidend für die Zukunft der politischen Ordnung – auf staatlicher wie auf europäischer Ebene – betrachtet der Autor die Frage nach der Sicherung der Legitimität staatlich, kooperativ und föderal ausgeübter Herrschaft.

Siegfried Magiera analysiert die Bedeutungsvarianten und Implikationen der Begriffe „Föderalismus" und „Subsidiarität". Er vertritt die These, daß ihre Konjunktur eine grundlegende Richtungsänderung der Integrationspolitik anzeigt: Diese sei nicht mehr als ein Prozeß der Verlagerung von Aufgaben und Zuständigkeiten von den Mitgliedstaaten an die supranationale Gemeinschaft zu begreifen, sondern als die Entstehung und Gestaltung eines umfassenderen politischen Gemeinwesens, wobei auch Probleme der innerstaatlichen Gliederung in das Geschehen einbezogen werden. Zum sorgsamen Umgang mit den Begriffen hält der Autor es für notwendig, die ordnungspolitische und die juristische Bedeutung beider Termini auseinanderzuhalten und im juristischen Rahmen zwischen der „rechtsbildenden" Funktion der Begriffe – im Sinne einer vertraglichen oder verfassungsmäßigen Rahmengebung – und ihrer „rechtsimmanenten" Verwendung (als Maßregeln der Ausgestaltung der Rechtsordnungen im einzelnen) zu unterscheiden. Für das Subsidiaritätsprinzip werden drei Bedeutungsvarianten unterschieden, und es wird gezeigt, inwiefern sie von den Vertragsautoren aufgegriffen wurden.

Die politische Debatte über europäische Einigung, Föderalismus und Subsidiarität wird in aller Regel unter Verwendung völker-, staats- und gemeinschaftsrechtlicher Kategorien sowie unter Rückgriff auf die gerade mit föderalistischen Ideen und Subsidiaritätserwägungen verknüpften sozialphilosophischen und ordnungsethischen Grundvorstellungen geführt. Nur selten wurden Denkansätze und Einsichten der in den letzten Jahrzehnten entwickelten „Ökonomischen Theorie des Föderalismus" herangezogen.[14] Dieter Biehl zeigt in seinem Beitrag, daß die Diskussion über eine sinnvolle föderale Gestaltung politischer Ordnungen und Assoziationen mit Hilfe dieser Theorie erheblich rationalisiert werden kann. Ausgehend von einem Verständnis der Politik als Erbringung kollektivrelevanter Leistungen (insbesondere der Bereitstellung öffentlicher Güter, aber auch der gesellschaftlich gewollten Umverteilung anderer Güter) führt der Autor vor, daß es relativ objektive Kriterien für die Aufteilung und Zuordnung von Aufgaben, Handlungspotentialen und Ressourcen an verschiedene Verantwortungsträger auf unterschiedlichen Ebenen gibt. Dabei ist es möglich, mit Hilfe des Begriffs der „Präferenzkosten" auch prinzipielle gesellschaftliche und politische Wertüberzeugungen und deren homogene oder heterogene Verteilung in komplexen Gesellschaften (z. B. in einem multinationalen Miteinander) in die Theorie einzubeziehen.

Unter den seit einigen Jahren in der Europapolitik aufgekommenen Parolen ist die des „Europas der Regionen" im Zusammenhang des hier behandelten Themas besonders interessant, weil gerade die Diskussion über föderalistische Perspektiven der Integration dadurch neue Akzente erhalten hat. Rudolf Hrbek stellt in seinem Beitrag die Vielschichtigkeit der Problematik dar. Daß im Vertrag über die Europäische Union die Errichtung eines „Ausschusses der Regionen" vorgesehen wurde, ist nur einer von mehreren Aspekten. Das Stichwort vom „Europa der Regionen" wird mit sehr verschiedenen Vorstellungen verknüpft, und von „Regionen in Europa" zu reden – das klingt ähnlich wie das Wort vom „Europa der Regionen"; aber die gemeinten Objektfelder sind nicht dieselben. „Regionen in Europa" gibt es in verschiedener Hinsicht, nicht nur als territoriale Subsysteme der EU-Mitgliedstaaten, sondern auch als „künstlich" definierte Anwendungsfelder der EG-Regionalpolitik oder als transnationale Arbeitsgemeinschaften von Ländern, Provinzen, Kantonen usw. zur grenzüberschreitenden Vertrauensbildung oder zur Lösung spezifischer, den gemeinsamen Kooperationsraum betreffender Aufgaben.

Eine generelle Feststellung läßt sich dahingehend formulieren, daß durch das stärkere In-Erscheinung-Treten der Regionen (der supranationalen wie der transnationalen) das europapolitische Interaktionsfeld komplexer geworden ist und daß den EG-Organen und den „klassischen" intergouvernementalen Gremien neue Träger „europäischer" Kooperationsbestrebungen und Interessen an die Seite treten.

Schließlich wird im letzten Beitrag von Larry Kramer und Joseph Weiler die eigentümliche Entwicklung des Föderalismus in den USA thematisiert worden, und zwar im Hinblick auf die im ersten Abschnitt dieses einleitenden Überblicks erwähnte Problematik der Orientierung europäisch-föderalistischer Vorstellungen am historischen Muster der Vereinigten Staaten von Amerika. Das Resultat dieser Darstellung ist unmißverständlich: Obschon die Theorie und die Politik des staatenübergreifenden Föderalismus viel aus der Betrachtung der nordamerikanischen Bundesstaatsgründung und Bundesstaatsentwicklung lernen kann, wäre es verfehlt, die Verfassungsgeschichte der amerikanischen Föderation als „Vorbild" für eine europäische föderale Verfassungspolitik zu nehmen. Ertragreiche Lehren lassen sich vielmehr nur formulieren, wenn man sich vergegenwärtigt, welche Voraussetzungen und Gegebenheiten damals und dort von den heute und hier bestehenden ähnlich bzw. unähnlich sind, und welche Konsequenzen daraus gezogen werden müssen.

Der Umstand, daß in Nordamerika ein Bundesstaat errichtet wurde, in dem das Verhältnis von Gliedern und Bund von vornherein ausdrücklich nicht im Sinne des Subsidiaritätsprinzips (oder eines sinngemäß ähnlichen Grundsatzes) verstanden und normiert wurde und der nahezu von Anfang an als das politische Gemeinwesen einer einzigen Nation erschien, bestätigt die eingangs zitierte Aussage des Bundeskanzlers, daß die Formel von den „Vereinigten Staaten", angewandt auf die europäische Einigung, geeignet ist, verfehlte Vorstellungen auszulösen. Eben deshalb sind Warnungen vor einer ungehemmten Ausweitung der Gemeinschaftskompetenzen, wie sie im zweiten Teil des Beitrags nach einer Darstellung und Deutung dieser Entwicklung ausgesprochen werden, durchaus bedenkenswert.

V. Fazit: Auf dem Weg zu einem neuen Föderalismusverständnis?

Die Konfrontation und Verknüpfung der Beiträge zu diesem Band kann, wie die Herausgeber und die Autoren meinen, der Diskussion über den Föderalismus im künftigen Europa neue Perspektiven eröffnen. Eine entsprechende Synthese kann in einer Einleitung kaum vorweggenommen werden. Einige wenige Thesen sind gleichwohl schon hier vertretbar – auch im Sinn der Anregung, die nachfolgenden Kapitel des Buches daraufhin kritisch zu lesen:

1. Die europäische Integration war eine schöpferische und in ihren Grundentscheidungen bewährte Antwort der Staaten auf neuartige Herausforderungen, die mit den bisherigen Mitteln der staatlichen Politik und der zwischenstaatlichen Zusammenarbeit nicht hätten bewältigt werden können.
2. Die Integrationspolitik steht vor einer neuen Richtungsentscheidung. Es wäre problematisch, sie „linear" entlang einer schlichten Extrapolation der bisherigen Entwicklung weiterzuführen.
3. Eine Fortsetzung sollte die positiven Errungenschaften der EG-Politik unter keinen Umständen aufs Spiel setzen. Es ist aber eine dringliche Frage, wie für die Europäische Union Effizienz und Transparenz, Handlungsfähigkeit und Sicherung der Problemadäquatheit der Entscheidungen, rechtsstaatlich-demokratische Legitimität, Bürgernähe und Erhaltung der nationalen (sowie auch der subnationalen) Identitäten gewährleistet werden kann.
4. Die richtig verstandenen Prinzipien des Föderalismus stellen in diesem Kontext nicht etwa nur „auch heute noch", sondern vielmehr „gerade heute und morgen" Elemente eines zukunftsträchtigen und problemgerechten Leitbildes bereit.
5. Ihre Umsetzung muß sich allerdings von althergebrachten Vorurteilen und Konstruktionsmodellen lösen, und seien es auch jene, die man nur zu leicht mit einer Formel wie der von den „Vereinigten Staaten

von Europa“ verbindet. So wie schon die Europäische Gemeinschaft eine (Internationale) Organisation „sui generis“ war, wird auch die künftige föderal gestaltete Europäische Union eine „Föderation sui generis“, also weder ein Staatenbund noch ein Bundesstaat im klassischen Sinne, aber auch nicht eine künstliche Kompromißkonstruktion sein müssen, wenn sie den Herausforderungen der Zukunft und den berechtigten Erwartungen und Wünschen der Bürger, der gesellschaftlichen und politischen Kräfte und der europäischen Nationen gerecht werden soll.

HEINRICH SCHNEIDER

Föderale Verfassungspolitik für eine Europäische Union

I. Europapolitik vor verfassungspolitischen Herausforderungen?

Die Weiterentwicklung der Europäischen Union im Anschluß an das „Projekt von Maastricht“ wird die Träger der Europapolitik vor neue Herausforderungen stellen. Daß in Verbindung damit auch das Stichwort „Verfassungspolitik“ auf die Tagesordnung kommen wird, ist noch nicht ausgemacht. Immerhin sieht der Unionsvertrag selbst für die nahe Zukunft den Zusammentritt einer neuen Regierungskonferenz vor, die eine Reform des Willensbildungssystems der Union erarbeiten soll.[1] Ob und in welchem Sinn man das einen verfassungspolitischen Auftrag nennen kann, mag strittig sein.

Es gibt aber auch Initiativen, die über die erwähnten Vertragsbestimmungen weit hinausgehen: so hat im Frühjahr 1993 der Berichterstatter des Institutionellen Ausschusses des Europäischen Parlaments ein „Arbeitsdokument zu der Verfassung der Europäischen Union“ vorgelegt, das in seinen Grundzügen einer künftigen Unionsordnung über den Maastrichter Vertrag weit hinausgeht, und zwar in Richtung auf ein föderales Gemeinwesen, das zwar nicht „Bundesstaat“ genannt wird, aber deutlich bundesstaatstypische Strukturzüge aufweist.[2]

Freilich gibt es auch deutliche Warnungen vor derartigen Ideen: die Forderung nach einer föderalen Verfassung verkenne „nicht nur das Neuartige des Gemeinschaftssystems, sondern auch die Bedingungen einer erfolgversprechenden Weiterbildung“.[3] Der europäische Föderalstaat sei eine „Schimäre“;[4] die proklamierte Verfassungspolitik halte zwar Kräfte, die mit bestimmten Integrationsresultaten unzufrieden seien, mit Zukunftsverheißungen bei der Stange, sei aber in Wirklichkeit nur „symbolische Politik“, d.h. Rhetorik anstelle politischen Wollens und Handelns.[5]

Erschwert wird die Erörterung der Sache dadurch, daß von europäischer „Verfassungspolitik“ in durchaus unterschiedlichem Sinn die Rede ist.[6] Zwei verschiedene Unklarheiten machen die Debatte kompliziert. Manche meinen: „Jeder Verband von Menschen“, gleich ob öffentlich oder privat, „... hat eine Verfassung. Sie ordnet die Glieder zueinander und zum Ganzen, sie bestimmt die gemeinsamen Ziele, sie organisiert den Verband".[7] Dagegen fordern andere, den Verfassungsbegriff im prägnanten Sinn Staatsverfassungen vorzubehalten.[8] Unter dieser Voraussetzung bedeutet dann die Rede von einer Verfassung Europas, daß man an eine staatliche oder zumindest staatsähnliche Ordnung denkt, die nicht in die herkömmlichen Kategorien „Internationaler Organisationen" oder „völkerrechtlicher Staatenverbindungen" paßt. Eben darum geht es in der zweiten Dimension der Debatte: nicht um Probleme allgemeiner Begriffsbildung, sondern um den besonderen Charakter der Integrationsverbände sowie der Integrationspolitik überhaupt.

Manche Betrachter loben die Väter der EG-Verträge dafür, daß sie, vor der Wahl zwischen „konstitutionalistischer" und „funktionalistischer" Methode einer Einigung Europas stehend, gerade nicht der Verführung zur Schaffung einer föderalen Verfassung erlegen seien, sondern sozusagen unterhalb der Schwelle echter Verfassungspolitik geblieben seien.[9]

Aber so einfach ist das nicht. Schon die erste Integrationsgemeinschaft, die Europäische Gemeinschaft für Kohle und Stahl (EGKS), wurde von ihren Vätern als eine „mit eigenen Hoheitsbefugnissen ausgestattete übernationale Gemeinschaft" und als ein „Gebilde verfassungsrechtlicher Gattung",[10] wenn auch nicht als ein Staat, aufgefaßt. Später setzte sich die Lehre vom supranationalen „Zweckverband" (Ipsen) durch: dieser sei auf die Wahrnehmung bestimmter Sachaufgaben beschränkt, und seine Organe dürften nur nach Maßgabe ausdrücklicher Ermächtigung durch die Vertragsnormen tätig werden; überdies besetzen die Mitgliedstaaten die wichtigsten Gemeinschaftsorgane und bestimmen so maßgebend über den Fortgang der Integration. Aber ihren Mitwirkungsrechten stehen klare gemeinschaftliche Pflichten gegenüber, deren Erfüllung von Gemeinschafts wegen beaufsichtigt wird. Jedenfalls aber sprachen die Vertreter dieser Lehre der Gemeinschaftsordnung von vornherein Verfassungscharakter zu und charakterisierten ihre bewußte Weiterbildung daher ausdrücklich als „Verfassungspolitik".[11]

II. Voraussetzungen und Dimensionen der Verfassungspolitik

Es lohnt sich deshalb, die Frage, was denn unter dieser „Verfassungspolitik" zu verstehen sei, neu zu stellen. Allerdings: die nachfolgenden Überlegungen stehen in einer eher unüblichen Perspektive; fast ausschließlich war die akademische Diskussion über eine EG-Verfassungspolitik Sache von Rechtsgelehrten; d.h. unter der „Verfassung" wurde die Rechtsverfassung verstanden.[12] Daß eine andere Betrachtungsweise – aus politikwissenschaftlicher Sicht – möglich und aufschlußreich sein kann, wird man vielleicht bezweifeln. Der Versuch müßte sich selbst beglaubigen; er soll im folgenden unternommen werden.

Den Anstoß dazu geben Überlegungen und Thesen, die von Juristen vorgelegt wurden; so etwa, „daß die Würdigung der Institutionen und Rechtssysteme" der EG „von Sachlagen und Umständen" abhängt, „die außerhalb der Vertragswerke liegen"; sie „stellen sich verschieden dar je nach dem politischen Klima und den Entwicklungstendenzen, innerhalb derer man sie betrachtet".[13] Das ist indessen keine Besonderheit des Gemeinschaftsrechts, sondern gilt für alle Verfassungsordnungen.[14] Die Abhängigkeit von vor- und außerrechtlichen Umfeldbedingungen bestimmt im übrigen nicht nur die wissenschaftliche Einschätzung des jeweiligen Betrachtungsgegenstandes, sondern auch seine rechtliche und politische Qualität selbst. Der Grundgedanke, daß jede Rechtsordnung in einem „dialektischen" Verhältnis zu ihrer „Ambiance" steht, ist nicht neu.[15] Er wird üblicherweise unter dem Titel „Verfassung und Verfassungswirklichkeit" diskutiert, wobei im juristischen Sinn die Rechtsverfassung als die „eigentliche" Verfassung und die Diskrepanz zwischen ihr und der sogenannten „Verfassungswirklichkeit" als Funktion eines Spannungsverhältnisses zwischen ihr und der „Ambiance" gilt.

Die erwähnte „Ambiance" kann als „empirische Verfassung" bezeichnet werden.[16] Die Dialektik von „empirischer" und „normativer" Verfassung ist ein zentrales Thema der Verfassungstheorie und -politik.

Man kann dabei eine Typologie unterschiedlicher Konstellationen dieser Dialektik entwickeln. Eine Korrespondenz, in der die Rechtsverfassung „normative Kraft" zur Geltung bringt, ist im Licht der verfassungsstaatlichen Tradition unseres Zivilisationskreises der Optimalfall: die Verfassung ist dann nicht nur rechtlich „gültig"; es wird nicht nur „prinzipiell" nicht bestritten, daß man ihre Vorschriften ernstnehmen und befolgen sollte, sondern „ihre Normen beherrschen den politischen Prozeß", dieser paßt sich umgekehrt „den Normen der ⟨Rechts-⟩Verfassung an und ordnet sich ihnen unter." Die Loyalität der tatsächlichen politischen Machtträger und die Maßgeblichkeit ihres verfassungsloyalen Wollens und Handelns gegenüber andern gesellschaftlichen Kräften bewirkt, daß die Normen das empirische Geschehen effektiv „prägen", zumindest „modifizieren", statt es sich selbst zu überlassen.[17]

Was dies bedeutet, wird erkennbar, wenn man einen defizienten Modus der Dialektik von empirischer und normativer Verfassung dagegenhält, der darin besteht, daß die sogenannte Rechtsverfassung nichts anderes ist als die bekräftigende Beschreibung dessen, was ohnehin der Fall ist und geschieht. Die produktive Differenz von Sein und Sollen ist sozusagen abgespannt; die Rechtsverfassung hat allenfalls noch die Funktion, der tatsächlichen Machtkonstellation die Weihe des vorgeblich Richtigen zu geben – sie dadurch zusätzlich zu stabilisieren, daß der Verfassungstext die empirische Realität als wahrhaft wirklich und deshalb vernünftig vor Augen führt.[18]

Wieder anders steht es um das Verhältnis von empirischer und Rechtsverfassung, wo die von einem wohlmeinenden, „fortschrittlichen" Verfassungsgeber erlassenen konstitutionellen Normen noch nicht kraftvoll „greifen" und die politische Realität „prägen" können, weil die Kluft zwischen dem Gewünschten und dem Gegebenen unüberbrückbar ist: die empirischen Verhältnisse leisten der normativen Kraft der Verfassung sozusagen zu großen Widerstand, diese zieht ihnen gegenüber den kürzeren – obschon wichtige politische Akteure hoffen, „daß früher oder später die Wirklichkeit des Machtprozesses dem in der Verfassung niedergelegten Modell entsprechen wird".[19] Eine Verfassungsurkunde kann allerdings auch bloß der „vorteilhaften Außendarstellung des politischen Systems" dienen, ohne daß sie von den Mächtigen auch nur als Zukunftsleitbild ernstgenommen wird; möglich ist auch, daß eine Rechtsverfassung zwar in bezug auf die Staatsorgane selbst normative Prägekraft zur Geltung bringt, während aber die realen politischen Machtzentren dieser Kraft entzogen bleiben – etwa eine Partei, die sich als „führende Kraft der Gesellschaft" und den Staat als einen ihr unterstellten Exekutivapparat betrachtet.[20] Überdies sind auch „fließende Übergänge ... denkbar, und selbst in ein und derselben Verfassung können sich Bestandteile verschiedener Typen mischen".[21]

Soll eine politische Verfassung das leisten, was man in der Tradition des westlichen Konstitutionalismus von ihr erwartet, dann dürfen empirische und normative Verfassung, Machtkonstellation und Rechtsordnung, Sein und Sollen, weder beziehungslos auseinanderklaffen noch in Deckung stehen. Die Rechtsverfassung darf nicht nur die Kräftekonstellation zwischen ihren „Adressaten" widerspiegeln; aber sie bedarf einer Konsensbasis, die nicht einfach durch die Proklamation irgend eines Verfassungsgeberwillens geschaffen werden kann.[22] Freilich muß dieser Konsens auch nicht einfach „naturwüchsig" oder kulturtraditional vorgegeben sein – er kann sich auch erst in einem überschaubaren Prozeß der politischen Einheitsbildung artikulieren.[23] Stabilisieren aber muß er sich, herkömmlichen Vorstellungen zufolge, in dem Sinn, daß die Bürger eines „Verfassungsstaates" sich als Mitträger eines politischen Gemeinwesens verstehen, in einem „Bewußtsein gemeinsamen politischen Vertrauens und Sich-Anvertrauens",[24] als Teilhaber an einer gemeinsamen politischen Sinnwelt und gemeinsamer Aufgaben, jedenfalls in der Bereitschaft, im Denken und Wollen (womöglich auch im Fühlen) die erste Person Plural zu verwenden.[25]

Insofern gilt für das Verfassungsrecht und seine normative Kraft in besonderem Maße, „daß sich das Recht nur dann und nur insoweit eine Wirklichkeit zuordnen wird als diese selbst der rechtlichen Normierung entgegenkommt und deren Inhalt vorzeichnet".[26]

III. Die mehrdimensionale Dialektik europäischer Verfassungspolitik

Versucht man alle diese Einsichten für das angemessene Verständnis einer europäischen Verfassungspolitik ernst zu nehmen, dann wird klar, daß es damit eine eher komplizierte Bewandtnis hat: Man kann nicht von den Vorstellungen ausgehen, die sich in bezug auf Staatsverfassungen durchgesetzt haben.

(I) Die Verfassung einer Europäischen Union tritt nicht als ein „Sollen" (als normative Formkraft) einem schlichtweg empirischen „Sein" (einer gleichsam passiven, wenn auch widerständigen, dieser Formkraft ausgesetzten „Materie") gegenüber. Das ist zwar auch im „normalen" Gegenüber von empirischer und normativer Verfassung nicht der Fall, weil die von der Rechtsverfassung eines Staates adressierte „Ambiance" als Kulturwirklichkeit immer schon normative Züge enthält.[27] Aber zur „Umwelt" der Rechtsverfassung einer Europäischen Union gehören nicht nur gesellschaftliche Kräfte, sondern Staaten; die „Eigendynamik" und möglicherweise die „Widerständigkeit" des Adressatenkreises ist kein nur „empirisches Faktum", sondern enthält ihrerseits „normative Kraft",[28] und zwar nach traditionellem Verständnis eine geradezu unüberbietbare: die Mitgliedstaaten erhoben – zumindest bisher – Anspruch auf Souveränität. Angesichts dessen erschien es in herkömmlicher Sichtweise womöglich als Paradox, daß das Recht einer die Staatsqualität entbehrenden Gemeinschaft sich gegen das Recht der Mitgliedstaaten durchsetzen kann, auch wenn man dabei verschiedene Ebenen der Normativität unterscheidet und z. B. den Vorrang des Gemeinschaftsrechts nur gegenüber „einfachgesetzlichen" Regelungen gelten lassen will.

Das Problem schien vermittels einer Kombination mehrerer Gestaltungsentscheidungen gelöst oder zumindest entschärft: Erstens entwarf man die europäische Verfassung als die einer „Staatengemeinschaft", die so geartet sein sollte, daß sich in ihr die beiden Komplexe von Verfassungsnormativität möglichst bruchlos verknüpfen ließen, zu einem Ineinander-im-Miteinander der Verfassungsordnungen – der mitgliedstaatlichen und der gemeinschaftlichen: Die Mitgliedstaaten wirken als solche am Prozeß des Verfassungslebens der Gemeinschaft mit, und die Gemeinschaft selbst gehört zum Verfassungsprozeß der Mitgliedstaaten.[29]

Zweitens bezog man die Hoheitsrechte der EG auf strikt begrenzte Sachaufgaben; die Gemeinschaftsverfassung erhielt stark „anstaltliche Züge", die Dimension der „politischen Selbstdarstellung" blieb – verglichen mit einem Staat – deutlich unterentwickelt; darin unterscheide sich die Gemeinschaft als „Zweckverband" von einem wirklichen politischen

Gemeinwesen; ein solches müsse auch ein „Gefühlsverband" sein, über die Zweckrationalität der Wirtschaftsintegration hinausgehende existentielle Sinngehalte in politische Form bringen.[30] Insofern die Integrationsgemeinschaft unterhalb dieser Schwelle blieb, konnte man davon ausgehen, daß eventuelle Widersprüche zwischen den Normativitätsansprüchen sozusagen ein gefährliches Niveau nicht überschreiten würden. Die Bürger selbst fühlen sich nach wie vor in erster Linie in ihrem Mitgliedstaat „zuhause"; die Legitimität des gemeinschaftlichen Herrschaftssystems ist stärker an die der Mitgliedstaaten rückgekoppelt als umgekehrt; ihre Geltendmachung setzt die Gemeinschaftsloyalität der mitgliedstaatlichen Verantwortungsträger voraus.

Es scheint aber, und zwar schon seit einigen Jahren, daß gerade diese „Zweckverbands"- und „Anstalts"-Qualität der Integrationsgemeinschaft aus den Fugen gerät: einerseits erfaßt die Europapolitik mehr und mehr Bereiche der Gesellschaftsgestaltung, von der Bildungspolitik bis zur inneren Sicherheit; andererseits entwickelt sich, vor allem durch das direkt gewählte Europäische Parlament, aber auch im Zeichen des Anspruchs der Kommission, zumindest ansatzweise die Rolle einer für das europäische Gemeinwohl verantwortlichen Regierung zu übernehmen, ein eigentümlicher Prozeß der „politischen Selbstdarstellung" eines werdenden politischen Gemeinwesens. Mit dem Maastrichter Unionsvertrag wurde dieser Prozeß auf eine neue Ebene gehoben, u. a. durch die Einführung der „Unionsbürgerschaft": damit nämlich soll die Union als ein politisch verfaßtes „Europa der Bürger" sichtbar gemacht werden, d. h. als eine Größe, die qualitativ über eine Staatenorganisation zur Realisierung und zum Betrieb eines Binnenmarktes sowie einer Wirtschafts- und Währungsunion hinausgeht und der die Bürger sich in zwar nicht demselben, aber doch in einem ähnlichen Sinn „anvertrauen" sollen wie ihrem Staat.[31]

Dies ist übrigens ein Grund dafür, daß in der europapolitischen Diskussion das Wort von der „föderalen Perspektive" auftauchte: Föderale Gemeinwesen sind solche, in denen ein Ganzes mit seinen Gliedern in einem balancierten Verhältnis von Einheit-in-Vielheit verbunden ist, und zwar so, daß die Verfassung des Ganzen wie die Verfassungen der Glieder nicht nur organisatorische Vorkehrungen zur angemessenen und koordinierten Bewältigung gesellschaftlicher Steuerungsprobleme treffen, sondern jeweils auch der Darstellung einer politischen Identität dienen.[32]

Freilich: auch ohne Zugrundelegung föderaler Vorstellungen kann man sich der Einsicht nicht entziehen, daß die auf eine Europäische Union bezogene Verfassungspolitik nicht nur die Unionsordnung selbst betrifft, sondern auch Konsequenzen für die Verfassungsordnung der Mitgliedstaaten einschließt; auch in diesen selbst bleiben die Dinge nicht mehr so, wie sie waren.[33] Das ist offenbar vielen Bürgern nicht ganz geheuer.

(II) „Europäische Verfassungspolitik“ erscheint insbesondere dann als eine keineswegs neue Sache, wenn man sich dazu entschließt, die materiale Integrationspolitik der letzten 40 Jahre als eine „Verfassungspolitik“ eigener Art zu begreifen. Das heißt nicht, daß alle daran beteiligten Akteure diese Politik als solche begriffen und gewollt hätten; wohl aber, daß dies manche Akteure taten, und daß man die Integration unter diesem Gesichtspunkt verstehen und darstellen kann.

Die Perspektive selbst – das Verständnis der Integrationspolitik als Verfassungspolitik mit neuartigen Mitteln – wurde nämlich schon von den Initiatoren dieser Politik aufgewiesen und ausdrücklich bejaht; sie ist dann später durch andere Motive und Sichtweisen, wenn nicht verdrängt, so doch überlagert worden; daß sie erneut aktuell geworden ist, hat Gründe, die noch behandelt werden.

Der Beginn dieser Politik war von ihren Initiatoren gleich zu Anfang als ein Unternehmen zur sukzessiven Schaffung einer Föderation bezeichnet worden.[34] Allerdings war der Ausdruck „Föderation“ in diesem Kontext eher unbestimmt; prägnante bundesstaatsrechtliche Ideen waren damit nicht verbunden,[35] wohl aber markante verfassungspolitische Vorstellungen: Europa lasse sich nicht „mit einem Schlage herstellen und auch nicht durch eine einfache Zusammenfassung“; vielmehr sei zunächst eine faktische Solidarität zustandezubringen: vermittels der Zusammenführung der Kohle- und Stahlmärkte gelte es, „die Schaffung gemeinsamer Grundlagen für die wirtschaftliche Entwicklung“ zu sichern, durch die Herstellung einer „Solidarität der Produktion“ die „erste Etappe der europäischen Föderation“ ins Werk zu setzen. So könne im Weg der „Zusammenfassung der Interessen“ (eingeleitet durch eine Verschmelzung der Märkte) eine „Wirtschaftsgemeinschaft“ geschaffen werden, was in den teilnehmenden Ländern „das Ferment einer weiteren und tieferen Gemeinschaft“ zur Wirkung bringen sollte.[36] Später wurde erläutert, es gehe darum, „auf einem begrenzten, aber entscheidenden Gebiet ... die gegenwärtigen Spaltungen durch eine Gemeinschaft der Interessen zu ersetzen“.[37] Diese Grundgedanken prägen den EGKS-Vertrag.[38]

Ein „verfassungspolitisches“ Projekt war dies in mehrfacher Hinsicht, sozusagen vermittels einer sinnreichen Nutzung der früher erläuterten Dialektik:

- Europa sollte in einem umfassenden Sinn – nicht nur wirtschaftlich, nicht nur institutionell-politisch – in eine andere, bessere Verfassung gebracht werden, man wollte einen Wandel der Grundstruktur der Beziehungen zwischen Völkern und Staaten. Den Initiatoren war klar, daß dies Veränderungen sowohl des „normativen“ wie des „empirischen" Verfassungszustandes erfordern würde: das eine braucht zu seiner eigenen Stabilisierung das andere.

- Der Veränderungsprozeß muß auf einem begrenzten Feld beginnen, und er bedarf eines Promotors; man wählte das Feld der Kohle-, Eisen- und Stahlwirtschaft, und man installierte die „Hohe Behörde" als den Promotor der gezielten Zusammenführung. Dies sollte auf rechtlich geordnete, sachgemäß vorprogrammierte Weise geschehen, und deshalb wurde die Montan-Union als ein supranationaler Zweckverband „verfassungsrechtlichen Charakters"[39] beauftragt, einen Gemeinsamen Markt für Kohle und Stahl zu entwickeln und aufrechtzuerhalten und dadurch zur Ausweitung der Wirtschaft, zur Steigerung der Beschäftigung und zur Hebung der Lebenshaltung in den Mitgliedstaaten beizutragen. Aber dies galt nicht nur als für sich wünschenswertes Ziel, sondern zugleich als Einleitung eines im wirtschaftlichen Bereich stattfindenden Solidarisierungsprozesses, der seinerseits als „Ferment" einer weitergehenden Vergemeinschaftung wirken sollte: die normativ verfaßte Integrationsgemeinschaft war dazu bestimmt, die „empirische Verfassung" des Interaktionszusammenhangs der Volkswirtschaften zu verändern, ausgehend von Grundstoffproduktionssektoren, denen man eine Schlüsselrolle zuschrieb; die Wirtschaftsverflechtung sollte wiederum eine „Schlüsselrolle" für darüber hinausgehende Prozesse der „Vergemeinschaftung" spielen, in deren Vollzug Rivalität abgebaut und die Bereitschaft zur Wahrnehmung und Bejahung der völker- und staatenübergreifenden Schicksalsverbundenheit initiiert und gefördert werden sollte.

Dies wird allerdings mißverstanden, wenn man meint, es sei schlichtweg darum gegangen, die „ökonomische Basis" zu schaffen, die dann den „politischen Überbau" einer Europäischen Föderation gleichsam notwendig aus sich heraustreibt. Wohl aber sollte erstens im Bereich der gesellschaftlichen „Ambiance" eine zwar nicht hinreichende, aber doch notwendige Voraussetzung für eine als wünschenswert betrachtete politische Einigung realisiert werden: die Solidaritätsbasis, die ein politisches Gemeinwesen braucht und die auch eine Verfassung tragen muß;[40] zweitens gab es die Vorstellung, daß den Zweckverbandsorganen politische Autorität zuwachsen werde, so daß sie schließlich einmal zu einer föderalen Regierung umgewandelt werden könnten. Nicht zuletzt deshalb wurden der „Hohen Behörde" weitere Gemeinschaftsorgane beigesellt, so daß das Organsystem als ganzes dem eines Staates ähnlich gestaltet war.

(III) Mit dem Charakter der Integration als eines Prozesses der absichtsvollen Umformung der europäischen Gesamtverfassung, zuvörderst aber des Beziehungsgefüges zwischen den Volkswirtschaften der EG-Mitgliedstaaten, hängt eine weitere Besonderheit der Gemeinschaft zusammen, die die Verfassungspolitik vor eigentümliche Probleme stellt. Die Hauptaufgabe der wichtigsten der drei Europäischen Gemeinschaften, der EWG, war es, den Gemeinsamen Markt und die harmonische und adäquate Gestaltung der Wirtschaftspolitiken der Mitgliedstaaten nicht etwa aufrechtzuerhalten, sondern erst herzustellen: Binnenzölle sollten abgebaut, Außenzölle angeglichen, Hindernisse für den Freiverkehr der anderen Produktionsfaktoren sollten beseitigt, Bedingungen unverfälschten Wettbewerbs sollten eingeführt und bestimmte gemeinsame Politiken sollten entwickelt werden, dies alles zumeist schritt- und stufenweise. Dem Ziel-Mittel-System des Zweckverbandes war daher von Anfang an „ein Zug motorischer, plan- und zeitbestimmter Impulsivität" eigen, sowie eine „Tendenz, Veränderung und Entwicklung hervorzurufen", sowohl im Wirtschaftsleben – Faktorallokationen sollten verändert werden – wie in den nationalen Rechtsordnungen.[41]

So hat man die Gemeinschaftsverträge als „Planungsverfassungen" bezeichnet und – abgesehen von der Beschränkung auf begrenzte Sachaufgaben und von der strikten Bindung der Organkompetenzen an eben diese Aufgabenerfüllung – eben darin den Hauptunterschied gegenüber Staatsverfassungen gesehen, da sie ja „planend den Rahmen für eine von ihnen in Gang gebrachte dynamische Entwicklung festlegen", während Staatsverfassungen „statisch den Rahmen eines bestehenden Zustandes abstecken".[42] Walter Hallstein hat – als erster EWG-Kommissionspräsident – betont, der evolutionäre und progressive Charakter sei ein Hauptmerkmal der Gemeinschaften – die Integration sei „nicht ein Sein, sie ist ein Werden. Sie ist nicht etwas Statisches, sondern ... unablässige Veränderung", wobei „gerade die Unvollkommenheit, die Unfertigkeit einer jeweils erreichten Integrationslösung ... den Antrieb zu einem weiteren Fortschreiten ... liefert".[43] Tatsächlich hat der dynamische Charakter des Prozesses alle Dimensionen der Integration ergriffen. Es ist nicht einfach so, daß eine ihrerseits „statische" Planungsverfassung einen dynamischen Integrationsprozeß normiert hätte, der sich progressiv in den Volkswirtschaften und ihrer Verflechtung, in den nationalen Rechtsordnungen und ihrer gemeinschaftlich vorangetriebenen Veränderung sowie vor allem auch im anwachsenden und den normativen Gesamtzustand progressiv ändernden Sekundärrecht der Gemeinschaft niederschlägt. Auch das Verfassungsrecht der Gemeinschaft hat sich geändert, nicht nur nach Maßgabe entsprechender Bestimmungen in den Gründungsverträgen (wie etwa mit dem Übergang zur Mehrheitsentscheidung zahlreicher Angelegenheiten im Rat oder mit der Einführung der Direktwahl des Europäischen Parlaments), sondern auch durch Vertragsänderungen oder weiterführende Verträge[44] bis hin zum Maastrichter Unionsvertrag. Die materielle Verfassung der EG wurde darüber hinaus durch weitere rechtsetzende und rechtsprechende Entscheidungen progressiv fortgebildet. Hier ist u. a. an die Nutzung des schon erwähnten Art. 235 des EWG-Vertrags zu denken; besonders aber an die Judikatur des Europäischen Gerichtshofs.[45]

Der Gerichtshof hat sowohl durch inhaltliche Weichenstellung wie auch durch die Mehrung der normativen Kraft der EG-Rechtsordnung zur Stärkung der Gemeinschaft beigetragen. Mit seiner „dynamischen Rechtsprechung" hat er Entwicklungen autorisiert, die z. T. erst Jahre danach mit formellen Vertragsänderungen kodifizierend eingeholt wurden.[46] Normativ fixierte Zielvorstellungen des Vertrags wurden progressiv konkretisiert.

Die normative Kräftigung beruhte darauf, daß die Aufgabe der EG „in vieler Hinsicht das Einleiten und Verfolgen eines . . . sich erst nach und nach verdeutlichenden Geschehens" umfaßte; „was zunächst in Form des Rechts ausgesagt werden konnte", wies anfänglich eine erhebliche „Unbestimmtheit" auf; zum einen auf Grund des Kompromißcharakters vieler Formulierungen (wohl auch infolge der Herkunft der Vertragsautoren aus unterschiedlichen Rechtskulturen mit unterschiedlichen Fachsprachen), zum anderen auf Grund des Umstandes, daß gerade die Umsetzung einer Planungsverfassung „einem Wachstumsprozeß überlassen" bleibt, „der sich zum großen Teil auf Entwicklungen außerhalb des bereits rechtlich Festlegbaren stützt und dessen Fortschritt von diesen Entwicklungen abhängt." Da aber die Gemeinschaftsorgane und die Mitgliedstaaten von Verfassungs wegen eine „Fortbildungspflicht" zu erfüllen haben, übernahm der Gerichtshof kraft seines Auftrags zur „Wahrung des Rechts" bei der „Anwendung und Auslegung" der Verträge selbst die Verantwortung dafür, was dieses Recht letztlich beinhaltet: das zu wahrende Recht „bedeutet die Gesamtheit derjenigen Sätze, die der Gerichtshof jeweils, im Lichte der gemeinschaftsbildenden Tatsachen und Übereinstimmungslagen, als zum Inhalt der Rechtsgemeinschaft gehörig anerkennt und in deren Rechtsbestand aufnimmt".[47]

Indem er dabei Akzeptanz findet, ist er nicht nur ein Bürge, sondern ein Hauptfaktor der Gemeinschaftsverfassung und ihrer Stärkung. Schon seit einiger Zeit ist die „integrationsfreundliche" Tendenz seiner Judikatur kritisiert worden – er leiste „schleichenden Kompetenzüberschreitungen" Vorschub;[48] künftig müsse er davon Abstand nehmen, „den Integrationsprozeß von Gerichts wegen ständig weiterzutreiben".[49] Stattdessen soll er so agieren, wie man das vom Verfassungsgericht etwa eines Bundesstaates gewohnt ist. Dies würde allerdings voraussetzen, daß der Gerichtshof eine Verfassung von der Art zu hüten und auszulegen hat, wie es die Planungsverfassung gerade nicht ist. Zu der einer progressiven Evolution ausdrücklich überantworteten Realität gehört auch die Rechtsstruktur der Gemeinschaft selbst. Die Besonderheit der Judikatur des Europäischen Gerichtshofs besteht nicht darin, daß er anstelle korrekter Rechtsauslegung und Rechtsanwendung Verfassungspolitik betreibt oder betriebe – vielmehr hat er eine andere Art von Verfassungsrecht auszulegen und anzuwenden. Die in einem spezifischen Sinn teleologische Perspektive beruht nicht (oder jedenfalls nicht ganz und schlichtweg) auf einer fragwürdigen Selbstpolitisierung des Gerichtshofs, sondern auf der getreulichen Orientierung am „teleologischen" Zug der Planungsverfassung selbst.

Alle drei Besonderheiten der politisch-rechtlichen Ordnung der EG-Integration zeigen: die europäische Integrationspolitik stellt sich in dieser Perspektive als eine „Verfassungspolitik auf mehreren Wegen" dar, die der Dialektik zwischen den „teleologischen" und den im klassischen Sinn „normativen" Kompetenzen der Rechtsverfassung sowie zwischen dieser und ihrer Ambiance Rechnung zu tragen suchte.[50]

IV. Der Weg nach Maastricht – und über Maastricht hinaus

Es blieb der ursprünglichen Konzeption der Integrationspolitik versagt, sich „planmäßig" zu entwickeln. Die dramatischen Entwicklungen der Sicherheitslage schienen zu einer Revision der eben erst formulierten Strategie der allmählichen und evolutionär-dialektischen Verfassungsentwicklung der Gemeinschaft zu nötigen: Das Projekt einer integrierten Armee im Rahmen der vorgesehenen „Europäischen Verteidigungsgemeinschaft" führte dazu, daß die supranationale politische Gesamtordnung rascher auf die Tagesordnung kam als es der ursprünglichen Logik entsprochen hätte. Aber der direkte Anlauf zur Schaffung einer föderalen „Europäischen Politischen Gemeinschaft" scheiterte. Die sechs Regierungen reagierten darauf mit dem Entschluß zu einem integrationspolitischen Paradigmenwechsel. Das Projekt der Schaffung eines alle Wirtschaftssektoren umfassenden Gemeinsamen Marktes wurde nun zum Hauptanliegen. Die Zusammenführung der Volkswirtschaften wurde nicht mehr so ausdrücklich wie die der Montanindustrien als Vorhaben zur Schaffung jener „faktischen Solidarität" proklamiert, die man als notwendige Voraussetzung zur politischen Einigung erstreben mochte – oder auch nicht. Sie wurde als Strategie der Wohlstandsmehrung verstanden; dies war ein Integrationsprojekt, das auch nach dem Rückschlag föderaler und konstitutioneller Ideen noch konsensfähig schien. Hinzu kam die Entscheidung, der Marktintegration den klaren Primat zu geben. Eben diese strategische Wahl bedeutete einerseits eine Durchsetzung marktwirtschaftlicher Ordnungsvorstellungen, andererseits einen Integrationsweg, der es gestattete, die politische Eigenständigkeit der Mitgliedstaaten möglichst zu schonen, nämlich auf Grund der Meinung, daß man sich auf die sog. „negative" oder „Marktintegration", also auf den Abbau von Interventionspolitiken, leichter einigen kann als auf die sog. „positive" oder „Politikintegration", d.h. auf gemeinsame Interventionsprogramme oder auf die Übertragung von Entscheidungsrechten darüber an Organe, die man nicht mehr – oder nur noch zusammen mit allen Partnern – kontrollieren kann.[51] „Politikintegration" sollte nur insoweit stattfinden, wie das zur Rahmengebung, Konsolidierung und sachnotwendigen Ergänzung der „Marktintegration" unerläßlich schien.[52] Dieser Prioritätensetzung gemäß wurden Organsystem und Kompetenzzuordnung sozusagen nach Maßgabe des Prinzips der Verhältnismäßigkeit festgelegt: so viel Vergemeinschaftung wie nötig, soviel Zuständigkeitsbewahrung bei den Mitgliedstaaten wie möglich. Insbesondere wurde das Organsystem nicht als Vorwegnahme oder auch nur als Kristallisationskern eines eventuellen föderalen Regierungssystems der Zukunft gestaltet. So war die Supranationalität des „Zweckverbandes" eher akzeptabel, auch für Kräfte, die für Föderationsideen nicht zu haben waren.

Dadurch konnte der Integrationsprozeß von der Frage der „politischen Finalität" entlastet werden, und auch die „Supranationalität" wurde gewissermaßen entideologisiert: sie mußte nicht unbedingt als Vorgriff auf eine föderale Zukunftsordnung und schon gar nicht auf die Abdankung der Nationalstaaten zugunsten eines europäischen Überstaates begriffen werden, sondern alternativ dazu auch als ein im Dienst der Staaten stehendes System des kooperativen Beziehungs- und Interdependenzmanagements; als „supranational" erschienen dann lediglich Regelwerke und Techniken der Interessenvermittlung und der Interaktionsrationalisierung, zu denen sich die Staaten um der Sicherung der Lebensfähigkeit in einer Ära unentrinnbarer Interessenverknüpfungen und Abhängigkeiten entschließen. Der Zweckverband realisierte die Wirtschaftsintegration primär nach Maßgabe der „normativ funktionalen Methode": ein begrenzter Komplex von Sachaufgaben – insbesondere die Herstellung und Wahrung der „vier Freiheiten" des Gemeinsamen Marktes bei unverfälschtem Wettbewerb – wird aus dem Gesamtzusammenhang gesellschaftlichen und staatlichen Lebens herausgenommen und in einem eigenen Steuerungssystem erledigt.[53]

Je mehr die Marktintegration vorankam, desto unabweisbarer trat aber gerade zu ihrer Stabilisierung ein zunehmender Bedarf an „Politikintegration" in Erscheinung. Die Öffnung der Grenzen und der Abbau von einzelstaatlichen Interventionsmöglichkeiten führte zur Verstärkung von Disparitäten zwischen starken und schwachen Regionen und Strukturen sowie zu gegenläufigen Tendenzen der strukturellen und konjunkturellen Entwicklung, was die Regierungen unterschiedlichen Zugzwängen aussetzte. Die Unterschiede der Entwicklungsdynamik, verbunden mit der grenzüberschreitenden Sog- und Druckwirkung z.B. von Inflation oder Unterbeschäftigung, die über die Grenzen schwappten, da die Staaten im Zeichen der „negativen Integration" früher zur Verfügung stehende Interventionsinstrumente nicht mehr einsetzen konnten, setzte den Gemeinsamen Markt heiklen Zerreißproben aus; zu seinem Zusammenbruch schien es nur eine Alternative zu geben: den Durchbruch zu einer neuen Qualität der Integration, nämlich zur Realisierung einer Wirtschafts- und Währungsunion (WWU). Der Entschluß dazu wurde zunächst 1969 – noch eher unverbindlich – und dann 1971 gefaßt. Zugrunde lag die Überzeugung, daß erst damit ein Binnenmarkt konsolidiert werden könne. Zugleich müsse die „Politische Union" realisiert werden, die Übertragung weitergehender Befugnisse an die Gemeinschaftsorgane und der Übergang politischer Verantwortung an die Gemeinschaftsebene sei zur Steuerung der WWU unerläßlich.[54] Sachkenner sprachen denn auch bald unmißverständlich davon, daß für diese Union ein politischer Einigungsgrad unterhalb des Niveaus einer Föderation nicht genüge;[55] die Verfassungsfrage müsse erneut auf die Tagesordnung kommen – die „normativ-funktionale Methode" reiche nicht mehr aus. Eine ordnungspolitisch angemessene Lenkung des Integrationsgeschehens erfordere die Einsetzung einer Art von Regierung, die der eigenständigen politischen Legitimation bedürfe.[56] Dies alles bedeutete, daß die Logik der Wirtschaftsintegration, wie sie mit den Grundentscheidungen des EWG-Vertrags fixiert worden war, sozusagen die Entwicklung des Zweckverbandes über sich hinauszutreiben schien.

Die WWU kam allerdings damals nicht zustande, da die internationalen ökonomischen Rahmenbedingungen sich rapid veränderten.[57] Die Bereitschaft zur „Föderierung" der für die WWU notwendigen politischen Macht reichte nicht aus, um den nun auftretenden Zentrifugalkräften standzuhalten. Die Absicht wurde nicht in adäquate „Verfassungsnormen" umgesetzt, weil klar war, daß diese sich gegen die Interessenkonstellation – ein bestimmendes Element der „empirischen Verfassung" – nicht hätten durchsetzen können. So geriet die Integration in eine Dauerkrise, und obschon die mehrmalige Erweiterung als Erfolgsbeleg dargestellt werden konnte, sprach man schließlich von einer zunehmenden Eurosklerose.[58]

Es liegt nahe, zur Erklärung auf schon dargestellte Zusammenhänge zurückzugreifen: Wenn ein Gemeinsamer Markt zu seiner Konsolidierung einer Wirtschafts- und Währungsunion bedarf, dann bringt das Scheitern des Realisierungsversuchs dieser WWU auch Bestandsgefährdungen für den Gemeinsamen Markt mit sich.

Aber weitere Komplikationen kamen hinzu. Die Zweckverbandskonzeption wurde fragwürdig. Je weiter die Verflechtung der Volkswirtschaften voranging, und je konsequenter dabei z. B. das „Verfassungsgebot" der Sicherung unverfälschten Wettbewerbs von den Gemeinschaftsorganen in Programme und Maßnahmen umgesetzt wurde, desto klarer stellte sich die Unmöglichkeit heraus, Grenzen für die Reichweite solcher Programme zu fixieren.[59] Je mehr es die Entscheidungsträger und die Betroffenen für angebracht halten, Marktfreiheitserfordernisse mit anderen Rechtsgütern und politischen Zielen in Relation zu setzen und abzuwägen, desto mehr werden die Eckwerte des Zweckverbandes in ein umfassenderes Bewertungsfeld des politisch Notwendigen und Wünschbaren eingebracht – was die Zweckverbandslogik eigentlich aus den Angeln heben oder relativieren müßte.

Tatsächlich entwickelte sich etwas anderes: zwar gerieten alle möglichen Anliegen und Politikbereiche in die integrationspolitische Perspektive – sei es, daß die EG-Kommission ihre Zuständigkeit anmeldete, sei es daß Regierungsstellen oder Interessenvertreter aus diesem oder jenem Mitgliedstaat Chancen sahen, Gemeinschaftsaktivitäten im Dienste ihrer eigenen Interessen zu provozieren. Aber das bewog die Regierungen nicht etwa, Zuständigkeiten für die betreffenden Angelegenheiten an die EG abzugeben; stattdessen kam es immer mehr zur Verknüpfung und zur Amalgamierung gemeinschaftlicher, intergouvernementaler und neokorporatistischer Verhandlungs- und Willensbildungsstränge und -muster, die „Komitologie" wurde modern, und neben dem vertraglich fixierten Institutionengefüge sowie den dazugehörigen Verfahrensregeln bildeten sich „praeterinstitutionelle" oder zumindest aus dem institutionellen Leitbild nicht ableitbare „Gepflogenheiten", Praktiken und Quasi-Institutionen heraus,[60] und überdies eine Verfilzung der Interaktionen und Akteure. Die Folge war nicht nur die „Eurosklerose" in Gestalt zunehmender Entscheidungsschwäche, sondern auch ein wachsendes Unbehagen über die sich ausbreitenden Grauzonen der Verantwortlichkeit und über die damit verbundene Aushöhlung des „responsible government".

Immer wieder wurden Strukturreformen angemahnt und überlegt, auch und gerade, nachdem der Versuch, die WWU zustandezubringen, gescheitert war.[61] Aber die Auswirkungen hielten sich in Grenzen. Weder kam es zu einer Wiederherstellung oder Stärkung der Handlungsfähigkeit der EG durch institutionelle Reformen, noch zu materialen Neufassungen der Gemeinschaftspolitik, etwa zur Reform der problematisch gewordenen Gemeinsamen Agrarpolitik oder zu einem den Bedürfnissen entsprechenden Ausbau der Regionalpolitik. Wohl hatten die Mitgliedstaaten sich bemüht, die Schwächen durch eine Reihe von innovativen Entscheidungen auszugleichen – etwa durch die Einleitung und Fortbildung der „Europäischen Politischen Zusammenarbeit" im Form eines „neben" der rechtlich verfaßten Gemeinschaft stehenden, erst nach und nach mit ihr verknüpften Systems außenpolitischer Konsultationen und Kooperationspraktiken, durch die Quasi-Institutionalisierung der

Gipfelkonferenzen unter dem Titel des „Europäischen Rates" (der Staats- und Regierungschefs), und schließlich dadurch, daß die im EWG-Vertrag schon vorgesehene Direktwahl des Europäischen Parlaments realisiert wurde.

Wie verworren und problematisch die Lage zeitweise war, zeigt sich darin, daß die Staats- und Regierungschefs durch die Proklamation der Absicht, „die Gesamtheit der Beziehungen der Mitgliedstaaten" unter Aufrechterhaltung des Gemeinschaftssystems „in eine Europäische Union zu überführen", den Versuch unternahmen, die Integrationspolitik auf eine neue Ebene zu heben – ohne recht zu wissen, wie das geschehen sollte.[62]

Erst Jahre später kam es zur Überwindung der Eurosklerose, nach der Investitur der Delors-Kommission. Es wirkte überraschend, daß die Initiative dazu, die schlußendlich zum „Projekt Maastricht" führte, zunächst noch einmal auf die klassische Logik der Marktintegration zurückgriff, indem sie neue Anstrengungen zur „Vollendung des Binnenmarktes" proklamierte. Aber Delors hatte offenbar von Anfang an mehr als nur den Binnenmarkt im Sinn.[63] Es wollte zunächst im „Ambiance"-Feld des Gemeinschaftssystems Interessenperzeptionen und -artikulationen provozieren, die sich in politischen Druck umsetzen lassen konnten; das mußten im Umfeld des Zweckverbandes in erster Linie mächtige Wirtschaftsinteressen sein, in zweiter Linie vielleicht die des Parlaments. Der Mobilisierung der Wirtschaft diente u. a. das Verfahren der „Datensammlung" für den Cecchini-Bericht.[64]

Zugleich galt es, das Aufkommen von Widerständen zu vermeiden; sie waren am ehesten aus London zu erwarten; mit einem Deregulierungsprogramm – als solches erschien die „Vollendung des Binnenmarktes" – konnte man das Wohlwollen von Mrs. Thatcher gewinnen. Tatsächlich stand jedoch die alte EWG-Doktrin im Hintergrund, daß die Realisierung des Binnenmarktes die Errichtung einer Wirtschafts- und Währungsunion nach sich ziehen muß und daß diese wiederum zu ihrer Konsolidierung einen politischen Qualitätswandel der Gemeinschaft erfordert; im WWU-Plan von 1970 hatte man das mit dem Stichwort „Politische Union" markiert; so war es nur konsequent, daß dieses Stichwort 20 Jahre später abermals auftauchte. Ein gemeinschaftliches (man kann auch sagen: föderales) Regierungssystem schien notwendig zu werden, und in Verbindung damit auch eine plausible Antwort auf die Frage, in wessen Namen seine Organwalter entscheiden und wie dem Erfordernis demokratischer Verantwortlichkeit Rechnung getragen wird.

Jacques Delors ließ das alles noch einmal eigens in Erinnerung bringen, vermittels des „Padoa-Schioppa-Berichts".[65] Dort wurde zudem noch auf einen anderen Komplex aufmerksam gemacht: Die Lösung der Folgeprobleme des Binnenmarktes würde leichter, wenn es gelänge, die

Wirtschaftsintegration in einen umfassenderen Zusammenhang gemeinsamer Politik einzubetten, v. a. wenn dieser auch Sicherheits- und Verteidigungsaufgaben umfaßt. Der Bericht legte es nahe, zur Konsolidierung der Wirtschaftsintegration neue Anstrengungen zur Ausweitung und Vertiefung der „Politikintegration" zu unternehmen.[66] Daß das Maastrichter Unionsprojekt auch die Weiterentwicklung der bisherigen EPZ zur „Gemeinsamen Außen- und Sicherheitspolitik" und deren engere Ankoppelung an das EG-System umfaßt, ergab sich also schon aus der Logik der Fortbildung und Stabilisierung der Wirtschaftsintegration selbst – unbeschadet der Beweggründe, die weltpolitische und gesamteuropäische Entwicklungen zu einer stärkeren Europäisierung der Außen- und Sicherheitspolitik auslösten.[67]

Dies legte konsequenterweise die Ausgestaltung der Gemeinschaft – oder nun angemessener: der Europäischen Union – zu einem politischen System nahe, das die funktionale Einengung auf einen Zweckverband zur Wirtschaftsintegration endgültig hinter sich läßt. Auch die derzeitige, in gewissem Sinn hybride Struktur des Gesamtgefüges der „Zwölferunion", nämlich die Kombination dieses Zweckverbandes (als des „harten Kerns" der Integration) mit einer Reihe ergänzender, aber der Normierung durch das zentrale Zweck-Mittel-Gefüge der EG-Rechtsverfassung allenfalls indirekt ausgesetzter Peripheriekomponenten, konnte unter diesen Umständen kritischen Betrachtern kaum noch als befriedigend erscheinen.

Die Frage nach der Legitimität des Integrationssystems gewann neue Dringlichkeit: Sie ließ sich nun kaum mehr mit dem Hinweis auf die Vorweglegitimierung durch die Volksvertreter der Mitgliedstaaten anläßlich der Zustimmung zu den Gründungs- und Änderungsverträgen beantworten. Auch Bemühungen um eine zusätzliche Rechtfertigung unter Berufung auf die vernunftbegründete Anerkennungswürdigkeit der Prinzipien der Marktwirtschaft[68] greifen dann nicht mehr. Jacques Delors hatte schon um die Jahresmitte 1988 erklärt, die Gemeinschaft werde in Verbindung mit der Vollendung des Binnenmarktes an eine echte europäische Regierung zu denken haben, da dann die Hauptverantwortung für die Wirtschaftssteuerung und für die Verteilungspolitik auf der europäischen Ebene wahrgenommen werden müsse.[69] Anfang 1990 wagte er es, von der „künftigen Föderation" zu sprechen. So hatte es den Anschein, daß im Zug des neuen Anlaufs zur Wirtschafts- und Währungsunion, zur Ausweitung der Unionspolitik auf außen- und sicherheitspolitische Aufgaben und zur Anhebung der politischen Qualität des Gesamtsystems auch die Verfassungsfrage neu gestellt würde. Bundeskanzler Helmut Kohl und Präsident François Mitterrand griffen sie auf: Sie plädierten dafür, „die Grundlagen und Strukturen einer starken und solidarischen Politischen Union" festzulegen, „die bürgernah ist und entschlossen den Weg geht, der ihrer föderalen Berufung entspricht".[70] Die konsequente Umsetzung dieses Vorhabens hätte bedeutet, die EG aus einem Zweckverband zu einem politischen Gemeinwesen mit föderalen Qualitäten umzuwandeln.

Es gab allerdings auch ein Kontrastprogramm; es wurde im Vorfeld der Vertragsverhandlungen für das Maastrichter Projekt insbesondere von britischer Seite vertreten: die Idee einer Straffung, u. U. geradezu „Bereinigung" des institutionellen und praeterinstitutionellen Systems der Willensbildung in Richtung auf eine konföderale Grundstruktur, so daß die Legitimationsdefizite durch eine engere Rückkoppelung an die Strukturen und Prozeduren des „responsible government" der Mitgliedstaaten vermindert oder gar behoben würden. Das hätte eine empfindliche Schwächung der supranationalen Strukturzüge der EG und aller Voraussicht nach eine Reduktion der Handlungsfähigkeit zur Folge gehabt und wäre im Grunde auf eine Renaissance des Konzepts einer primär intergouvernementalen „Politischen Union" aus der Zeit der Fouchet-Pläne („Europa der Staaten") hinausgelaufen.[71]

Tatsächlich war für die Maastrichter Vertragspartner keine der Alternativen akzeptabel. So ist das Verhandlungsprodukt unter verfassungspolitischen Gesichtspunkten ambivalent.[72] Einerseits wurden Strukturreformen des „Regierungssystems" beschlossen, die sich tendenziell als Schritte in Richtung auf ein eigenständiges „responsible government" verstehen lassen.[73] Andererseits wurde der „hybride" Charakter des institutionellen Systems nicht rationalisiert – im Gegenteil; man hat gesagt, das Vertragswerk sei „hinsichtlich seiner Verfahren und Methoden ... zum Verwirrspiel geraten".[74] Ob die Einbettung der im herkömmlichen Sinn gemeinschaftlichen Verfassungskomponenten in das koordinierungsorientierte, vom Intergouvernementalismus bestimmte Peripheriesystem insgesamt die politische Potenz und die Verantwortungsfähigkeit der Union stärkt oder schwächt, ist offen. Man kann bezweifeln, ob der communautäre Kern sozusagen als Lokomotive (als das Ganze dynamisch voranbringendes Gravitationszentrum) wirken kann, oder ob die Art, wie der Vertrag zwischenstaatliche Koordinierung und gemeinschaftliche Politik miteinander verknüpft, eher zur Unterminierung der letzteren führt.[75] Gleichwohl hat man dem Maastrichter Vertragsprojekt bescheinigt, es bedeute, „daß der nationale Verfassungsstaat ... Schritt für Schritt in eine supranationale Verfassungsstaatlichkeit ‚Europäische Union' hinein- oder hinüberwächst".[76] Jedenfalls ist die Entwicklung der Europäischen Union nicht an ihr Ende gekommen.

V. Neue Herausforderungen an die Verfassungspolitik

Ob die Maastrichter Neuerungen die Effektivitätsmängel des bisherigen Systems beheben können, ist fraglich; Sachkenner meinen, die Bestimmungen des Vertrags setzen die Gemeinschaft der Gefahr aus, „in eine institutionelle Selbstblockade zu geraten“, so daß die in Aussicht genommenen „inhaltlich-materiellen Fortschritte“ nicht real zustandekommen.[77]

Brisanz erhält aber vor allem die Legitimitätsproblematik. Das Unionsprojekt hat die Bürger in vielen Gemeinschaftsstaaten in Unruhe versetzt. Das Schicksal der Integration hängt stärker davon ab, ob ihre politische Akzeptanz sich auf Legitimitätsüberzeugungen stützen kann; Akzeptanz auf Grund von Nutzenerwartungen versteht sich nicht mehr von selbst, wenn Rezessionen, Budgetkrisen und Verteilungskonflikte die Wahrnehmung von Integrationsvorteilen verhindern – anders als z. B. in der Frühzeit der EWG. Zur Legitimierung wäre es aber nötig, daß die Bürger erkennen können, wer wofür Verantwortung trägt, wie man jeweils dieser Verantwortung gerecht wird und wie die Grenzen der Machtausübung gesichert werden können.

Diesbezüglich hat sich aber in Verbindung mit der im Ganzen gesehen bis zu den Turbulenzen um Maastricht eher erfolgreichen Politik der Delors-Kommission Unsicherheit breit gemacht.

Die „klassische“ EWG hatte die Hauptaufgabe, den Gemeinsamen Markt herzustellen, also z. B. für den unverfälschten Wettbewerb auf allen Märkten zu sorgen, aber dies gleichsam ohne Wenn und Aber: wenn den „vier Freiheiten“ andere Rechtsbestände entgegenstehen, die das reibungslose Funktionieren beeinträchtigen, etwa durch wirtschaftsrelevante Differenzen zwischen nationalen Rechtsordnungen, dann muß der Zweckverband intervenieren, und die Auswirkungen sind schwer begrenzbar. Anfänglich mochte man sich mit dem Gedanken beruhigen, irgendwann werde der Gemeinsame Markt realisiert sein, und dann gehe es nur mehr um die Stabilisierung des Erreichten. Inzwischen zeigte sich, daß „Grenzen der europäischen Wirtschaftskompetenz“ letztlich „schlechterdings nicht zu definieren“ sind. Bereits die Zuständigkeit „für gleiche Wettbewerbsbedingungen“ gibt der Gemeinschaft eine „potentiell umfassende“ Aktionsbefugnis, „weil sie sich dann sämtlichen Bestimmungen zuwenden kann, die sich auf die Handlungsbedingungen wirtschaftlicher Akteure auswirken“.[78] Überdies regt sich der Verdacht, daß die Systemlogik einer „Planungsverfassung“ aus Gründen der Selbststabilisierung auf die Aufrechterhaltung ihrer eigenen Dynamik ausgehen muß oder daß das zumindest maßgebende Organwalter der Gemeinschaft so sehen: Stillstand bedeutet Rückschritt.[79] Das dürfte für die

Mitgliedstaaten und für viele von der Integration betroffene Kräfte bisher nur deshalb akzeptabel gewesen sein, weil die politische Steuerung des Ganzen letztlich weitgehend in Händen der Mitgliedstaaten verblieben war.[80] Vermutlich haben gerade mitgliedstaatliche Neigungen, die von der Kommission gewünschte möglichst rasche und uneingeschränkte Realisierung des Gemeinsamen Marktes abzubremsen, zur Akzeptanz der Integration beigetragen, soweit das nicht geradezu „Eurosklerose" verursachte.[81] Eben dies zu ändern war das politische Ziel der Delors-Kommission: sie wollte Möglichkeiten einer Abbremsung der Binnenmarktpolitik einschränken und die Regierungen zusätzlichen Nötigungen zu einer integrationspolitisch positiven Willensbildung aussetzen.

Als Gegengewicht soll nun das Subsidiaritätsprinzip aufgewertet werden; im neuen EG-Vertrag wird es jedoch nur für die Politikbereiche verbindlich gemacht, die nicht in die ausschließliche Zuständigkeit der Gemeinschaft fallen. Für die Binnenmarktpolitik im soeben charakterisierten Sinn hat es daher nur eine begrenzte Reichweite. In diesem Licht erhalten die Formeln vom föderalen Charakter der Europäischen Union und von der erforderlichen „Bürgernähe" eine neue Bedeutung. Die Idee, die Union müsse eine neue Qualität erhalten, kann nicht schlichtweg dahingehend verstanden werden, es gelte die Befugnisse der supranationalen Organe zu vermehren und ihre Normativität zu stärken. In diesem Sinn muß man auch die verfassungspolitische Frage neu stellen. Schon vor der Abfassung des Unionsvertrages gab es Plädoyers zugunsten einer der Union neue Qualitäten gebenden Verfassung.[82] Diese Sicht hat sich das Europäische Parlament zu eigen gemacht.[83] Die 1993 vorgelegten ersten Ansätze zu einem neuen Anlauf in Richtung auf eine Föderation sind geeignet, die Geister zu scheiden. Das Dokument spricht nirgends ausdrücklich von einem föderalen Charakter der Union, geschweige denn von ihrem Staatscharakter. Aber die Implikationen des Textes sind beträchtlich.

Kraft Unionsverfassungsrechts sollen Union und Mitgliedstaaten die Achtung der Menschenrechte und Grundfreiheiten gewährleisten.[84] Die Konstruktion der Organe und die Regeln für ihr Zusammenspiel sind am Modell eines parlamentarischen Regierungssystems orientiert. Lediglich die Gemeinsame Außen- und Sicherheitspolitik soll stärker in den Händen des Rates liegen.

Zwei Elemente des Entwurfs sind von einschneidender Bedeutung. Erstens wird zum Ausdruck gebracht, daß die Institutionen, deren Zustimmung der Verfassung Rechtskraft verleihen soll – die gesetzgebenden Organe der Staaten und das Europäische Parlament – sozusagen als gemeinsame Treuhänder einer verfassunggebenden Gewalt der „europäischen Völker" handeln, und nicht als Kontrahenten eines Gründungsvertrages. Zweitens verzichtet der Entwurf, vom Kapitel über die GASP abgesehen, ganz auf die Definition und Normierung von Unions-„Politiken". Darin kommt die Abkehr von der zweckverbandlichen Beschränkung der supranational zu bewältigenden Aufgaben am deutlichsten zum Ausdruck. Hierdurch und durch die erhebliche Vereinfachung und Straffung zahlreicher Bestimmungen wirkt der Entwurf weit übersichtlicher und verständlicher als alle vergleichbaren Texte der letzten Jahre.[85]

Zweitens sieht der Verfassungsentwurf nicht nur die uneingeschränkte Übernahme des „Vergemeinschaftungsstandes" durch die Union vor. Die Verfassung trägt der Union vielmehr ausdrücklich auf, „eine eingehendere und kohärentere Integration auf der Grundlage des gemeinschaftlichen Besitzstandes" anzustreben, und demgemäß sollen die Befugnisse der Union organgesetzlich erweitert werden können, wenn ein Tätigwerden der Union zur Erreichung eines ihrer Ziele erforderlich ist. Dies geht weit über den bisherigen Artikel 235 des EG-Vertrags hinaus, weil erstens die Unionsziele im Verfassungsentwurf überaus umfassend definiert sind, weil zweitens die im Art. 235 enthaltene Bezugnahme auf den „Rahmen des Gemeinsamen Marktes" fehlt und weil drittens Organgesetze auch gegen das Votum von Mitgliedstaaten erlassen werden können. Die formelle Begrenzung der Unionskompetenzen durch das Subsidiaritätsprinzip und durch den Grundsatz der Verhältnismäßigkeit ist demgegenüber wohl nicht sehr tragfähig.

Der Verfassungsentwurf will also die Wachstumsdynamik der Integration aufrechterhalten, er entfesselt sie aber schlichtweg vom Zweckverbandsprinzip – d. h. von der Eingrenzung auf die Ziele funktionaler Integration, insbesondere der Schaffung eines Gemeinsamen Marktes. Im Grunde gibt er der Union die Kompetenzkompetenz.

Solche Ideen beruhen auf der Überzeugung, daß man mit dem bisherigen System – auch in der durch den Maastrichter Vertrag fortgebildeten Version – nicht weiterkommt. In der Tat ist eine Besinnung auf bislang gültige Prämissen der Integration angezeigt; es könnte nötig sein, die Grundstrategie neu zu bestimmen. Sie beruhte auf der Entscheidung der fünfziger Jahre, auf die „funktionale" Integration zu setzen, den „Gemeinsamen Markt" zum Primärziel und zum normativen Kern des Verflechtungs- und Einigungsprozesses zu machen, hierfür der Gemeinschaft eine „Planungsverfassung" zu geben, ja diese selbst mit Möglichkeiten ihrer eigenen Fortbildung und Stärkung zu versehen – und den so geschaffenen Zweckverband zu ermächtigen, sozusagen ohne Respekt vor politischen oder kulturellen Sanktuarien die Marktintegration voranzutreiben. Je zügiger das ablief, desto mehr wurden jedoch Gegenkräfte geweckt, die zur zeitweiligen Eurosklerose und zur Einbindung des „harten Kerns" des Integrationssystems in ein Interaktionsnetz intergouvernementaler Kooperations- und Bremsverfahren führten. Bereits im

Laufe der siebziger Jahre hat sich diese widersprüchliche Konstellation von dynamischen und restriktiven Tendenzen herausgebildet;[86] seit dem Inkrafttreten der EEA und im Zuge der Auseinandersetzungen um das Maastricht-Projekt hat sie sich deutlich verschärft.

Was aber könnte an die Stelle des problematischen und hybriden Verbundsystems zwischen der funktional ausgerichteten, aber der Verbandszweckverfolgung freie Bahn sichernden „Planungsverfassung" einerseits und der relativ unverfaßten Konglomeration intergouvernementaler Vernetzungen und Verabredungen andererseits treten? Wohl kaum eine Verfassung gemäß den Vorstellungen des Institutionellen Ausschusses des Europäischen Parlaments. Die Umformung der Union zu einem verkappten (unitarischen) Bundesstaat würde eine gesellschaftliche Bereitschaft zur Solidarisierung und zur Identifizierung mit der Union voraussetzen, die kaum gegeben ist[87] und die angesichts der Zentralisierungstendenzen des Entwurfs eher ins Gegenteil umschlagen könnte. Die im Sinne der ursprünglichen Monnet-Strategie beabsichtigte Entwicklung einer „tatsächlichen Solidarität" wurde nur in Grenzen erreicht. Das wirtschaftlich motivierte Interesse an ökonomischen Verflechtungsvorteilen hat sich als unzureichender Ersatz erwiesen.

Die Verfassung, mit der man der Europäischen Union einen neuen, zukunftsträchtigen und akzeptanzfähigen Rahmen geben könnte, müßte einen anderen Charakter haben, eher den einer „Ordnungsverfassung". Der Ausdruck soll – als Kontrastbegriff zur „Planungsverfassung" und ihrer selbsttransformatorischen Dynamik – andeuten, daß das, was in der Verfassung steht, tendenziell „nicht mehr Thema, sondern Prämisse politischer Entscheidungen" ist.[88] Dies entspricht den klassischen Merkmalen konstitutioneller Ordnung; eine Verfassung im authentischen Sinn des Begriffs ist nicht als einmalige, ihr Produkt aus der geschichtlichen Realität heraushebende kreative Dezision begreifbar, aber auch nicht als kontinuierlicher Prozeß, vielmehr strukturiert sie vermittels ihrer normativen Kraft den Prozeß, den sie voraussetzt.[89]

Dies würde allerdings nahezu einen verfassungspolitischen Paradigmenwandel im Rahmen der europäischen Integration bedeuten. Der dynamische Charakter des bisherigen Integrationsprozesses ließ sich ja – weiter oben in diesem Beitrag – als ein Prozeß „dialektischer Verfassungspolitik" darstellen, und man hat dies zeitweise geradewegs zum Prinzip erhoben: Die normative Gemeinschaftsverfassung wurde als eine „constitutio emergens" bezeichnet – mit der Maßgabe, daß ein je aktueller „Status" der Europäischen Union zwar begrifflich erfaßt werden könne, aber stets relativ zufällig bleibe.[90] Das Konzept ist nicht erst für die „Europäische Union" ersonnen worden, obschon es eine konzeptionelle Affinität zu ihr aufweist.[91] Walter Hallstein hat es schon in den sechziger Jahren entwickelt.[92] Die Dialektik bedeutete nicht, daß die

Wirtschaftsintegration als sukzessive Herstellung einer integrierten „ökonomischen Basis" ihren „politischen Überbau" gleichsam mit Notwendigkeit produzieren würde. Der politische Wille dazu muß sich eigens artikulieren – an dem Ort, wo die europäische Willensbildung noch am ehesten als Repräsentation der Völker stattfindet, der primär denkbaren Träger der verfassunggebenden Gewalt einer Union. In diesem Sinne hat seinerzeit Willy Brandt das Europäische Parlament dazu aufgefordert, sich als eine „permanente Konstituante" zu verstehen.[93] So wurde das Parlament denn auch als eine „Verfassungsentwickelnde Versammlung" bezeichnet,[94] und man hat ihm demgemäß eine „Systemgestaltungsfunktion" zugesprochen.[95] Der dynamische Charakter des Integrationsprozesses wirkt gleichsam auch auf seine rechtlichen Grundlagen zurück – und dies war gewollt und wurde begrüßt. Daß man damit den klassischen Gehalt des Verfassungsbegriffs geradezu negierte, wurde von den Verfechtern entweder nicht bemerkt oder in Kauf genommen – oder gar als ein Fortschritt empfunden.

VI. Eine Föderale Union neuen Typs?

Die „Ordnungsverfassung" der Europäischen Union wird freilich trotz der Rückkehr zum klassischen Verfassungsverständnis nicht die eines klassischen Bundesstaats sein können; dazu fehlt es an der Selbstidentifikation eines Staatsvolkes, aber auch an der Akzeptanzbereitschaft der Mitgliedstaaten. Entgegen den im Europäischen Parlament entwickelten Ideen wird man auch nicht einen bestimmten materialen Integrationsgrad „von Verfassungs wegen" irreversibel festschreiben können; Revisionen des Integrationsstandes sollten nicht nur auf zentralisierenden Einbahnstraßen möglich sein.

Anders als bei den meisten Verfassungsprojekten für die Einigung Europas sollte es nicht das einzige Hauptziel des Vorhabens sein, die „Politikintegration" zentralisierend voranzubringen. Die Europäische Union bedarf einer „Ordnungsverfassung" vielmehr auch um der nötigen Rationalisierung, Kanalisierung und Begrenzung der Einigungspolitik willen. Das schließt die Eindämmung von Ausuferungen ein. Die Diskussionen über das Subsidiaritätsprinzip und namentlich darüber, ob denn die neuen Vertragsbestimmungen zur Sicherung der zugrundeliegenden Absichten ausreichen,[96] zeigen die Wichtigkeit des Anliegens. Man könnte daraus schließen, daß die Aussichten für einen Verfassungskonsens, der durch die stabilisierende Qualität der Unionsverfassung die Chancen einer brauchbaren föderalen Balance im Sinne des Subsidiaritätsprinzips schafft, günstiger werden können als das in bezug auf Unionsverfassungsprojekte bisher der Fall war.

So sollte diese Verfassung einen „föderalen Charakter“ in einem spezifischen Sinn erhalten. Selbst „die glühendsten Verfechter der europäischen Idee“ hatten nie die Absicht, „eine Art von europäischem Einheitsstaat zu schaffen“,[97] und eine föderale „Balance“ soll gerade auch „Checks“ gegenüber solchen Entwicklungen vorsehen.[98]

Allerdings war „föderal“ in den Auseinandersetzungen um den Maastrichter Vertrag ein Reizwort; Briten verstanden darunter ein Markenzeichen für supranationalen Zentralismus, und es war schwierig, ihnen plausibel zu machen, daß „Föderalismus“ auch als Antithese zu Unitarismus und Zentralismus fungieren kann. Der Begriff verknüpft ja Tendenzen der Einigung (Assoziation und Zentripetalität) und der Differenzierung (Disposition und Zentrifugalität) dialektisch miteinander.[99] Da die traditionelle Lehre von den Staatenverbindungen üblicherweise „föderale“ und „konföderale“ Strukturprinzipien einander gegenüberstellt,[100] legt der gängige Sprachgebrauch die Unterstellung nahe, eine „föderale“ Europäische Union müsse bundesstaatlichen Charakter haben. Dessen ungeachtet war seit langem klar, daß die EG keinem der beiden Typen entsprach; man sprach vom Gebilde „sui generis“ auch im Hinblick darauf, daß das Gemeinschaftsrecht kategorial weder dem Staatsrecht (dem das bundesstaatliche Verfassungsrecht zugehört) noch dem Völkerrecht (dem das staatenbündische Verbandsrecht zugehört) strukturell kongruent ist.[101]

Gleichwohl galt den Verfechtern einer politischen Einigung zumeist der Bundesstaat („Vereinigte Staaten von Europa“) als erstrebenswertes Endziel; konföderale Alternativen wurden eher von Kritikern der Gemeinschafts-Supranationalität ins Spiel gebracht: Unter den gegebenen Umständen seien nur die Staaten imstande, der europäischen Politik Autorität und ihrer normativen Ordnung Legitimität zu geben. In der Frühzeit der EG war es überdies herrschende Lehre, daß in Staatenbünden entweder die integrierenden oder die desintegrierenden Faktoren die Überhand gewinnen; „ihre Dauerhaftigkeit erscheint prekär... Sie müssen deshalb die Tendenz zum immer engeren Zusammenschluß – mit dem ... Endziel der staatlichen Vereinigung ... in sich enthalten, oder sie fallen allmählich wieder auseinander“.[102] Neuerdings wird als Endziel der Europäischen Union allerdings auch eine „Föderation neuen Typs“ konzipiert; sie soll „auch im Zuge ihrer weiteren Entwicklung kein Bundesstaat im herkömmlichen Sinn“ werden.[103]

Sind hier überzeugten Bundesstaatsanhängern nur die Trauben zu sauer – oder gibt es erkennbare Bedingungen der Möglichkeit, der Europäischen Union eine föderale Verfassung zu geben, die tatsächlich die traditionelle Alternative „Staatenbund oder Bundesstaat“ hinter sich läßt, aber als „Ordnungsverfassung“ stabilisierbare und stabilisierende Qualität aufweist?

Drei Fragen drängen sich auf: Erstens: Kann man das halbwegs widerspruchsfrei „denken"? Nicht alles, was man gern konstruieren möchte, kann man schlüssig konstruieren. Zweitens: Unter welchen Umständen kann eine solche Vorstellung Akzeptanzchancen erhalten? Drittens: Ist das „Modell" und ist eine eventuell erreichbare Einigung einer Trägerkoalition auf seine Verwirklichung auch „realistisch" – erlauben die strukturellen Bedingungen der „Ambiance" und die Zeittendenzen die Einwurzelung einer solchen Ordnung in das reale Kräftefeld mitsamt seinen Tiefendimensionen, oder besteht die Gefahr, daß eine aktuelle Akzeptanzbereitschaft zwar gut gemeint, aber gleichsam Ausfluß „falschen Bewußtseins" ist?

Zur ersten Frage gibt es immerhin Indizien für die Möglichkeit einer positiven Antwort. Die traditionelle Alternative von Bundesstaat und Staatenbund ist seinerzeit in politischer Absicht hochstilisiert worden, und man hat jeweils nach einer kühnen Bundesstaatsgründung den bisherigen Staatenbund propagandistisch abgewertet.[104] Es wurde geradezu verdrängt, daß es auch in Staatenbünden das Mehrheitsprinzip im Hauptorgan gab, daß den Mitgliedern Pflichten betreffend die Ausgestaltung ihrer Verfassungen auferlegt wurden, daß ein Staatenbund zur Intervention bei Störungen der öffentlichen Ordnung befugt sein konnte und daß Staatenbünde über eine direkte Steuerhoheit, ja sogar über ein Bundesheer verfügten. Entsprechende föderale Gebilde hätte man konzeptionell zwischen den beiden Idealtypen ansiedeln müssen.

Aber andere Autoren haben damals umgekehrt auch die Unmöglichkeit des Bundesstaates – und ebenso des Staatenbundes – „bewiesen": zwischen dem Einheitsstaat und der vorübergehenden Allianz könne es keine stabilisierbaren Verbandsformen geben.[105] Hinzu kommt, daß die traditionelle Gegenüberstellung von einem einheitsstaatlichen Vorverständnis geprägt und deshalb von vornherein föderalismusfremd ist. Ihr Begründer Georg Jellinek hat für den Bundesstaat dem Bund, für den Staatenbund den Gliedstaaten die Souveränität zugesprochen, Laband analog die Kompetenzkompetenz. Demgegenüber ist für ein föderalistisches Gemeinwesen charakteristisch, daß es dort schlechterdings überhaupt nicht „einen" identifizierbaren Inhaber einer Kompetenzkompetenz geben kann, ja daß sogar der „pouvoir constituant" sozusagen nicht im Singular existiert, kraft der existentiell zugrundeliegenden „Einheit-in-Vielheit" beziehungsweise „Vielheit-in-Einheit".[106] Wenn es schon im unitarischen Verfassungsstaat keinen Souverän gibt,[107] sondern allenfalls das verfassunggebende Volk „außerhalb" oder „über" der Verfassung, so setzt bereits diese Vorstellung voraus, daß das Volk im Singular als eine Art Quasi-Subjekt begriffen wird – während andererseits erst die Verfassung eine auf ihre Legitimität hin überprüfbare Artikulation eines „Volkswillens" ermöglicht. Schon für den nicht- föderalistisch konstituierten Verfassungsstaat hat z. B. Dolf Sternberger Einwände gegen die Vorstellung erhoben, daß seine öffentliche Hoheitsgewalt aus einer Quelle herrühren soll, zugunsten der Alternative, nämlich der Konstituierung des politischen Gemeinwesens als einer „Komposition" mehrerer Hoheitsträger.[108] Das etatistische Paradigma, dem der Gedanke der Kompetenzkompetenz zugehört, ist seinerseits ein theorie- und ideologiekritisch hinterfragbares Konstrukt.[109] Die These, die europäische Föderation müsse den Charakter eines Bundesstaates (oder gar eines unitarischen nach dem Muster der Bundesrepublik Deutschland) erhalten, ist nicht schlüssig.

Worin müßte aber dann der „föderale" Charakter der Union – im Unterschied erstens zur bisherigen Struktur, zweitens zu herkömmlichen Staatenbundkonzepten, und drittens zum gängigen Bundesstaatsmodell – zum Ausdruck kommen?

Einerseits im Ausschluß der Möglichkeit, daß die Unionsorgane, womöglich noch mit dem Schwergewicht bei den supranationalen, die Kompetenzkompetenz zugesprochen erhalten, so wie das bei „unitarischen Bundesstaaten" üblich ist und auch im erwähnten Oreja-Entwurf des Europäischen Parlaments für die Unionsverfassung vorgesehen wurde.[110] Dies würde den „föderalen" Charakter der Verfassungsordnung aushöhlen. Andererseits im Ausschluß einer Position der Gliedstaaten, die der klassischen Stellung der Mitgliedstaaten als „Herren der Verträge" äquivalent wäre, also ihnen gemeinsam die Kompetenzkompetenz in die Hand gäbe. Eine Verfassung, die politisch konstituierte „Herren" über sich hätte, wäre keine normative Verfassung im strikten Sinn. Die Verfassung muß über den Trägern der von ihr institutionalisierten Kompetenzen stehen. Die „föderale Balance" wäre grundlegend also auf einer Ebene zu sichern, die den Konstruktionen des Organsystems und der Kompetenzenallokation vorausliegt. Daß außerdem auch das institutionelle Arrangement und die dazugehörige Befugnisverteilung für die föderale Balance höchst relevant sind, soll nicht bestritten werden.[111]

VII. Die Herausforderung der Verfassungspolitik durch das Urteil von Karlsruhe

Das Urteil des Bundesverfassungsgerichts vom 12. Oktober 1993 über die Verfassungsbeschwerden gegen das Zustimmungsgesetz zum Maastrichter Unionsvertrag hat für die konstitutionelle Fortentwicklung der Europäischen Union neue Bedingungen geschaffen. Ohne daß an dieser Stelle im einzelnen auf das Urteil selbst sowie auf seine Voraussetzungen und seine Konsequenzen eingegangen werden kann, ist es doch wohl erforderlich, einige Hinweise darauf zu geben, wie sich dieser Rechtsspruch auf die im vorliegenden Beitrag entwickelten Überlegungen auswirkt.[112] Bemerkenswerterweise haben namhafte Kommentatoren betont, daß das Urteil – entgegen manchen landläufigen Vorstellungen – keineswegs ein „bis hier und nicht weiter“ für die Integration proklamierte[113] und daß es auch nicht die Weiterentwicklung der Union zu einem Bundesstaat „verbietet“.[114] Allerdings kann man erst recht nicht sagen, daß das Gericht für eine entsprechende Politik das Signal „Bahn frei“ geben würde.

Indessen muß man sich vor Augen führen, daß die Bundesstaatsvorstellung, vor deren eventueller Realisierung die Verfassungsrichter Hürden aufgestellt haben, eine ganz spezifische und, im Sinne des in diesem Beitrag weiter oben Dargelegten, eher unitarisch geprägte ist: Die Karlsruher Argumentation stellt mit Nachdruck darauf ab, daß der „veränderungsfeste Kern des Grundgesetzes“ nicht angetastet werden dürfe.[115] Problematisch wäre in den Augen der Richter die Begründung einer Kompetenz-Kompetenz auf der Unionsebene bzw. eine Änderung der Unionsverfassung ohne das Erfordernis der Zustimmung der nationalen Parlamente, aber auch eine Ausweitung der supranational wahrzunehmenden Aufgaben und Befugnisse dahingehend, daß die Entscheidungs- und Kontrollzuständigkeiten des Bundestages in einer das Demokratieprinzip verletzenden Weise entleert werden würden; das heißt auch im Fortgang der Integration müßten dem Bundestag Aufgaben und Befugnisse von substantiellem Gewicht verbleiben.[116] Das Gericht hält fest, daß der Maastrichter Unionsvertrag dies nicht in Frage stellt.

Wenn es die Feststellung trifft, daß der Unionsvertrag auf die „Unabhängigkeit und Souveränität der Mitgliedstaaten“ Bedacht nehme, „indem er die Union zur Achtung der nationalen Identität ihrer Mitgliedstaaten verpflichtet“,[117] ist damit freilich noch nicht gesagt, wieweit eine konstitutionelle Stärkung der Union gehen kann, ohne die vom Gericht aufgestellten Hürden zu überschreiten.

Eine etwas andere Bewandtnis hat es aber wohl mit der Aussage, Deutschland bleibe auch nach der Gründung der Europäischen Union „einer der ‚Herren der Verträge‘“, die die Zugehörigkeit zu der von ihnen gegründeten Gemeinschaft letztlich „auch wieder aufheben könnten.“[118] Daß dies auch künftig so bleiben werde, hätten die Repräsentanten der Mitgliedstaaten bekräftigt.[119] Man könnte den Eindruck gewinnen, daß den Karlsruher Richtern sozusagen eine klare Alternative – „tertium non datur“ – vor Augen stand.

Entweder müsse man sich die Europäische Union als einen „Staatenverbund“ vorstellen, der zwar supranational organisiert ist,[120] dessen Hoheitsgewalt sich aber von den Mitgliedstaaten ableitet, welche die Qualität von souveränen Staaten aus eigenem Recht wahren, während die Gemeinschaftsorgane nach dem Prinzip der begrenzten Einzelermächtigung (durch die mit den Mitgliedstaaten geschlossenen Verträge) handlungsbefugt sind. Dies ist in den Augen des Gerichts weitgehend unbedenklich.

Oder aber es gilt die Vorstellung, daß die Mitgliedstaaten sich in einen Bundesstaat eingliedern, der dann seinerseits aus eigenem Recht die Gesamtordnung der Union verantwortet, was die Kompetenzkompetenz der Unionsebene und den Verlust der Staatlichkeit der Glieder mit sich bringt. Davor baut das Gericht hohe Hürden auf.

Daß es problematisch wäre, aus einer traditionellen Typologie der Staatenverbindungen ein „tertium non datur" abzuleiten, wurde schon früher vermerkt, und ebenso wurde darauf verwiesen, daß die Zukunftsgestalt der Union als „Föderation neuen Typs" nicht dem herkömmlichen Bundesstaatsmodell entsprechen werde.[121] Es gibt indessen auch noch einige andere Erwägungen, die es nahelegen, einen zukunftsträchtigen „Dritten Weg" föderaler Verfassungspolitik einzuschlagen und sich dazu den Mut nicht durch das Karlsruher Urteil nehmen zu lassen.

1. Es sieht nicht so aus, als ob zu allen im Urteil aufgeworfenen Fragen die Karlsruher Richter bereits das letzte Wort gesprochen hätten. Abgesehen davon, daß von kompetenter Seite ohnehin auf „Widersprüchlichkeiten in dem Urteil" hingewiesen wurde,[122] wird manbeispielsweise die Frage nach der Verfügungsherrschaft der Mitgliedstaaten über die Gemeinschaftsordnung doch noch einmal aufwerfen können. Das Problem ist komplex und schon vor Jahrzehnten erörtert worden.[123] Vor rund zehn Jahren hat Ulrich Everling sich zu zeigen bemüht, daß die Mitgliedstaaten kaum mehr „Herren der Verträge" gewesen seien, und zwar unter anderem mit dem Argument, die Gemeinschaftsregelungen hätten unmittelbar einklagbare Rechte der Bürger begründet, die nicht mehr von der Vermittlung durch die Mitgliedstaaten abhängig seien und ihnen daher auch nicht rechtmäßigerweise entzogen werden könnten. Das hat damals nicht allgemein überzeugt. Inzwischen hat das Argument durch die Einführung der Unionsbürgerschaft ein anderes Gewicht gewonnen: Diese stellt tatsächlich die Mediatisierung der Bürger gegenüber der Gemeinschaftsgewalt in Frage, und zwar so, daß dies „jedenfalls in Deutschland das traditionelle Vorstellungsbild von Staatlichkeit modifiziert".[124] In Verbindung damit ist auch die Feststellung des Europäischen Gerichtshofes nicht uninteressant, daß die Gemeinschaftsverträge „die grundlegende Verfassungsurkunde einer Rechtsgemeinschaft" darstellen; sie hätten eine eigene Rechtsordnung geschaffen, „zu deren Gunsten die Staaten in immer weiteren Bereichen ihre Souveränitätsrechte eingeschränkt haben und deren Rechtssubjekte nicht nur die Mitgliedstaaten, sondern auch deren Bürger sind."[125]

Daraus ergibt sich, daß die weiter oben für eine „Föderale Union neuen Typs" nahegelegte Überwindung der „Herrschaft" der Mitgliedstaaten über die „Verträge" wohl kaum eine so weitgehende und revolutionäre Qualitätsänderung der Unionsverfassung implizieren müßte, wie das die Lektüre des Karlsruher Urteils (vor allem unter Außerachtlassung anderer Rechtspositionen wie der des EUGH) suggerieren mag.

2. Daß der hier angedeutete „dritte Weg" zwischen konföderaler Staatengemeinschaft einerseits und einem die Mitglieder um ihre Staatlichkeit bringenden Bundesstaat andererseits zwar in Bezug auf eine Reihe von Merkmalen die Struktur der Europäischen Union an die Grenze dessen bringt, was das Bundesverfassungsgericht im Rahmen des Grundgesetzes für machbar hält, ist klar. Aber weder würde die hier entworfene Perspektive zu einer Kompetenzkompetenz der Unionsorgane führen, noch würde sie die Mitgliedstaaten ihrer Staatlichkeit berauben – abgesehen davon, daß gerade die deutsche Bundesstaatslehrtradition sogar die Staatlichkeit der Glieder eines „klassischen" Bundesstaates kennt.

3. Erst recht würde eine den hier skizzierten Vorstellungen entsprechend gestaltete Föderale Union den demokratischen Willensbildungsprozeß und damit auch die demokratische Legitimität der Mitgliedstaaten nicht etwa substantiell aushöhlen, sondern umgekehrt geradezu voraussetzen, denn auch im Rahmen eines solchen Systems brauchen beide Ordnungen – die des Bundes und die des Mitgliedstaates – um ihrer eigenen Legitimität willen auch die demokratische Legitimität der je anderen.

Dafür haben übrigens auch die Karlsruher Verfassungsrichter Verständnis. Sie verweisen am Ende ihres Urteils darauf, daß der verfassungsändernde Gesetzgeber der Europäischen Union vorgibt, daß sie „demokratischen, rechtsstaatlichen, sozialen und föderativen Grundsätzen und dem Grundsatz der Subsidiarität" verpflichtet ist. Der Schlußsatz des Urteils stellt fest, es sei entscheidend „daß die demokratischen Grundlagen der Union schritthaltend mit der Integration ausgebaut werden und auch im Fortgang der Integration in den Mitgliedstaaten eine lebendige Demokratie erhalten bleibt."[126] Aus vorangehenden Ausführungen ergibt sich, daß der mit der Integration schritthaltende Ausbau der „demokratischen Legitimation der europäischen Institutionen" neben der „über die nationalen Parlamente vermittelten Legitimation und Einflußnahme" verläuft, und über sie hinaus geht. Dies bedeutet in der Konsequenz die hier in den Blick genommene Veränderung der „föderalen Balance".[127]

VIII. Ausblick

Noch bedürfen zwei bereits früher gestellte Fragen einer Antwort: Hat eine „Föderale Union neuen Typs", wie sie hier ansatzweise skizziert wurde, Akzeptanzchancen? Und hat eine eventuell vorhandene sozusagen intersubjektive Akzeptanzbereitschaft auch ein objektives „fundamentum in re"?

Die Antworten verstehen sich nicht von selbst. Seit der Erarbeitung des Maastricher Unionsvertrages hat sich die integrationspolitische Stimmungslage verändert. Von mannigfachen Abkühlungen hat sie sich noch nicht erholt. Es gibt zum Beispiel massive Zweifel, ob die für 1996 vorgesehene Regierungskonferenz tatsächlich einen größeren Schritt vorwärts einleiten kann, etwa zur Realisierung dessen, was gemeinhin mit dem Etikett „Politische Union" versehen wird. Trotzdem gibt es Argumente dafür, die föderale Weiterentwicklung der Europäischen Union nicht von der Tagesordnung abzusetzen, sondern allenfalls den Tagesordnungspunkt nur zeitweilig zurückzustellen:

1. Eine ausdrückliche Absage an die föderale Weiterentwicklung bedeutet die Infragestellung dessen, was mit dem Maastrichter Vertrag ins Werk gesetzt werden soll, ja sogar der bisherigen Integrationserrungenschaften, und zwar aus mehreren Gründen. Einerseits besteht ein Sachzusammenhang zwischen der Erfolgschance der Wirtschafts- und Währungsunion einerseits und einer politischen Stärkung des Unionssystems andererseits, und es ist auch eine plausible These, daß die Aufrechterhaltung des Binnenmarktes gegenüber allen Zentrifugaltendenzen eine stärkere wirtschafts- und währungspolitische Integration verlangt[128]. Andererseits bedeutet ein ausdrücklicher Verzicht auf die föderale Perspektive einen Akt politischer Selbstdemotivierung der Europapolitik.[129]

2. Es gibt ferner plausible Gründe für die Vermutung, daß das Zielbild einer föderalen Union im hier skizzierten Sinne, das den Nationen und den Staaten eine stärkere Bestands- und Entfaltungssicherheit gibt als ein klassischer Bundesstaat, größere Akzeptanzchancen hat als Projekte der „Staatswerdung Europas", womöglich mit einem klassischen parlamentarischen Regierungssystem.[130] Gerade dort, wo Zentralisierungstendenzen Besorgnisse ausgelöst haben, könnte vielleicht eine Unionsverfassung eher Zustimmung finden, die die Integration stärker und klarer dem „Rule of Law-Prinzip" unterstellt und die Dynamik der „Planungsverfassung" nicht mehr sich selber überläßt.

3. Die Frage nach der Angemessenheit eines solchen Konzepts der Föderalen Union an „objektive" Gegebenheiten und Tendenzen der Gegenwart und der Zukunft würde eine umfassendere Erörterung verdienen – hier sind nur noch knappe stichwortartige Bemerkungen möglich. Komplexe Verfahren der Bearbeitung politischer Probleme werden nicht nur in transnationalen, internationalen und supranationalen Interaktionsfeldern mehr und mehr üblich, sondern auch innerhalb des modernen Staates. Neben die herrschaftliche Steuerung sozialer Vorgänge, teilweise auch an ihre Stelle, tritt das Streben nach Übereinkünften in

einem Pluriversum von Akteuren.[131] Die Annahme liegt nahe, daß entsprechende Tendenzen auch im Bereich transnationaler und zwischenstaatlicher Beziehungen zunehmend wichtiger und maßgeblicher werden. Das könnte z. B. auf die Herausbildung eines „Pluralismus von spezialisierten, räumlich keineswegs kongruenten, auf bestimmte Staatsfunktionen beschränkten Einheiten mit unterschiedlicher Integrationsdichte“ hinauslaufen.[132]

Aber diese Tendenz zur Aufgliederung der Staatspolitik in pluralistische Problembearbeitung – die im übrigen unterschiedliche Einschätzungen und Bewertungen nahelegt, je nachdem im Horizont welches grundlegenden Paradigmas von Gesellschaft und Politik sie begriffen wird[133] –, provoziert die Frage nach Möglichkeiten der „civil society“ und des „responsible government“. Es ist offenkundig zum Problem geworden, ob Politik, in der europäischen Tradition des politischen Humanismus, auch weiterhin als gemeinsame Lebensgestaltung von Menschen und Gruppen in bürgerschaftlich verfaßten Gemeinwesen verstanden werden kann. Die Antwort dürfte davon abhängen, ob es gelingt, die vielfältigen Dimensionen und Bezüge konkreter Aufgabenbewältigung in Ordnungsgefüge der politischen Verantwortung einzuholen, die es nicht nur Menschen und Gruppen erlauben, sich um Verständigung darüber zu bemühen, nach welchen Prinzipien, im Zeichen welcher Nötigungen und Anliegen sie ihre gemeinsame Zukunft gestalten wollen, sondern die es überdies gestatten, das auf akzeptable Weise in politische Entscheidungen umzusetzen. Föderale Ordnungen sind dazu wohl eher geeignet als unitarische (wenngleich u. U. dezentralisierte) Herrschaftsverbände oder funktionalisierte Steuerungssysteme. Auch für die Europapolitik gilt: Der Föderalismus ist nicht eine Sache von gestern, sondern eine Idee mit Zukunft.

WOLFGANG WESSELS

Die europäischen Staaten und ihre Union – Staatsbilder in der Diskussion

I. Zur Debatte um Staat und Föderalismus

Die periodisch wiederkehrende Debatte um „Föderalismus" ist – bei allen Variationen und Ergänzungen um nicht staatsbezogene Dimensionen – im Kern als Auseinandersetzung um die „optimale Form" des Staates[1] zu verstehen. In der Regel stehen Strukturen und Prinzipien nationaler und – im europäischen Kontext – auch supranationaler Verfassungen[2] im Zentrum der öffentlichen Diskurse, die häufig durch Begriffsabgrenzungen föderalistischer Modelle, insbesondere das traditionelle Gegensatzpaar „Staatenbund" und „Bundesstaat", geprägt sind;[3] im wesentlichen orientieren sich diese Überlegungen an verfassungsmäßig geprägten Kernelementen, so der Frage der Kompetenzverteilung und der rechtlichen Eigenständigkeit der Teilstaaten.[4]

In diesen Beiträgen werden Veränderungen in der Wahrnehmung von Staatsaufgaben[5] und entsprechende Entwicklungen der dabei in der Realität zu beobachtenden Verfahren zur Herstellung politischer Entscheidungen kaum behandelt. Die Beschreibung und Definition föderalistischer Systeme wird – insbesondere in der juristisch orientierten Diskussion – an einigen konstitutionellen Eckpunkten festgemacht, die häufig dem Charakter eines statischen Modells verhaftet bleiben und so den Wandel der „Staatspraxis"[6] kaum erfassen können.

In einem merkwürdig gebrochenen Verhältnis zu einer derartig verfassungsrechtlich geprägten Föderalismusdebatte stehen andere Analysen und Bewertungen staatlicher Entwicklungen, wie sie etwa durch den Begriff des „kooperativen Staates" charakterisiert werden.[7] Weitere Ansätze betonen darüber hinaus die grenzüberschreitenden Aktivitäten des Staates bzw. seine Eingebundenheit in das internationale und europäische System.[8] Häufig gewinnt man den Eindruck, daß gleichzeitig mehrere Denkschulen parallel – jeweils auf sich bezogen – Argumentationslinien entwickeln, die dasselbe Objekt – den Staat im Westeuropa der Nachkriegszeit – zu erfassen, zu erklären und zu charakterisieren versuchen; dabei werden häufig die jeweiligen Erkenntnisse anderer Arbeitsschwerpunkte gegenseitig kaum erschlossen. Oft sind ähnliche Stichworte, Kategorien und Termini wie „Modernisierung", „Erosion" und

„Legitimität“ zu finden, die unterschiedlich definiert sind und zu denen abweichende, ja teils konträre Aussagen über die beobachtete Realität vorgelegt werden.

Vielen Untersuchungen zu staatlichen Entwicklungen Westeuropas ist das Bemühen gemeinsam, Veränderungen öffentlicher Aufgabenwahrnehmung quasi innerhalb, unterhalb oder auch „quer“ zu den Verfassungsstrukturen zu identifizieren und deren Auswirkungen auf die Natur und die Evolution des Staates herauszuarbeiten. Staatsrechtliche Beiträge zum „Föderalismus“ sind zu koppeln mit Arbeiten, die über konstitutionell festgelegte Staatsstrukturen hinausgehende Analysen vornehmen; derartige Verknüpfungen sind etwa in der „modernen Lehre“ des „unitarischen Bundesstaates“,[9] in Ansätzen des „kooperativen Föderalismus“ bzw. der „Politikverflechtung“[10] sowie in Überlegungen zum „Neoföderalismus“[11] festzustellen.

Auch in der (verfassungs-)politischen Diskussion entwickelte sich – erneut anläßlich der Ratifizierung des Maastrichter Vertrags zur Europäischen Union – eine intensive Beschäftigung mit derartig grundsätzlichen Fragen der staatlichen Ausgestaltung Europas: Im Zentrum stehen Begriffe wie Demokratie, Föderalismus, Subsidiarität, Bürgernähe, Bürokratie, Verlust nationaler Identität. In dem neuen Artikel 23 des Grundgesetzes wird als (Staats-)Ziel formuliert: „Zur Verwirklichung eines vereinten Europas wirkt die Bundesrepublik Deutschland bei der Entwicklung der Europäischen Union mit, die demokratischen, rechtsstaatlichen, sozialen und föderativen Grundsätzen und dem Grundsatz der Subsidiarität verpflichtet ist und einen diesem Grundgesetz im wesentlichen vergleichbaren Grundrechtsschutz gewährleistet“.[12] In einer begleitenden Interpretation trat der Bundestag in einer „Feierlichen Erklärung für ein bürgernahes, starkes und handlungsfähiges Europa“ ein,[13] wobei es nicht um „die Schaffung eines europäischen Zentralstaates (geht)“. Es geht um ein Europa, das entsprechend dem Grundsatz der „Einheit in Vielfalt“ die nationale Identität, Kultur und Lebensweise jedes Landes und jeder Region bewahrt und achtet“.[14] Aus Sicht der deutschen (wie auch der europäischen) Abgeordneten soll „diese öffentliche Debatte ... in eine Diskussion über eine neu zu schaffende europäische Verfassung münden“.[15]

Wesentliche Beiträge zur Debatte steuerten auch Bundesrat und Länder bei, die sich nachhaltig mit der Ausgestaltung einer Europäischen Union auseinandersetzten: „Die strukturelle Offenheit der Europäischen Union ermöglicht die Entwicklung eines Europas der Regionen auf der Grundlage einer dreistufig-föderalen Struktur und des Grundsatzes der Subsidiarität“.[16] Aus Sicht des Bundesrates „(können) Verfassungsmodelle des Nationalstaats des 19. Jahrhunderts ... nicht auf die EG übertragen werden“.[17]

Aus dieser Übersicht über die politische und wissenschaftliche Diskussion ergibt sich so eine Vielzahl von zentralen Stich- bzw. Reizworten, die häufig unverbunden nebeneinander stehen; deshalb wird als Orientierungsrahmen die Konstruktion von fünf „Bildern vom Staat“[18] vorgeschlagen, die jeweils eine Reihe wissenschaftlicher und politischer Beiträge bündeln; dabei sollen insbesondere die expliziten oder impliziten föderalen Dimensionen dieser Denkschulen herausgearbeitet werden.

Bei dieser Darstellung wird von einem zentralen, wenn auch nicht notwendigerweise vollständigen Zugang zu dem Gebilde „Staat“ ausgegangen. Untersucht wird – im Hinblick auf die Wahrnehmung staatlicher Aufgaben – die „Vorbereitung, Herstellung, Durchführung und Kontrolle allgemein verbindlicher Entscheidungen, die auf den Einsatz *staatlicher* Handlungsinstrumente ausgerichtet sind“.[19] Signifikante Indikatoren für diese Entwicklung der staatlichen Instrumente sind die Intensität und Differenzierung der Gesetzgebung und der relative Umfang öffentlicher Haushaltsmittel.[20]

II. Bilder vom Staat

1. Das Bild des geschlossenen Verfassungsstaates

Als Ausgangspunkt für die Darstellung wird von dem Bild eines „in sich geschlossenen, in völliger Selbständigkeit handelnden Staates“[21] ausgegangen. Verknüpft werden in diesem Bild primär staatsrechtlich inspirierte Ausführungen zur „Natur des Staates“[22] mit Annahmen der realistischen[23] und neorealistischen[24] Theorie internationaler Politik und Arbeiten zur nationalen Orientierung von Wohlfahrtsstaaten.[25]

Aus diesen Ansätzen wird ein Bild des Staates entwickelt, das insbesondere durch die äußere und innere Souveränität geprägt ist. Dem Staat wird die Eigenschaft zugeschrieben, im Vergleich zu jeder anderen gesellschaftlichen Gruppierung „der mächtigste Verband“ zu sein, der im internationalen System „befehlsunabhängig“ ist.[26] Für den Staat sind demnach – nach der traditionellen Drei-Elementen-Lehre – „Staatsgebiet, Staatsvolk und Staatsgewalt“[27] konstitutiv. Der geschlossene Staat wird mit Merkmalen wie „formale Autonomie, Monopol der Zwangsanwendung, Abgrenzung von nicht-gouvernementalen Organisationen, Zentralisierung und interne Koordination“ beschrieben.[28]

Aus diesem Verständnis werden die Staaten als „geschlossene Einheiten“[29] begriffen, als „unitary-rational actors“.[30] Mit den Schlüsselbegriffen „innere“ und „äußere“ Souveränität werden Vorstellungen verbunden, die die Unabhängigkeit des Staates von anderen Akteuren des zwischenstaatlichen Interaktionsraumes sowie das Recht zur eigenen Aufgabenbestimmung und zum unbeschränkten Einsatz von Handlungs- und Steuerungsmitteln zwecks Erfüllung dieser Aufgaben betonen.[31]

Verknüpft werden kann dieser Gedankengang auch mit zeitgenössischen Analysen zum Wohlfahrtsstaat, die eine Entwicklung zum „Europe des patries sociales" konstatieren.[32] Nationale Zugehörigkeit – nicht transnationale Marktkräfte – gilt als entscheidende Determinante für den Anspruch des Einzelnen auf soziale Leistungen.[33] Jede Nation produziert ihre eigenen Erziehungs-, Gesundheits- und Sozialversicherungssysteme, die für Exporte an Bürger anderer Staaten nicht zur Verfügung stehen.[34] Aus diesen Entwicklungen folgt: „The Nation State is Well and Alive".[35] Betont werden bedeutende nationale Unterschiede bei Einsatz und Wirkung staatlicher Handlungs- und Steuerungsmedien, die auf historisch angelegte und fortdauernde strukturelle Unterschiede zwischen den westeuropäischen Staaten zurückgeführt werden. Die beobachtbaren Einflüsse aus dem zwischenstaatlichen Interaktionsraum werden durch die innerstaatlichen Strukturen gefiltert und unterschiedlich verarbeitet.[36] Der Wohlfahrtsstaat zeigt dabei eine grundsätzliche Immunität gegen internationalen Wettbewerb.[37]

Dieses Bild des geschlossenen Staates wird häufig um eine Charakterisierung als „Verfassungsstaat" ergänzt:[38] Abgestellt wird auf die Funktion als „Rechtsschutzstaat" („protective state"), der als außenstehender „Schiedsrichter" fungiert.[39] In dieser Funktion setzt der Staat primär sein Handlungsinstrument Recht „hoheitlich" ein[40] und unterscheidet sich dadurch grundsätzlich von seiner Funktion als „Leistungsstaat" („productive state").[41]

Bei diesem Bild ist eine Ergänzung um den Begriff eines Bundesstaates nach dem klassischen Verständnis ohne weitere konzeptionelle Schwierigkeiten möglich. Nach traditionellen föderalistischen Vorstellungen werden die Kompetenzen zum Einsatz staatlicher Handlungs- und Steuerungsinstrumente eindeutig und voneinander abgegrenzt zwischen „selbständigen Rechtsträgern mit eigenständiger Staatsgewalt"[42] aufgeteilt. Jede Ebene hat Staats- oder – im Falle der EG – zumindest „staatsähnlichen Charakter".[43] Zwar werden etwa in Form des Bundesrats oder des EG-Ministerrats Möglichkeiten der Beteiligung von Vertretern „unterer" Einheiten an den Verfahren zur Vorbereitung, Herstellung, Durchführung und Kontrolle allgemeinverbindlicher Entscheidungen der nächst höheren Ebene geregelt, jedoch gilt jede Ebene als zunächst eigenständiger Entscheidungskreis.

Für die Ebene der Europäischen Gemeinschaft/Europäischen Union können bei diesem Bild zwei gegensätzliche Überlegungen präsentiert werden. Für die Variante, die von Vertretern (national-)staatlicher Souveränität[44] propagiert wird, kann die europäische Ebene nur eine von den Mitgliedstaaten abgeleitete und vollständig kontrollierte (Staats-)-

Gewalt ausüben, während die Variante, die der (radikal-)föderalistischen Doktrin[45] folgt, die Eigenständigkeit einer europäischen Föderation als Ausdruck des souveränen Willens *eines* europäischen Volks[46] betont. Der europäische Bundesstaat soll und kann über dieselben staatlichen Qualitäten verfügen wie bisher der (National-)Staat und bildet eine historisch angelegte Weiterentwicklung der Staatlichkeit in Europa. Der Maastrichter Vertrag über die Europäische Union begründet – nach weitgehend übereinstimmender Beurteilung – „keinen sich auf ein europäisches Staatsvolk stützenden Staat".[47]

2. Das Bild des offenen und kooperativen Wohlfahrtsstaates

Beim Bild des „offenen"[48] Staates wird davon ausgegangen, daß (national-)staatliche Institutionen vielfältige zwischenstaatliche Prozeduren zur Vorbereitung, Herstellung, Durchführung und Kontrolle allgemeinverbindlicher Entscheidungen zum Einsatz staatlicher Handlungs- und Steuerunginstrumente entwickeln und nutzen.

Für die Konstruktion dieses Bildes kann sowohl auf ökonomische Theorien der (inter-)nationalen Politik,[49] die wesentliche Denkfiguren mit der „Regimeschule"[50] teilen, auf „Lehren" vom „kooperativen Staat"[51] als auch auf Arbeiten zur Entwicklung des Wohlfahrtsstaates angesichts von Globalisierungstendenzen[52] zurückgegriffen werden.

Der offene Staat „ordnet" sich nach diesen Überlegungen in eine „pluralistische Gemeinschaft" ein, indem er an der internationalen Problemverarbeitung „teilnimmt"[53] – mit eindeutiger Bindung an die Rechtsordnung einer Staatengemeinschaft[54] oder als Akteur in einer „regulierten Anarchie".[55] Die Institutionen des offenen Staates geben zwar Autonomie auf, gewinnen aber dafür an Teilnahme- und Mitgestaltungsmöglichkeiten, die den Einsatz staatlicher Steuerungsmedien aus der Sicht der beteiligten Akteure verbessern (können). Nach diesem Bild bedeutet die „Einordnung eines Staates in eine internationale Gemeinschaft keineswegs notwendig einen Rückzug aus seiner Verantwortlichkeit für die politischen und wirtschaftlichen Verhältnisse seines Landes und seiner Bürger: Der Staat verzichtet hier nicht, sondern gibt seiner Tätigkeit lediglich eine andere Richtung".[56]

Der Staat wird als der bedeutsamste Ort der Auseinandersetzung zwischen konkurrierenden globalen, supranationalen, nationalen, regionalen und lokalen Kräften verstanden.[57] Der soziale Zusammenhalt hängt nach diesem Bild weiterhin von der Fähigkeit des Staates ab, derartige Konflikte zu verarbeiten.[58] Der Nationalstaat bleibt zentral für die politische Problemverarbeitung, „but its own capacities to act autonomously are decisively weakened by the shift towards internationalized, flexible production systems".[59] Trotz Globalisierungstendenzen entwickelt der

Staat eine ausgeprägte Fähigkeit, die Richtung der nationalen und internationalen Politik zu beeinflussen.[60] Infolge vielfältig überlappender Loyalitäten und verknüpfter Verfahren, die die traditionelle Vorstellung von Souveränität überholt erscheinen lassen, entsteht eine Ordnung, die als *„neo-medieval international order“* charakterisiert wird.[61] Eine derartige Ordnung kann infolge einer Vielzahl „unordentlicher“ institutioneller Verknüpfungen wesentliche Vorteile gegenüber der Konfliktneigung und Machtkonzentration des traditionellen Staatensystems aufweisen.

Das Verständnis staatlicher Handlungsfähigkeit muß – folgt man dieser Analyse – angepaßt werden, ohne dabei nur – von traditionellen Vorstellungen abgeleitete – Zerfallserscheinungen zu konstatieren. „Der Staat am Ende des zwanzigsten Jahrhunderts agiert zwar in einem immer dichteren Geflecht innergesellschaftlicher und transnationaler Verhandlungsbeziehungen, die seine Fähigkeit zur einseitig hierarchischen Steuerung eng begrenzen... Dafür verfügen diese ... weiterhin über einzigartige Handlungsorientierungen und Handlungspotentiale, die auch in komplexen Verhandlungsnetzen wirksam werden“.[62]

Verknüpft werden können diese Überlegungen auch mit Erkenntnissen aus der „Regimetheorie“, die einen der in den letzten Jahren besonders intensiv diskutierten Ansätze zur Analyse internationaler Politik darstellt.[63] Intensität und Formen zwischenstaatlicher Zusammenarbeit ergeben sich danach aus einem Nutzenkalkül „rationaler Staaten“ in Entscheidungslagen, in denen ein Akteur bei der Bereitschaft zu einer sinnvoll erscheinenden Zusammenarbeit vor dem Risiko steht, durch andere übervorteilt zu werden:[64] Bei Unsicherheit über das Verhalten anderer Akteure in Situationen gegenseitiger Abhängigkeit ohne eine „schiedsrichterliche Zentralinstanz“[65] bietet sich eine intensive Nutzung zwischenstaatlicher Verfahren zum Einsatz staatlicher Steuerungsinstrumente an; diese müssen jedoch so gestaltet sein, daß das Auftreten von „Trittbrettfahrern“ so weit wie möglich reduziert wird.[66] In der Spannung zwischen dem potentiellen Nutzen und den möglichen Kosten zwischenstaatlicher Kooperation bieten sich „Regime der Zusammenarbeit“[67] an. Sie sind als Verfahren zu verstehen, um „Prinzipien, Normen, Regeln sowie Verhaltens- und Entscheidungsroutinen“[68] von Problemverarbeitungsprozessen zu erarbeiten, sie ständig anzuwenden und ein konformes Verhalten der beteiligten Akteure sicherzustellen.

Regimetheorien lassen innerstaatliche Strukturen und deren Entwicklung weitgehend außer acht.[69] Ergänzt werden kann ein derartiges Bild jedoch durch politikwissenschaftliche Arbeiten, die den „kooperativen Staat“ – ohne direkten Bezug auf Phänomene zwischenstaatlicher Zusammenarbeit – als Kristallisationskern eines neuen Staatsverständnisses sehen.[70] „Veränderungen des realen Umfeldes (des modernen Sozialstaates) ... signalisieren den Weg von der regulativen Steuerung zur partnerschaftlichen Übereinkunft, von der zentralen Weisung zur dezentralen Koordination, von der Normsetzung zur Überzeugung, vom Einsatz hoheitlicher Machtmittel zum multilateralen Prozeß der Zusammenarbeit".[71] „Der Staat ist bereits dabei, vom Thron des klassischen Hoheitsstaates herunter(zu)steigen, um sich mehr und mehr als partnerschaftlich agierender kooperativer Staat zu zeigen".[72] Aus der Analyse, daß „regelungsbedürftige Tatbestände nicht länger standardisiert und mit hohem Ressourcenaufwand zentralstaatlich (geregelt werden) können",[73] wird „Dezentralisierungs- und Regionalisierungsansätzen" eine wachsende Bedeutung zugeschrieben.[74] Dem „Leistungs-",[75] „Wohlfahrts-"[76] oder „Sozialstaat"[77] fällt die Aufgabe zu, alle wichtigen Akteure eines Politikfeldes zur gemeinsamen Problemverarbeitung zusammenzuführen, um dabei Konsens und Akzeptanz herzustellen.[78] „Kooperation", „Koordination" und „Moderation"[79] sind zentrale Funktionen moderner staatlicher Instanzen. Kooperative Verhaltensmuster tragen zur „Überwindung von Grenzen der sachlichen Kompetenz und der räumlichen Zusammenarbeit (auch über nationale Grenzen hinweg) bei".[80]

Aus dieser Sicht bieten föderale Strukturen einen Vorteil auf dem Weg zur Modernisierung des Staates: Sie führen zu einer – den funktionalen und regionalen Differenzierungen entsprechenden – Mobilisierung von betroffenen Akteuren und ermöglichen so eine sektoral breit und hierarchisch tief angelegte Beteiligung mehrerer staatlicher Institutionen. Eingeübt wird demnach in föderalen Strukturen ein partnerschaftliches Verhalten zwischen staatlichen und privaten Akteuren, die – ohne in einem rechtlichen Abhängigkeitsverhältnis zueinander zu stehen – auf Kooperation angewiesen sind. Diese Aussage gilt – wie für dieses Bild „typisch" – sowohl für inner- wie zwischenstaatliche Interaktionsräume.

Die Europäische Gemeinschaft/Europäische Union bildet – nach diesem Staatsbild – eine besonders ausgeprägte Weiterentwicklung derartiger staatlicher Grundtendenzen. Trotz einiger Besonderheiten ihres institutionellen Gefüges ist die EG/EU eine unter mehreren Formen, mit denen die Regierungen und Verwaltungen des kooperativen Staates ihre Fähigkeit zur Bewältigung öffentlicher Aufgaben inner- und zwischenstaatlich ausbauen und differenzieren. Mit den Begriffen und Kategorien des Bundesverfassungsgerichts kann der Maastrichter Vertrag entsprechend verstanden werden: „Der Unions-Vertrag begründet ... einen Staatenverbund zur Verwirklichung einer immer engeren Union der – staatlich organisierten – Völker Europas ... Die Mitgliedstaaten haben die Europäische Union gegründet, um einen Teil ihrer Aufgaben gemeinsam wahrzunehmen und insoweit ihre Souveränität gemeinsam auszuüben."[81]

3. Das Bild des atomisierten und erodierten Staates

Gegenüber dieser Vorstellung des „kooperativen Staates" sehen andere Beiträge – bei der Beobachtung ähnlicher Phänomene, die auch beim Bild des Staates in den Mittelpunkt der Untersuchungen gestellt werden – aus unterschiedlichen theoretischen Ansätzen heraus zentrale Eigenschaften des historisch gewachsenen Staates gefährdet. Charakterisiert werden kann ein derartiger Prozeß als „Erosion"[82] des Staates in seinen – nach traditionellem Verständnis – konstitutiven Merkmalen, die zu einer Atomisierung staatlicher Strukturen bei der Vorbereitung, Herstellung, Durchführung und Kontrolle allgemeinverbindlicher Entscheidungen zum Einsatz staatlicher Handlungs- und Steuerungsinstrumente führt.

Bei der Erosionsthese werden Arbeiten, die Tendenzen zur „Politikverflechtung" mehrerer staatlicher Ebenen und zur „Destabilisierung" klassischer Verwaltungsmodelle feststellen, mit Ansätzen zur internationalen Politik verknüpft, die mit Hilfe von „Interdependenzanalysen" eine „Transnationalisierung" politischer Problemverarbeitung konstatieren. Eingang finden dabei neuere „Legitimitätskrisen- und Unregierbarkeitstheorien".[83] Zwei Positionen werden dabei – häufig nicht eindeutig voneinander getrennt – im Zusammenhang gesehen: Herausgearbeitet werden Tendenzen sowohl zur Entstaatlichung wie zur De-Demokratisierung.

Beobachtet werden dabei Auflösungstendenzen des Staates in „multizentrale" und „verflochtene" Handlungsstrukturen,[84] die seine Problemverarbeitungskapazität schwächen.[85] Die Ineffizienz und Ineffektivität des politisch-administrativen Systems findet ihre besondere Ausprägung in der erwähnten „Politikverflechtung", die besonders in den erwähnten föderalen Staaten[86] und in der Europäischen Gemeinschaft[87] festgestellt wird. Fragmentierung, Inkohärenz, Unübersichtlichkeit, Verzögerungseffekte, „Steuerung ohne Steuerungszentrum",[88] Problemverarbeitung ohne „Zentralinstanz"[89] werden gleichermaßen diagnostiziert: Innerstaatlich in einem „entzauberten Nationalstaat"[90] und zwischenstaatlich in der Verzahnung internationaler und nationaler Verwaltungen in Richtung auf eine „Organ- und Gremienhypertrophie".[91] Der „hollow state" wird durch zwei gegenläufige Tendenzen gekennzeichnet:[92] Einerseits versucht der Nationalstaat, seine Souveränität zu erhalten, die jedoch als ineffektiv gilt und primär als eine juristische Fiktion verstanden wird, andererseits werden die Steuerungsmöglichkeiten des Staates zunehmend durch eine Verlagerung seiner Handlungs- und Steuerungsinstrumente „upward, downward, and outward" begrenzt.[93]

Diese Elemente der Erosionsthese werden ergänzt und verstärkt durch Theorien zur multi- oder transnationalen Politik,[94] die ein Zurücktreten der „staatlichen Komponente“ durch eine zunehmende funktionale Interdependenz und politische Transnationalisierung konstatieren: „Lebenswichtige Kontakte, Koalitionen und Interaktionen über die Staatsgrenzen hinweg (können) von den zentralen staatlichen oder überstaatlichen internationalen Lenkungsorganen nicht mehr kontrolliert und nicht mehr beherrscht werden“;[95] die „Komplexitätszunahme der Interaktionsstrukturen“ bedeutet die „Auflösung des staatlichen Handlungsmonopols“[96] und einen Kontrollverlust der politischen Systeme.[97] Das „staatszentrische Modell internationaler Politik“[98] gilt angesichts der Vielfalt zwischenstaatlicher Interaktionen einer Vielzahl von Akteuren als nicht mehr tragfähig.

Im Hinblick auf die Legitimität des Staates bewirken die zwischenstaatlichen Verwaltungsstränge eine „Entstaatlichung“ im Bewußtsein des Bürgers: „Der Bürger sieht sich nicht mehr seinem ‚Staat‘ gegenüber, sondern – von der kommunalen bis zur internationalen Ebene – von mehreren Schichten funktional ausgerichteter Verwaltungseinheiten überzogen, die nicht – wie der Nationalstaat – identifikationsfähig und nicht zur Begründung eines gegenseitigen Schutz- und Loyalitätsverhältnisses in der Lage sind“.[99] Sind diese transnationalen Verwaltungsstränge auch noch ursächlich mit „Überregelungstendenzen“ des Staates verknüpft,[100] dann steigern die zwischenstaatlichen Problemverarbeitungsprozesse die Legitimationskrise des Staates: Bürger fühlen sich „den Fluten von Regelungen ohnmächtig ausgeliefert. Ihre Identifikationsfähigkeit wird geschwächt, und ihre Loyalität im demokratischen Staat nimmt ab“.[101]

Die Delegitimierung des Staates wird von einer schleichenden Unterwanderung demokratischer Mitbestimmung[102] und von einer Entparlamentarisierung begleitet und verstärkt.[103] Die Verwaltung kann sich durch ihre grenzüberschreitenden Aktivitäten der Kontrolle und Einflußnahme der vom Volk gewählten Vertretungen entziehen und höhlt damit in einigen Bereichen sogar Verfassungsnormen aus.[104] Parlamente reagieren demnach nicht oder nur schwerfällig auf die „neuartigen Struktur- und Funktionszusammenhänge der internationalen Politik“.[105] Traditionelle Verfahren staatlicher Legitimierung verlieren an Bedeutung. „Kontrollverlust des einzelnen“ und „Entdemokratisierung“ sind die Folge einer horizontalen „Revolution“, durch die „Teile des Umfelds und Teile des politischen Systems aus dem traditionellen Handlungszusammenhang herausgebrochen (werden)“[106].

Die Verfahren zum Einsatz staatlicher Steuerungsinstrumente symbolisieren und verstärken die Aufweichung der „harten Schale“ des „Territorial-“[107] und „Sozialstaates“.[108]

Alle Elemente des klassischen Staatsmodells sind Erosionstendenzen ausgesetzt, nämlich die äußere und innere Souveränität, das Staatsvolk und das Staatsgebiet.[109] So wird die – als Zentralpunkt der Theorie verstandene – Staatsgewalt[110] durch die angenommenen Wirkungen der zwischenstaatlichen Problemverarbeitung „untergraben". Die durch die engen Wechselbeziehungen von Staatsbildung und Verwaltungsentwicklung bedingte strikte territoriale Bezogenheit aller staatlichen Aktivitäten[111] wird demnach der Vergangenheit angehören. Zentrale Eigenschaften der Staatsgewalt werden ausgehöhlt und damit der Staat in seiner Interpretation durch die klassische Staatslehre zur Disposition gestellt: „Auflösungserscheinungen zeigen sich im . . . hergebrachten Begriffsgefüge (der Staatsrechtslehre), soweit dieses auf autarke Souveränität und Machtbalance zwischen den einzelnen Staaten, auf den Leitvorstellungen des klassischen Völkerrechts, . . . gegründet ist".[112]

Föderale Strukturen verstärken – zumindest entsprechend den Ansätzen der „Politikverflechtung" im „kooperativen Föderalismus" – die Ineffektivität und Unüberschaubarkeit des Einsatzes staatlicher Handlungs- und Steuerungsinstrumente. Das Gebot der Einstimmigkeit oder zumindest des Konsenses[113] führt zu einer „Politikverflechtungsfalle",[114] die durch Verhandlungen um Verteilungseffekte zwischen den beteiligten Akteuren und nicht durch die rationale Lösung anstehender Probleme gekennzeichnet ist. Trotz dieses Defizits können derartige föderal strukturierte Verflechtungssysteme ein hohes Maß an Stabilität aufweisen: Nicht zuletzt durch die „so wohltätige Diffusion der politischen Verantwortung"[115] besteht ein hohes Interesse der staatlichen Akteure aller Ebenen an einer derartigen Praxis des Föderalismus.

Die EG/Europäische Union in der Ausprägung des Maastrichter Vertrags verstärkt nach diesen Überlegungen nachhaltig die Erosionstendenzen des demokratischen Verfassungsstaates. Die zunehmende Ver- und Auslagerung von staatlichen Instrumenten auf eine europäische Ebene, die – aus der Sicht einiger Autoren – noch nicht über dieselbe verfassungsrechtlichen Qualitäten verfügt (von der Warte anderer Autoren auch niemals verfügen kann), ist ein wesentlicher Faktor in einem umfassenden Auflösungsprozeß des Staates. „Der Maastrichter Vertrag (überträgt) Kompetenzen auf Organe der Europäischen Gemeinschaft in einer Art und Weise . . ., die zu einer Zentralisierung ohne hinreichende Kontrolle führen würde. Die Bürokratie der Gemeinschaft würde weder einer demokratischen Kontrolle durch Instanzen der Europäischen Gemeinschaft noch einer wirksamen Kontrolle durch die Mitgliedstaaten unterliegen".[116]

4. Das Bild des fusionierten Föderalstaates

Als eine durch Trends des europäischen Integrationsprozesses angeregte Weiterentwicklung mehrerer Denkschulen kann das Bild eines fusionierten Föderalstaates skizziert werden, das als eine mögliche Weiterentwicklung integrationspolitischer Langzeittrends[117] zur Diskussion gestellt wird. Als zentrale These wird dabei formuliert: Die Regierungen und Verwaltungen der westeuropäischen Wohlfahrts- und Dienstleistungsstaaten verschmelzen in wachsendem Maße staatliche Handlungs- und Steuerungsinstrumente, die teils in der Verfügungsgewalt der Mitgliedstaaten (oder ihrer Regionen) und teils in der von Organen der EG/Europäischen Union liegen.[118] Nach den Annahmen dieses Bildes sind dabei staatliche Akteure mehrerer Ebenen gemeinsam und in variierenden Graden von Intensität an der Vorbereitung, Herstellung, Durchführung und Kontrolle allgemein verbindlicher Entscheidungen zum Einsatz legislativer und budgetärer Handlungs- und Steuerungsinstrumente beteiligt und entwickeln dabei spezifische Verfahren gemeinsamer Problemverarbeitung.

Mit dem Begriff des „fusionierten Föderalstaates" werden folgende Aspekte verbunden:

- Mit der Bezeichnung „Staat" wird angenommen, daß das politische System der im zwischenstaatlichen Handlungsraum tätigen Organe und Gremien aufgrund der sektoriellen Regelungsbreite und der jeweiligen Steuerungsintensität sowie aufgrund einer „dualen Legitimität" bereits vor dem Maastrichter Vertrag „staatsähnliche Züge"[119] aufweist, auch wenn ein derartiges Gebilde nicht alle – nach der traditionellen Staatslehre – konstitutiven Kriterien von Staatlichkeit[120] und weiterer mit dem Staatsbegriff verbundener Eigenschaften – so z. B. „Allzuständigkeit"[121] – vollständig aufweist. Bei einer Extrapolation wesentlicher Tendenzen bisheriger Integrationsprozesse sind noch weitergehende Formen und Verfahren des Einsatzes staatlicher Instrumente zu erwarten, bei der eine Charakterisierung als „eine Gemeinschaft sui generis, für die verschiedene Etiketten gesucht und gefunden werden können",[122] auf die Dauer nicht mehr tragfähig ist.
- Mit dem Begriff „föderal" soll zum Ausdruck kommen, daß dieses Bild von einem „Mehrebenensystem"[123] ausgeht, bei dem Akteure jeder Ebene mit einem – zumindest „de jure" – jeweils eigenständigen Satz an Beteiligungsmöglichkeiten und Steuerungsinstrumenten ausgestattet sind. Die Ausprägungen können von einem „echten" Bundesstaat in einem traditionellen Verständnis bis zu einem System mehrerer staatsähnlicher Ebenen reichen.
- Der Begriff „Fusion" soll einen Prozeß charakterisieren, bei dem zunehmend staatliche Handlungsinstrumente gemeinsam, d. h. im Rahmen von Verfahren mit hoher gegenseitiger Beteiligung mehrerer Ebenen, genutzt werden. Für den Adressaten staatlicher Aktionen sind die jeweiligen Anteile – jedenfalls in der Regel – nicht mehr voneinander zu trennen. Die Instrumente erscheinen wie von nur einem Akteur

eingesetzt. Die Verfestigung erreicht einen Grad, der unter „normalen“ Umständen, d.h. bei den in der EG/Europäischen Union üblichen Entscheidungverfahren, nicht mehr reversibel ist. Bei der gemeinsamen Nutzung sind unterschiedliche Formen der horizontalen und vertikalen Mischung von nationalstaatlichen mit zwischenstaatlichen Instrumenten zu beobachten.[124] Nach den Annahmen dieser These ist jedoch keine Integration in einem traditionellen Verständnis zu erwarten, nach dem bestehende Nationalstaaten in einer neuen staatlichen Einheit aufgehen oder „von ihr überlagert werden“.[125]

Die Kombination der Begriffe „föderal“ und „fusioniert“ deutet auf ein fortdauerndes Spannungsverhältnis hin, das für dieses Bild als charakteristisch angenommen wird.

Nach den Annahmen, die diesem Staatsbild zugrundeliegen, bedingen sich die Stabilisierung des parlamentarischen Verfassungsstaates, die Entwicklungen zum Wohlfahrts- und Dienstleistungsstaat sowie die Stärkung der wirtschaftlichen Leistungsfähigkeit[126] gegenseitig. Mit der rapiden Expansion zum Wohlfahrts- und Dienstleistungsstaat[127] haben staatliche Akteure den Umfang und die Differenzierung ihrer Handlungs- und Steuerungsinstrumente wesentlich erweitern bzw. entsprechend der endogenen Dynamik des Parteienwettbewerbs ergänzen müssen[128]

Einer „universalen Tendenz moderner Industriegesellschaft(en)“ folgend[129] wird damit der europäische Wohlfahrts- und Dienstleistungsstaat zunehmend für das materielle Wohlergehen seiner Bürger verantwortlich gemacht. Durch die Fähigkeit, die für den Bürger negativen Folgen wirtschaftlicher Abhängigkeiten zumindest teilweise zu kompensieren, erhöht der Einsatz staatlicher Steuerungsinstrumente weiterhin die Akzeptanz des parlamentarischen Verfassungsstaates und damit dessen Stabilität.

Nutzt man als zentrale Indikatoren für die Entwicklung staatlicher Handlungsinstrumente die Staatsquote und die Strukturen der Staatsausgaben, so zeigt *Tabelle 1,* daß in der Neuner-EG der Anteil der Staatsausgaben am Bruttosozialprodukt von 32,3% auf 48,3% – im Zeitraum von 1960 bis 1992 – gestiegen ist. Die Tendenzen zur Stagnation und zum teilweisen Rückgang in den achtziger Jahren scheinen sich zu Beginn der neunziger Jahre nicht fortzusetzen. Aus dieser Tabelle werden die Unterschiede zwischen dem OECD-Europa einerseits sowie den USA und Japan andererseits deutlich, wobei auch innerhalb Europas eine erhebliche Spannbreite festzustellen ist. *Tabelle 2* läßt für ausgewählte Staaten und Ausgabenstrukturen die Entwicklung des Anteils des Wohlfahrtsstaates in den siebziger und achtziger Jahren erkennen, wobei deutlich wird, daß die siebziger Jahre durch relativ parallele Entwicklungen bei unterschiedlichen Ausgangsniveaus gekennzeichnet waren, während in den achtziger Jahren erhebliche Variationen zwischen den untersuchten Staaten festzustellen waren. Die Unterschiede zwischen den EG-Staaten einerseits und den USA und Japan andererseits werden erneut deutlich. Die Zahlen illustrieren, daß sich der Umfang und die Zielsetzung des Einsatzes staatlicher Instrumente über die letzten dreißig Jahre erheblich geändert haben und daß sich die westeuropäischen Staaten von anderen entwickelten Staaten unterscheiden – Divergenzen, die auf ein weiteres Element der Fusionsthese verweisen.

Tabelle 1: Ausgaben des Staates in % BSP zu Marktpreisen

	1960	1970	Ø jährl. Zuwachs 1960–70	1980	Ø jährl. Zuwachs 1970–80	1990	Ø jährl. Zuwachs 1980–90	1992	Zuwachs 1960–90	Ø jährl. Zuwachs 1960–90
Belgien	30,3	38,1	0,78	53,1	1,5	50,4	0,33	50,6	20,1	0,67
Dänemark	24,8	42,1	1,73	56,2	1,4	57,6	0,14	56,8	32,8	1,09
Deutschland	32,5	38,6	0,61	48,3	0,9	45,7	–0,26	47,6	13,2	0,44
Griechenland[2]	17,4	22,4	0,5	30,5	0,8	54,6	2,4	50,3	37,2	1,24
Spanien	13,7	21,7	0,8	32,9	1,1	42,7	0,9	43,9	29,0	0,96
Frankreich	34,6	38,5	0,39	46,1	0,76	50,1	0,4	49,8	15,5	0,51
Irland	28,0	37,5	0,95	50,4	1,29	43,1	–0,7	44,5	15,0	0,50
Italien	30,1	32,1	0,2	41,9	0,98	53,2	1,1	53,8	23,1	0,77
Luxemburg	30,5	33,2	0,27	55,9	2,2	51,3	–0,46	50,9	20,8	0,69
Niederlande	33,7	42,8	0,91	57,8	1,5	56,6	–0,1	56,6	22,9	0,76
Portugal	17,0	21,6	0,46	25,9	0,43	44,0	1,81	45,4	27,0	0,9
Großbritannien	32,4	36,8	0,44	43,0	0,62	39,1	–0,4	40,9	6,7	0,22
EG insgesamt	32,3[1]	37,2[1]	0,49[1]	46,3[1]	0,91[1]	47,4[1]	0,1[1]	48,3[1]	15,1	0,50[1]
						47,8[3]	–	48,7[3]		
Österreich	32,1	39,2	0,71	48,9	0,97	49,6	0,07	k. A.	17,5	0,58
Finnland	26,7	31,3	0,46	36,6	0,53	41,2	0,46	k. A.	14,5	0,48
Norwegen	29,9	41,0	1,1	48,3	0,73	54,8	0,65	k. A.	24,9	0,83
Schweden	31,1	43,7	1,26	61,6	1,79	61,4	–0,2	k. A.	30,3	1,01
Schweiz[2]	17,2	21,3	0,41	29,3	0,8	30,7	0,14	k. A.	13,5	0,45
USA	27,8	31,7	0,39	33,7	0,2	36,1[4]	0,24	k. A.	8,3	0,28[5]
Japan	20,7	19,4	–0,13	32,6	1,3	32,3	–0,03	k. A.	11,6	0,38
Kanada	28,9	34,8	0,59	40,5	0,57	46,9	0,64	k. A.	18,0	0,6
OECD Europa	30,9	36,6	0,57	45,9	0,9	48,5	0,26	k. A.	17,6	0,58
OECD insgesamt	28,5	32,3	0,38	39,4	0,7	43,4	0,4	k. A.	14,9	0,49

[1] EG 9
[2] nur laufende Ausgaben
[3] EG 12
[4] Zahl für 1989

Quellen: OECD National Accounts, OECD Economic Outlooks.

Tabelle 2: Die Struktur der Staatsausgaben 1970–1988

	Frankreich			Deutschland			Großbritannien			Dänemark			Niederlande			USA			Japan		
	1970	1981	1986	1970	1981	1987	1970	1981	1986	1970	1981	1988	1970	1981	1988	1970	1981	1987	1970	1981	1988
I. Gesamtausgaben	43,5	49,2	51,6	38,7	49,3	46,9	39,3	43,2	45,5	43,0	59,5	57,6	46,0	61,1	57,9	32,3	32,8	36,9	19,4	34,5	32,9
Traditioneller Bereich																					
II. Öffentliche Güter	7,2	7,5	7,8	7,2	6,8	7,9	8,9	7,7	8,9	6,9	8,0	8,2	*	*	13,7	11,1	8,4	9,7	3,3	4,2	*
1. Verteidigung	3,3	3,8	3,1	3,0	2,9	2,7	4,8	4,5	4,9	2,5	2,6	2,0	3,4	3,3	3,0	7,5	4,7	6,6	0,7	0,9	0,9
2. Öffentliche Dienstleistungen	3,9	3,7	4,7	4,2	3,9	5,2	4,1	3,2	4,0	4,4	5,4	6,2	8,7[c]	19,4[c]	10,7	3,6	3,7	3,1	2,6	3,3	*
Wohlfahrtsstaat																					
III. Meritorische Güter	15,4	16,0	13,4	10,0	14,3	12,2	12,8	13,6	12,1	15,7	17,4	13,8	*	*	13,0	8,7	10,2	6,0	8,0	12,5	11,4
1. Erziehung/Bildung	5,8	5,9	5,5	4,0	5,2	4,4	5,3	5,1	5,1	7,5	8,4	6,8	7,0	7,0	5,7	5,3	5,7	4,5	3,5	4,9	4,3
2. Gesundheit	5,5	6,4	4,3	4,2	6,8	6,2	4,0	4,4	5,1	5,5	5,7	5,2	5,3	6,6	6,3	2,8	3,7	0,9	2,9	4,7	4,9
3. Wohnungsbau	3,4	2,8	3,6	1,2	1,4	1,6	3,1	3,5	1,9	1,3	1,6	1,8	*	*	1,0	0,3	0,4	0,6	1,4	2,4	2,2
4. Sozialhilfe	0,7	0,9		0,6	0,9		0,4	0,6		1,4	1,7		*	*		0,3	0,4		0,2	0,5	
IV. Einkommenssicherung	12,9	17,2	23,9	12,6	16,7	16,4	7,3	9,1	13,2	10,8	16,4	15,4	12,7	17,7	19,1	6,3	7,8	7,9	2,4	6,9	7,9
1. Renten/Pensionen	8,4	11,9	13,9	10,6	12,6	11,5	5,2	6,5	6,8	7,3	8,1	8,5	8,7	12,9	10,5	5,3	6,7	7,0	1,2	4,7	6,2
2. Krankenversicherung	1,3	1,2	5,3	0,6	0,6	0,7	0,9	0,4	0,3	0,7	1,2	1,1	1,8	1,9	1,6	0,1	0,1	0,2	0,1	0,1	0,2
3. Familienzuschüsse	2,3	2,2	3,0	0,4	1,2	0,8	0,7	1,4	1,8	1,7	1,2	2,7	1,9	2,0	1,3	0,5	0,5	0,4	0,8	1,6	1,2
4. Arbeitslosengeld/-hilfe	0,8	1,9	1,7	0,3	1,4	1,5	0,5	0,7	1,8	0,6	5,1	2,8	0,4	1,0	2,1	0,4	0,4	0,3	0,3	0,4	0,3
5. Anderes	0,0	0,0	0,0	0,7	0,9	1,9	0,0	0,0	2,5	0,5	0,8	0,3	0,0	0,0	3,6	0,0	0,0	*	0,0	0,0	0,0
Gemischte Wirtschaft																					
V. Wirtschaftliche Dienstleistungen	3,9	3,9	3,6	5,2	4,9	4,7	5,2	3,6	4,3	6,0	5,3	5,7	*	*	3,7	3,9	3,2	5,7	4,9	6,0	4,9
1. Kapitaltransanktionen	1,3	1,0	0,8	2,4	2,0	1,6	2,8	1,2	1,0	*	*	1,1	*	*	2,8	1,2	0,7	1,8	2,9	3,6	3,2
2. Unterstützungen/Subventionen	1,3	1,5	1,4	1,5	1,6	1,9	1,1	1,0	1,3	*	*	2,5	*	*	0,9	0,4	0,2	0,7	1,1	1,2	0,6
3. Anderes	1,3	1,4	1,4	1,3	1,3	1,2	1,3	1,5	2,0	*	*	2,1	*	*	*	2,3	2,3	3,2	0,9	1,1	1,1
VI. Schuldendienst	1,3	2,2	2,9	1,0	2,2	2,8	4,0	4,6	4,5	1,4	5,3	8,3	3,6	5,4	6,9	2,3	2,7	5,0	0,6	3,6	4,3
VII. Ausgleichsvariable	2,8	2,4	0,0	2,7	4,4	3,0	1,1	4,6	2,6	2,2	7,1	6,1	5,3	1,7	2,1	0,0	0,5	2,2	0,2	1,3	3,6
VIII. Nettokreditaufnahme	−2,2	−1,8	−2,7	0,2	−3,9	−1,9	2,5	−3,2	−2,8	3,9	−7,1	2,5	−0,8	−5,3	−5,0	−0,6	−0,2	−3,7	1,8	−4,4	2,1

[c] Diese Angabe für die Niederlande beinhaltet die Ausgaben für Wohnungsbau, Sozialhilfe und wirtschaftliche Dienstleistungen.

* Keine Angaben.

Quelle: OECD, Annual National Accounts, supplemented by data for item IV from national sources and OECD Social Expenditure Data File; Peter Saunders und Friedrich Klau, The Role of the Public Sector, OECD Economic Studies, Special Issue, (Paris), Nr. 4, Spring 1985.

Einer mit dem Wohlfahrtsstaat wachsenden Erwartungshaltung steht jedoch insbesondere in Westeuropa eine gleichzeitige Zunahme an Ineffektivität des staatlichen Instrumentariums gegenüber; denn für eine entsprechende wirtschaftliche Leistungsfähigkeit der – im globalen Maßstab – relativ kleinen westeuropäischen Staaten ist die „offene Volkswirtschaft" eine notwendige Voraussetzung. Durch die Zunahme wirtschaftlicher Interdependenzen der westeuropäischen „Volks"wirtschaften wird die reale Effektivität des Einsatzes staatlicher Instrumente begrenzt. Die allgemein feststellbare Entwicklung, daß die staatlichen Steuerungsinstrumente „Recht" und „Geld" mehr und mehr in „ungesicherten Kausalzusammenhängen"[130] eingesetzt werden, wird durch diese Tendenzen wesentlich verstärkt. Regierungen und Verwaltungen werden demnach zunehmend an Leistungen gemessen, die sie nicht mehr autonom durch die ihnen zur Verfügung stehenden Instrumente erbringen können, sondern für die sie zumindest in erheblichem Umfang von einer Regelsetzung und/oder einem erfolgreichen gemeinsamen Management regionaler und globaler Interdependenzen abhängig sind.[131]

Die gemeinsame Nutzung zwischenstaatlicher Handlungs- und Steuerungsinstrumente verstärkt erneut die tatsächlichen Interdependenzen, die wiederum die Nachfrage nach weiteren staatlichen Leistungen (zur Kompensation von sozialen Kosten offener Volkswirtschaften) auslösen.

Aufgrund dieser Dynamik werden – unter Bezugnahme auf Erfahrungen bestehender Bundesstaaten – erhebliche „unitarisierende Tendenzen"[132] auch für den zwischenstaatlichen Interaktionsraum angenommen. In Anlehnung an die finanzwissenschaftlichen „Gesetze" von Wagner und Popitz werden auch bei einem zwischenstaatlichen Mehrebenensystem Tendenzen zur Zentralisierung staatlicher Aktivitäten auf der obersten staatlichen Ebene beobachtet. „Per Saldo ist ... auch im internationalen Bereich eine Tendenz zur Zentralisierung wachsender Aufgabenbereiche auf übergeordnete Ebenen festzustellen".[133] In noch höherem Maße sind „für die Integration von Nationalwirtschaften in größere Gemeinschaften Effekte verantwortlich, die eine öffentliche Aufgabenerfüllung im nationalen Rahmen nachhaltig erschweren oder sogar ausschließen.[134]

Funktionen des Staates werden so zunehmend auf zwischenstaatliche Organisationen verlagert: „Das europäische Staatensystem ... ist gekennzeichnet durch die Tendenz, gemeinsame öffentliche Güter multilateral durch kollektive Ordnungen und Organisationen zu sichern".[135] Aus den multilateralen Ordnungen und Organisationen entwickelt sich – nach den Annahmen der Fusionsthese – innerhalb der Europäischen Union ein dynamischer Prozeß, durch den staatliche Instrumente bei der Produktion öffentlicher Güter verschmolzen werden; zunehmend entsteht – trotz weiterbestehender Unterschiede bei der Kompetenzverteilung auf die verschiedenen Ebenen – ein einheitliches Erscheinungsbild.

Unterstellt man dem Wohlfahrtsstaat generell eine nachhaltige Tendenz zur „Zentralisierung" und „Uniformität",[136] so macht eine derartige Entwicklung auch nicht an den traditionellen Souveränitätsgrenzen interdependenter Wohlfahrts- und Dienstleistungsstaaten halt: Wenn eine „weit fortgeschrittene soziale Integration Westeuropas"[137] festgestellt wird, dann kann auch eine zwischenstaatliche Organisation selbst in die Rolle eines übergeordneten Wohlfahrtsstaates hineingedrängt werden: der Druck auf Verlagerung von Instrumenten nationaler Problemverarbeitungsprozesse kann erheblich zunehmen. „The demand for a European wide welfare policy may appear to be ‚rational'"[138].

Für Regierungen und Verwaltungen erscheint es notwendig, Einfluß auf den Einsatz von Instrumenten zu nehmen, die außerhalb des eigenen Staatsgebietes liegen. Die Beteiligung nationaler Regierungen und Verwaltungen an Entscheidungen im zwischenstaatlichen Raum gilt als einzig realistische Weise „to re-gain sovereignty or national political influence on the welfare of our citizens".[139]

Die Verwendung staatlicher Handlungsinstrumente erfolgt im Rahmen der Europäischen Gemeinschaft/Europäischen Union in unterschiedlichen Formen der „Mischung".[140]

Bei einem näheren Blick sind mehrere Entwicklungen festzustellen: Bei der „Gesetzgebung" (siehe *Schaubild 1*) wird deutlich, daß die EU-Organe dieses (quasi-)staatliche Instrument im Kontrast zum – grob vergleichbaren – Output des Bundestages – insbesondere in den achtziger Jahren – intensiv genutzt haben. Dagegen zeigen die Tendenzen bei den steuerlichen Einnahmen *(Tabelle 3)* in den siebziger und achtziger Jahren weniger Veränderungen zwischen den verschiedenen Ebenen. Insgesamt hat sich jedoch, auch wenn die jeweiligen Anteile an Haushaltsmitteln relativ konstant geblieben sind, ein erweitertes und vielfältig angewandtes Verständnis von „Partnerschaft" zwischen mehreren Regierungsebenen entwickelt,[141] das zunehmend durch einen gemischten Einsatz der Haushaltsmittel charakterisiert ist.

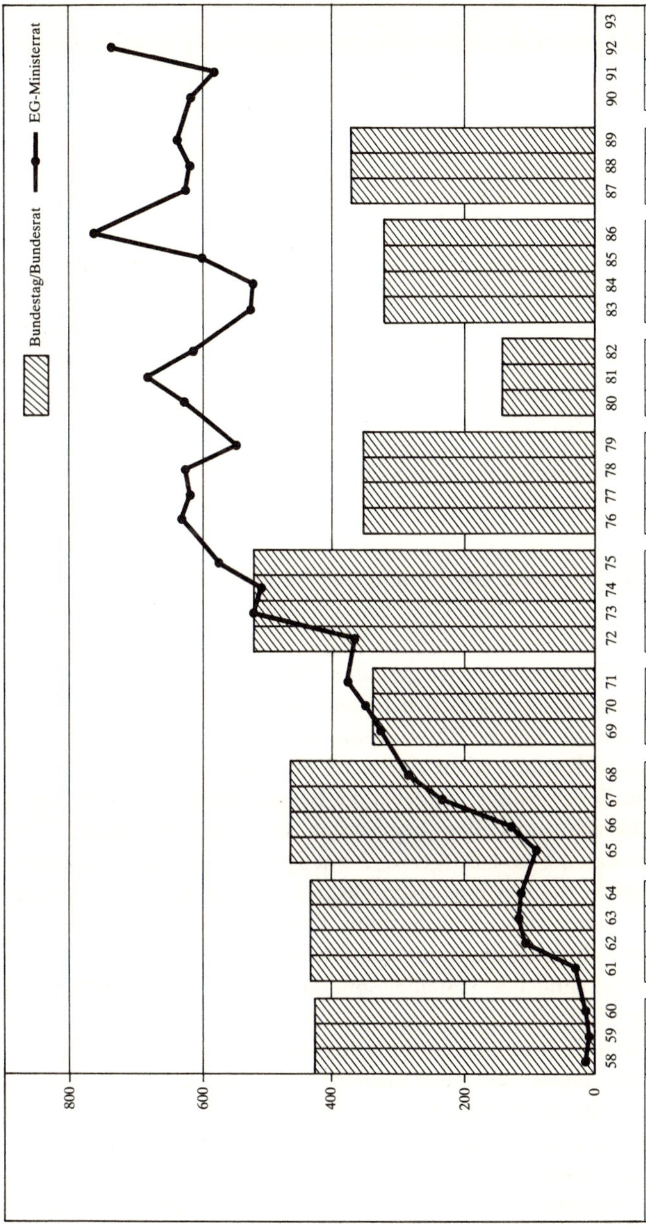

Jahr	EG-Ministerrat	Bundestag/Bundesrat
58	13	424
59	7	
60	10	
61	30	426
62	107	
63	116	
64	115	
65	89	461
66	127	
67	235	
68	285	
69	328	335
70	347	
71	376	
72	365	516
73	523	
74	508	
75	575	
76	634	354
77	619	
78	628	
79	546	
80	627	139
81	684	
82	615	
83	523	320
84	521	
85	601	
86	764	
87	623	369
88	618	
89	639	
90	618	
91	581	
92	738	
93		

Angaben Bundestag/Bundesrat pro Legislaturperiode, Angaben EG-Ministerrat pro Jahr.

Quelle: Statistisches Jahrbuch für die Bundesrepublik Deutschland 1991; CELEX Datenbank; Jahresberichte der Kommission.

Tabelle 3: Verteilung der (Steuer)Einnahmen auf einzelne staatliche Ebenen in % des Gesamtsteueraufkommens

	supranationale Ebene			Zentral-regierung			Staats-/ Landesebene			Lokale Ebene			Soziale Sicherheit		
	1975	1985	1990	1975	1985	1990	1975	1985	1990	1975	1985	1990	1975	1985	1990
USA	–	–	–	43,0	39,7	39,0	18,4	19,0	18,8	13,9	11,9	12,6	24,6	29,4	29,5
Deutschland	1,2	1,0	0,9	33,5	31,6	32,9	22,3	22,0	21,1	9,0	8,9	8,3	34,0	36,5	36,8
Kanada	–	–	–	47,7	41,2	41,9	32,5	36,0	35,1	9,7	9,3	8,9	10,1	13,5	14,2
Österreich	–	–	–	51,7	48,9	50,3	10,6	13,1	10,7	12,4	10,7	11,2	25,3	27,2	27,8
Schweiz	–	–	–	27,3	28,7	29,6	24,0	22,6	21,6	19,5	16,7	16,0	29,2	32,0	37,8
Belgien	1,4	1,6	1,3	63,4	61,7	60,8	–	–	–	4,7	5,1	3,7	30,5	31,6	34,2
Dänemark	0,5	0,7	0,6	68,5	68,5	65,6	–	–	–	29,8	28,3	30,7	1,2	2,5	3,1
Frankreich	0,7	0,6	0,6	51,2	47,2	46,2	–	–	–	7,6	8,7	9,0	40,6	43,5	44,2
Japan	–	–	–	45,4	43,7	46,2	–	–	–	25,6	26,0	24,6	29,0	30,3	29,2
Niederlande	1,5	1,4	1,4	58,9	51,9	59,0	–	–	–	1,2	2,4	7,2	38,4	44,3	37,3
Großbritannien	1,0	1,2	1,0	70,6	71,7	75,7	–	–	–	11,0	10,0	5,7	17,4	17,6	17,5

Quelle: Revenue Statistics of OECD Member Countries 1965–1991, Paris 1992.

III. Schlußfolgerungen: Die Legitimitätsfrage als zentrales Diskussions- und Gestaltungselement

Aus einem Vergleich der dargestellten Bilder wird deutlich, daß die Diskussion um den europäischen Föderalismus eng mit der Auseinandersetzung um die weitere Entwicklung des Staates verwoben ist. Von nachhaltiger Bedeutung, nicht zuletzt im Hinblick auf die aktuelle Diskussion zum Föderalismus, ist dabei die Bewertung der Entwicklungen unter dem Gesichtspunkt der „Legitimität" staatlichen Handelns.[142] Die betroffenen Akteure und Bürger sind mit Entwicklungen konfrontiert, die Anlaß geben zu einer intensiven Diskussion über die zukünftige Gestaltung des neuen staatlichen Systems Europas. Die Aufmerksamkeit konzentriert sich dabei nicht nur auf Effizienz oder Effektivität staatlicher oder staatsähnlicher Systeme, sondern auf deren Legitimität, Akzeptanz und Stabilität.

Aus diesen Überlegungen ergibt sich aber auch für anstehende politische Entscheidungen, daß nicht einzelne integrationspolitische Vorhaben, wie etwa der Maastrichter Vertrag über die Europäische Union, die wesentliche Ursache für politische und wissenschaftliche Auseinandersetzungen darstellen, sondern mehr den Auslöser bilden, anhand dessen sich eine grundsätzliche Debatte über staatliche Entwicklungen in Europa entzündet.[143]

Diese Einschätzung führt dann auch zur Schlußfolgerung, daß sich die Grundfragen des Föderalismus in Europa bei einer Verwässerung des Maastrichter Vertragswerks nicht von selbst erledigen; diese Strukturprobleme werden sich dann in anderen Formen – gegebenenfalls unter erheblich negativeren Vorzeichen[144] – auf die Entwicklungen der europäischen Staaten auswirken. Die vom Bundestag und vom Europäischen Parlament geforderte Verfassungsdiskussion ist so – trotz oder auch gerade wegen der Kontroverse um integrationspolitische Entwicklungen – unausweichlich, auch wenn weitere konstitutionelle Entscheidungen zum Ausbau der EG/EU zunächst, d. h. für die zweite Hälfte der neunziger Jahre, als wenig wahrscheinlich eingestuft werden. Die Debatte um die föderale Ausgestaltung Europas bleibt auf der politischen und wissenschaftlichen Tagesordnung.

SIEGFRIED MAGIERA

Föderalismus und Subsidiarität als Rechtsprinzipien der Europäischen Union

I. Föderalismus und Subsidiarität in der europapolitischen Auseinandersetzung

Föderalismus und Subsidiarität sind zu Kampfbegriffen in der politischen Auseinandersetzung um die Fortentwicklung der europäischen Integration geworden. Einerseits werden sie zur Abwehr eines befürchteten „Zentralismus" der Europäischen Union und einer „Kompetenzaushöhlung" der Mitgliedstaaten eingesetzt. Andererseits werden sie als mögliches Einfallstor für eine weitere Stärkung der Europäischen Union zu Lasten der mitgliedstaatlichen Souveränität zurückgewiesen. Trotz des unterschiedlichen Begriffsverständnisses und der sich daraus ergebenden Frontstellungen ist beiden Lagern eine Abkehr von der Fortentwicklung der europäischen Integration in der bisherigen Richtung einer Kompetenzverlagerung von den Mitgliedstaaten zur Europäischen Gemeinschaft gemeinsam, selbst wenn dabei ein allgemeines Bekenntnis zur europäischen Einheit abgelegt wird.[1]

Hinter der begrifflichen Fassade verbirgt sich zunächst die traditionelle Auseinandersetzung um die organisatorische und kompetentielle Abgrenzung im Verhältnis zwischen der Gemeinschaft und den Mitgliedstaaten. Offenbar wird jedoch auch eine neue Komponente, die der Auseinandersetzung eine weitere Dimension verleiht, nämlich das Problem der internen Struktur der Mitgliedstaaten, insbesondere ihrer Gliederung in Länder, Regionen und Kommunen, im Rahmen der europäischen Integration.

Von Anfang an war die Auseinandersetzung um die europäische Integration geprägt von konkurrierenden Konzeptionen einer wirtschaftlichen oder einer politischen Zusammenarbeit der Mitgliedstaaten, einer internationalen oder einer supranationalen Struktur der Gemeinschaft, einer völkerrechtlich-konföderalen oder einer staatsrechtlich-föderalen Gesamtordnung. Bis in die 80er Jahre gelang es, die unterschiedlichen Vorstellungen unter dem Ziel einer „Europäischen Union" zu vereinen, das zwar allgemein auf einen engeren Zusammenschluß der Mitgliedstaaten gerichtet war, aber im einzelnen offenließ, ob dieser durch eine verstärkte Koordination oder eine stärkere Integration erfolgen sollte.[2]

Um die Mitte der 80er Jahre begann sich der Formelkompromiß jedoch aufzulösen, als sich eine Konkretisierung der Europäischen Union abzeichnete und einer Entscheidung zwischen den konkurrierenden Konzeptionen nicht mehr ausgewichen werden konnte. Impulse gingen insbesondere von der Feierlichen Erklärung des Europäischen Rates zur Europäischen Union (1983)[3] und von dem Vertragsentwurf des Europäischen Parlaments zur Gründung der Europäischen Union (1984)[4] aus. Durch die Einheitliche Europäische Akte (1986)[5] wurde schließlich das Ziel der Europäischen Union und die Verpflichtung, konkrete Fortschritte zu seiner Verwirklichung zu unternehmen, im Gemeinschaftsrecht verankert. Obwohl sich die Einheitliche Europäische Akte im übrigen weitgehend auf eine Konsolidierung des erreichten Integrationsstandes und eine Bestätigung des Binnenmarktzieles 1992 beschränkte, war damit der Grundstein für eine Neuorientierung der europäischen Integration gelegt.

Bei der anschließenden Auseinandersetzung um die Schaffung einer Wirtschafts- und Währungsunion sowie einer Politischen Union[6] ging es dementsprechend nicht mehr lediglich, wie bei früheren Ergänzungen der Gemeinschaftsverträge, um die dafür erforderlichen und geeigneten Einzelregelungen, sondern zugleich um die allgemeinen Gestaltungsprinzipien der angestrebten Europäischen Union. Die traditionelle Auseinandersetzung um die organisatorische und kompetentielle Abgrenzung zwischen der Gemeinschaft und den Mitgliedstaaten, die bis dahin eher an den einfachen Kategorien des völkerrechtlichen Dualismus ausgerichtet war, erweiterte sich zu einer Auseinandersetzung um die organisatorische und kompetentielle Ordnung eines vielfältig strukturierten Gemeinwesens. Die Mitgliedstaaten erschienen nicht mehr als geschlossene Einheiten, sondern zeigten sich transparent in ihrer jeweiligen Gliederung nach Ländern, Regionen und Kommunen.

Die dualistische ist somit einer mehrdimensionalen Orientierung bei der Gestaltung der Europäischen Union gewichen. Die dabei als Kristallisationspunkte in der Auseinandersetzung verwendeten Begriffe des Föderalismus und der Subsidiarität machen deutlich, daß die europäische Integration auf eine neue Grundlage gestellt werden soll. Statt der traditionellen Eindimensionalität der Verlagerung einzelner Kompetenzen von den Mitgliedstaaten auf die Gemeinschaft bedarf es eines übergreifenden Gesamtkonzepts für die organisatorische und kompetentielle Ordnung des mit der Europäischen Union entstehenden Gemeinwesens anhand allgemeiner Gestaltungsprinzipien.

Ob und inwieweit die Begriffe des Föderalismus und der Subsidiarität die Anforderungen an derartige Gestaltungsprinzipien erfüllen können, erscheint angesichts ihres unterschiedlichen Verständnisses in der bisherigen politischen Auseinandersetzung um die europäische Integration fraglich. Die Zweifel werden dadurch verstärkt, daß durch den Vertrag über die Europäische Union[7] zwar das Subsidiaritätsprinzip ausdrücklich im Gemeinschaftsrecht verankert, der Begriff des Föderalismus jedoch bewußt aus dem Vertragstext herausgehalten wurde.[8] Welche Aussagekraft Föderalismus und Subsidiarität für das Gemeinschaftsrecht und die Struktur der Europäischen Union besitzen, bedarf deshalb der näheren Prüfung. Dazu sollen im folgenden zunächst Begriff und Funktion des Föderalismus (II.) und der Subsidiarität (III.) allgemein geklärt, anschließend ihre Ausprägung im bisherigen Vertragsrecht (IV.) festgestellt und schließlich ihre Verankerung (V.) und ihr Rechtsgehalt (VI.) im Unionsrecht untersucht werden.

II. Begriff und Funktion des Föderalismus

1. Föderalismus als Organisationsprinzip

a) Föderalismus ist ein schillernder und problematischer Begriff,[9] der mit unterschiedlichem Inhalt und in unterschiedlichem Zusammenhang verwendet wird.[10] Allgemein bedeutet er ein Organisationsprinzip für ein gegliedertes Gemeinwesen, in dem eigenständige Glieder zu einer übergreifenden Gesamtheit verbunden sind. Diese kann entweder durch Zusammenschluß zuvor getrennter Einheiten oder durch Aufgliederung einer zuvor undifferenzierten Einheit entstehen. Föderalismus bedeutet danach – schlagwortartig – Vielfalt in der Einheit. Wesentlich ist die Eigenständigkeit der Glieder und der Gesamtheit bei gleichzeitiger Verbindung. Eigenständigkeit und Verbindung sind keine absoluten, sondern – aufeinander bezogene – relative Größen. Föderalismus steht somit zwischen Unitarismus/Zentralismus und Partikularismus/Separatismus, die eine Auflösung der Glieder in der Gesamtheit bzw. der Gesamtheit in selbständige Einheiten anstreben.

Bei diesem Verständnis soll Föderalismus einen Ausgleich zwischen Gesamtheit und Gliedern herstellen und bewahren. Bei einem tendenziellen Verständnis – Gesamtheit oder Glieder als Träger des föderalen Elements – kann er jedoch auch auf eine Stärkung der Einheit bzw. der Vielfalt gerichtet sein. Dies erklärt die unterschiedliche Einstellung zur föderalen Struktur der Europäischen Union, die etwa von den deutschen Ländern befürwortet, vom Vereinigten Königreich jedoch abgelehnt wird, weil damit entweder mehr Vielfalt oder mehr Einheit verbunden wird.[11] Anders als bei der Auseinandersetzung um die amerikanische Verfassungsgebung im 18. Jahrhundert[12] stehen bei der gegenwärtigen Auseinandersetzung um die Europäische Union Föderalisten und Antiföderalisten nicht einander gegenüber, sondern Seite an Seite nebeneinander.

b) Bezugspunkt des Föderalismus als politisches Organisationsprinzip ist der Staat – zum einen hinsichtlich seiner internen Organisation in einzelne Gliederungen und zum anderen hinsichtlich seiner externen Organisation im Verhältnis zu anderen Staaten. Demgemäß läßt sich zwischen einem staatlichen (nationalen) und einem zwischenstaatlichen (internationalen) Föderalismus unterscheiden.[13] Diese Zweiteilung, die dem traditionellen Dualismus zwischen staats- und völkerrechtlichem Bereich entspricht, wird zunehmend ergänzt durch einen staatsübergreifenden (transnationalen) Föderalismus, der auf politische Gemeinwesen bezogen ist, die – wie insbesondere die Europäische Union – nicht mehr mit dem dualistischen Begriffsinstrumentarium erfaßt werden können.[14]

c) Föderalismus als staatliches (nationales) Organisationsprinzip ist auf die interne Gliederung des Staates gerichtet. Er steht damit im Gegensatz zum Einheitsstaat, der seit der Antike als Staatsideal betrachtet wurde und im Absolutismus seine entscheidende Prägung erfahren hat.[15] Als souveräner Staat ist er unabhängig nicht nur nach außen gegenüber anderen Staaten, sondern auch nach innen gegenüber anderen Machtprätendenten. Souveränität und Herrschaftsgewalt stehen allein ihm zu und sind unteilbar. Nach außen und nach innen stellt der Staat eine geschlossene Einheit dar, in deren Konsequenz es liegt, alle Herrschaftsgewalt in einer Hand zu vereinen.[16]

Die Staatspraxis entsprach diesem Staatsideal jedoch nicht. Selbst der absolute Herrscher vermochte schon aus tatsächlichen Gründen nicht, sämtliche Herrschaftsgewalt selbst auszuüben. Die Zuspitzung des Einheitsstaatsideals durch das absolutistische Souveränitätsdogma eröffnete zudem eine neue rechtliche Sichtweise für die staatliche Gestaltung. Zur Wahrung der Einheit des Staates genügte es, diesem die höchste Macht im Innern zuzugestehen, um die unabdingbare Widerspruchsfreiheit der Herrschaftsgewalt sicherzustellen. Nicht erforderlich erschien es demgegenüber, alle Staatsgewalt in einer Hand zu vereinen.[17]

Damit war der Weg für eine differenzierte Staatsgestaltung geebnet. Staat ließ sich nicht nur als monolithische Einheit, sondern auch als in sich gegliederte Organisation verstehen und verwirklichen. Allgemein bildeten sich allmählich die rechtlichen Hauptkategorien der Dekonzentration, der Dezentralisation und des Bundesstaates heraus.

Dekonzentration bezeichnet die staatliche Gliederung in Organisationseinheiten, die einander neben- oder nachgeordnet sein können (horizontale bzw. vertikale Dekonzentration), jedoch solche des Staates als einheitlicher Rechtspersönlichkeit bleiben (unmittelbare Staatsgliederung). In einem weiteren Sinn läßt sich darunter die gesamte Gewaltengliederung in legislative, exekutive und judikative Organe verstehen. Zumeist wird der Begriff jedoch in einem engeren Sinn auf die Organisationsgliederung der Verwaltung in verschiedene Behörden begrenzt.[18]

Dezentralisation bedeutet demgegenüber die staatliche Gliederung in Organisationseinheiten, die zwar ebenfalls einander neben- oder nachgeordnet sein können (horizontale bzw. vertikale Dezentralisation), jedoch gegenüber der staatlichen eine eigene Rechtspersönlichkeit besitzen und lediglich unter der Aufsicht des Staates verbleiben (mittelbare Staatsgliederung). Ausprägungen finden sich in den Körperschaften, Anstalten und Stiftungen des öffentlichen Rechts, insbesondere in Gemeinden und Regionen als Gebietskörperschaften.[19]

Bundesstaat bezeichnet schließlich die staatliche Gliederung in Organisationseinheiten, die selbst Staatscharakter besitzen, also einen aus (Glied-)Staaten zusammengesetzten Staat.[20] Beispiele sind die Bundesrepublik Deutschland, die Vereinigten Staaten von Amerika oder die Schweiz.

Während sich Dekonzentration auf die Gliederung des Staates innerhalb seiner ausschließlichen Rechtspersönlichkeit beschränkt, fügt Dezentralisation der staatlichen Rechtspersönlichkeit weitere Rechtsträger hinzu, die einen Teil der Staatsaufgaben eigenständig, wenn auch unter staatlicher Aufsicht, wahrnehmen. Diese eigenständige Aufgabenwahrnehmung läßt sich aus der Sicht des Staates als mittelbare Staatsverwaltung, aus der Sicht der selbständigen Rechtsträger als Selbstverwaltung (im rechtlichen Sinn)[21] bezeichnen, die zur Autonomie wird, wenn sie die Befugnis zur Rechtssetzung (Satzungsgewalt) umfaßt.[22] Im Bundesstaat erstarken die selbständigen Rechtsträger zu eigenständiger Staatsgewalt.

Damit ist die Abgrenzungsfrage zwischen Bundesstaat und – territorial – dezentralisiertem Einheitsstaat jedoch nicht gelöst, weil in beiden die staatliche Aufgabenwahrnehmung zwischen (Gesamt-)Staat und selbständigen Rechtsträgern aufgeteilt ist. Das maßgebliche Unterscheidungskriterium kann nicht in der Staatlichkeit der Gliedstaaten gefunden werden, weil damit die Unterscheidung zwischen Bundesstaat und Staatenbund entfiele, der ebenfalls aus Staaten besteht.[23] Die Abgrenzung kann auch nicht quantitativ nach dem – geringeren oder größeren – Anteil der selbständigen Rechtsträger bzw. Gliedstaaten an der staatlichen Aufgabenwahrnehmung erfolgen, da dieser kontinuierlich zu- oder abnehmen kann, ohne dabei eine eindeutige Trennlinie zwischen territorial dezentralisierten und gliedstaatlichen Aufgaben zu überschreiten. Unzureichend ist ferner eine qualitative Abgrenzung nach materiellen Merkmalen, da diese entweder auf eine petitio principii hinauslaufen (zum Beispiel abgeleitete – unabgeleitete Herrschaftsgewalt) oder das Problem lediglich auf unbestimmte Allgemeinbegriffe verlagern (beispielsweise Teilzwecke – Gesamtzweck) oder schließlich die Differenzierung übersteigern und dadurch die Unterscheidung zwischen Gliedstaat und Staat aufheben würde (zum Beispiel abhängige – unabhängige Herrschaftsgewalt). Als geeignet erscheint letztlich nur eine formale Abgrenzung, die auf die rechtliche Absicherung der staatlichen Gliederung abstellt. Je nachdem, ob die Befugnis zur Abänderung der staatlichen Gliederung (Kompetenz-Kompetenz) allein bei dem Staat oder zugleich bei den Gliedern liegt, handelt es sich um einen territorial dezentralisierten Einheitsstaat oder einen Bundesstaat.[24]

Dekonzentration, Dezentralisation und Bundesstaatlichkeit erscheinen damit als unterschiedlich verfestigte Ausprägungen staatlicher Gliederung, die sich letztlich nur formal – nach der Rechtsträgerschaft der Glieder bzw. der Befugnis zur Änderung der Gliederung – eindeutig voneinander abgrenzen lassen, nicht jedoch nach einem bestimmten quantitativen oder qualitativen Anteil an der staatlichen Aufgabenwahrnehmung. Um diese Gemeinsamkeiten wie Unterschiede begrifflich angemessen zu erfassen, nicht aber willkürlich auszublenden, läßt sich von Föderalismus als staatlichem (nationalem) Organisationsprinzip in einem engeren Sinn (Bundesstaatlichkeit) und einem weiteren Sinn (Dezentralisation, Dekonzentration) sprechen.[25]

d) Föderalismus als zwischenstaatliches (internationales) Organisationsprinzip ist auf eine Verbindung von Staaten gerichtet, die mit eigener Völkerrechtspersönlichkeit zu derjenigen der beteiligten Staaten hinzutritt. In einem weiteren Sinn läßt sich darunter jede organisierte Staatenverbindung (Internationale [zwischenstaatliche] Organisation) auf Völkerrechtsebene verstehen, in einem engeren Sinn der sogenannte Staatenbund.[26] Eine allgemein anerkannte, trennscharfe Grenzlinie hat sich zwischen den beiden Kategorien jedoch nicht herausgebildet und erscheint auch nicht erforderlich, weil beide den Regelungen des Völkerrechts unterliegen.

Von wesentlicher Bedeutung ist demgegenüber die Abgrenzung zum Bundesstaat, da dieser den Regelungen des Staatsrechts unterliegt. Ebenso wie bei der Abgrenzung zwischen Bundesstaat und territorial dezentralisiertem Einheitsstaat[27] kann das maßgebliche Unterscheidungskriterium zwischen Bundesstaat und Staatenbund weder quantitativ nach dem jeweiligen Anteil an der staatlichen Aufgabenwahrnehmung bestimmt werden noch qualitativ nach materiellen Merkmalen, wie zum Beispiel der Zweckbestimmung, der Dauer oder der Organstruktur, da diese Merkmale bei beiden Verbindungen in gleicher Weise vorhanden sein können.[28] Dies gilt auch für den sogenannten unmittelbaren Durchgriff auf den einzelnen, der nicht nur dem Gesamtstaat im Bundesstaat, sondern auch einer zwischenstaatlichen Organisation eingeräumt sein kann, wie etwa früher der Europäischen Donaukommission von 1856 oder nunmehr der Europäischen Gemeinschaft.[29] Als geeignet erscheint letztlich auch insoweit nur eine auf die rechtliche Absicherung der staatlichen Gliederung bezogene formale Abgrenzung. Bei einem Staatenbund liegt die Kompetenz-Kompetenz, das heißt die Befugnis zur Änderung der Gliederung, allein bei den beteiligten Staaten, bei einem Bundesstaat zugleich bei der Gesamtorganisation.[30]

e) Die traditionellen Ausprägungen des staatlichen (nationalen) und zwischenstaatlichen (internationalen) Föderalismus sind an dem strengen Dualismus zwischen Staats- und Völkerrecht ausgerichtet. Sie berücksichtigen zwar die interne Gliederung und die externe Verflechtung des Staates, behandeln sie jedoch als zwei getrennte, sich selbst genügende Bereiche, die nicht überbrückt, sondern nur gegenseitig – jeweils auf Kosten des anderen – verschoben werden können. Bezugspunkt bleibt weiterhin der (souveräne) Staat.

Das dualistische Verständnis verdeckt jedoch die allgemeine Bedeutung des Föderalismus als übergreifendes (transnationales) Organisationsprinzip. Danach erscheinen die traditionellen Ausprägungen des Föderalismus wie Dekonzentration, Dezentralisation, Bundesstaat oder Staatenbund als Elemente in einem Kontinuum zwischen Einheitsstaat und selbständigen Einzelstaaten, die sich nicht gegenseitig ausschließen, sondern ergänzen und nebeneinander bestehen können. Bezugspunkt ist nicht der (souveräne) Staat, sondern das gegliederte Gemeinwesen, das den Dualismus zwischen Staats- und Völkerrecht überwindet und in beiden Rechtsbereichen zugleich wurzelt.[31]

2. Ambivalenz des Föderalismus

a) Als politisches Organisationsprinzip der „Vielfalt in der Einheit“ steht Föderalismus in dem Spannungsverhältnis zwischen partikularistischen und separatistischen Tendenzen einerseits sowie unitaristischen und zentralistischen Tendenzen andererseits. Unitarismus und Zentralismus sind auf mehr Einheit, Partikularismus und Separatismus auf mehr Vielfalt gerichtet, wobei die Gliederung des Gemeinwesens von Zentralismus und Separatismus letztlich aufgehoben und durch einen Einheitsstaat bzw. völlig selbständige Einzelstaaten ersetzt, von Unitarismus und Partikularismus hingegen lediglich in der einen oder der anderen Richtung verändert werden soll.

Tendenzen zur Vielfalt können zunächst auf tatsächlichen Gegebenheiten beruhen, wie etwa regionalen, lokalen, ethnischen, sprachlichen, religiösen oder historischen Besonderheiten. Sie können auch normativ geprägt sein, etwa durch den Wunsch nach Pluralismus, Partizipation, Bürgernähe, Gewaltenteilung, Transparenz oder Wettbewerb. Vielfalt kann jedoch auch Nachteile mit sich bringen, wie Schwerfälligkeit und Lähmung von Entscheidungsverfahren, Eigensucht und Obstruktion gegenüber der Gesamtheit oder Abkapselung und Feindseligkeit gegenüber Außenstehenden.

Tendenzen zur Einheit lassen sich ebenfalls auf tatsächliche Gegebenheiten zurückführen, wie etwa Verkehrs- und Kommunikationsverbindungen, Wirtschaftsfaktoren oder gemeinsame Wertvorstellungen. Ferner können auch sie normativ begründet sein, beispielsweise durch den Wunsch nach Gleichheit im Recht und in den Lebensbedingungen, nach Mobilität oder nach Begegnung und Austausch in den wirtschaftlichen, kulturellen und allgemein menschlichen Beziehungen. Schließlich kann Einheit gleichfalls negative Auswirkungen haben, wie Einebnung von Besonderheiten, Zwang zur Anpassung, Majorisierung von Minderheiten im Innern oder Mißbrauch der gemeinsamen Stärke gegenüber Außenstehenden.

b) Ein Verständnis, das Föderalismus als Tendenzprinzip in Richtung entweder zu mehr Einheit oder zu mehr Vielfalt ansieht, führt letzlich zur Aufhebung (Zentralismus/Separatismus) oder doch Schwächung (Unitarismus/Partikularismus) der Gliederung des Gemeinwesens. Ihm liegt die Fehleinschätzung zugrunde, daß sich die Gestaltung des Gemeinwesens entweder insgesamt in Richtung auf mehr Einheit oder insgesamt in Richtung auf mehr Vielfalt bewegen muß. Föderalismus ist danach eine Übergangsform des Gemeinwesens, lediglich Mittel zum Zweck bzw. Ausdruck einer – je nach dem tendenziellen Verständnis – gegenläufigen Zielrichtung.[32]

c) Ein Verständnis, das Föderalismus als Ausgleichsprinzip zwischen Einheit und Vielfalt betrachtet, vermag demgegenüber die Tendenzen zur Einheit und zur Vielfalt gleichermaßen zu nutzen und dabei zwischen den positiven und negativen Auswirkungen – je nach den konkreten Erfordernissen – auszuwählen. Föderalismus ist danach eine Dauerform des Gemeinwesens, Zweck an sich bzw. anpassungsfähiges Gestaltungsprinzip, das permanent und eigenständig neben andere Gestaltungsprinzipien, wie Demokratie, Rechtsstaatlichkeit oder Sozialstaatlichkeit, tritt.[33]

3. Gewährleistung des Föderalismus

a) Als Dauerform politischer Gemeinwesen kann Föderalismus nur bestehen, wenn die Tendenzen zur Einheit und zur Vielfalt unter Anpassung an die jeweiligen Erfordernisse ausgeglichen werden. Dazu bedarf es eines Grundkonsenses aller beteiligten Kräfte oder zumindest eines Gleichgewichts zwischen den unterschiedlichen, nach mehr Einheit oder mehr Vielfalt strebenden Kräften. Voraussetzung dafür ist eine Absicherung des Föderalismus durch Eigenständigkeit und zugleich Verbindung von Gliedern und Gesamtheit innerhalb eines rechtlich verbindlichen Rahmens.[34]

b) Eigenständigkeit von Gliedern und Gesamtheit verlangt zunächst eine Aufteilung der Kompetenzen des Gemeinwesens, die den Gliedern und der Gesamtheit Aufgaben und Befugnisse zuweist, die von existentieller Bedeutung für ihren eigenen Bestand wie für den Bestand des Gemeinwesens selbst sind (substantielle Kompetenzaufteilung). Der jeweilige Kompetenzanteil darf weder so gering noch so umfangreich sein, daß er für seinen Inhaber entbehrlich bzw. allein ausreichend ist. Im übrigen können Art und Umfang der Kompetenzzuweisung – nach Funktion (Gesetzgebung, Verwaltung, Rechtsprechung) oder Sachbereichen (Wirtschaft, Kultur u. a.) – flexibel nach den Erfordernissen des konkreten Gemeinwesens ausgestaltet sein.[35]

Die Eigenständigkeit wird zusätzlich gestärkt durch eine territoriale Gliederung des Gemeinwesens, die es den Gliedern ermöglicht, ihre Kompetenzen in ihrem jeweiligen Gebiet nach eigenen Bedürfnissen und Vorstellungen wahrzunehmen. Die Gründe für die territoriale Gliederung können unterschiedlich sein (beispielsweise ethnische, kulturelle, historische Verbundenheit, wirtschaftliche, geographische, politische Notwendigkeit), entscheiden aber über die Beständigkeit der Glieder nicht allein, sondern nur im Zusammenhang mit der Kompetenzzuweisung.[36]

c) Die Eigenständigkeit von Gliedern und Gesamtheit muß von einer Verbindung zwischen ihnen begleitet sein, um das Gemeinwesen zu erhalten.[37] Dies erfordert zunächst eine Homogenität zwischen den Beteiligten im Sinne eines Mindestmaßes an gemeinsamen Wertvorstellungen über die Gestaltung des menschlichen Zusammenlebens in dem Gemeinwesen, insbesondere hinsichtlich der grundlegenden demokratischen, rechtsstaatlichen und sozialstaatlichen Strukturen, wie sie sich in dem betreffenden Rechtskreis herausgebildet haben und entwickeln. Weiterhin bedarf es einer Kompetenzverschränkung, die es den Gliedern ermöglicht, über ein Vertretungsorgan auf die Willens- und Entscheidungsbildung der Gesamtheit Einfluß zu nehmen, und die es umgekehrt der Gesamtheit ermöglicht, durch Aufsichtsmaßnahmen die Kompetenzausübung der Glieder zu überwachen. Schließlich müssen die Glieder und die Gesamtheit der Gemeinschaftstreue verpflichtet sein und dementsprechend bei der Wahrnehmung ihrer Kompetenzen die Interessen des Gemeinwesens durch gegenseitige Rücksichtnahme wahren.

4. *Föderalismus als Rechtsprinzip*

Als politisches Organisationsprinzip stellt der Föderalismus für die Gliederung eines Gemeinwesens lediglich vor-rechtliche Grundvoraussetzungen und Leitlinien bereit. Zu seiner rechtlichen Wirksamkeit bedarf es der Verankerung in einem rechtlich verbindlichen Rahmen (Föderalismus als rechtsbildendes Prinzip). Dieser Rahmen kann – entsprechend dem traditionellen Dualismus zwischen nationalem und internationalem Föderalismus – als Verfassung oder als Vertrag ausgestaltet sein, aber auch – entsprechend der neueren Entwicklung zu einem transnationalen Föderalismus – verfassungs- und vertragsrechtliche Elemente miteinander verbinden.[38]

Innerhalb des nach seinen Grundvoraussetzungen und Leitlinien geschaffenen rechtsverbindlichen Rahmens erhält der Föderalismus als politisches Organisationsprinzip die Funktion eines rechtsverbindlichen Maßstabes bei der näheren Ausgestaltung des gegliederten Gemeinwesens (Föderalismus als rechtsimmanentes Prinzip). Als verbindlicher Konkretisierung kommt dem rechtsimmanenten Prinzip gegenüber dem rechtsbildenden Prinzip Vorrang zu. Dennoch bleibt es diesem als seinem allgemeinen Ursprung verbunden, so daß es von ihm weiterhin Impulse für notwendige Anpassungen der Gliederung des Gemeinwesens an die sich ändernden Gegebenheiten empfangen kann.[39]

Zu diesen Anpassungen sind in erster Linie die politischen Kräfte nach den geregelten Verfahren des Gemeinwesens berufen. Die Erfahrung föderalistischer Systeme zeigt jedoch, daß eine Unterstützung durch eine neutrale Schiedsinstanz, insbesondere eine unabhängige Gerichtsbarkeit, hinzutreten muß, die zwischen den politischen Kräften erforderlichenfalls vermitteln und das Gleichgewicht zwischen der Gesamtheit und den Gliedern bewahren kann.[40]

III. Begriff und Funktion der Subsidiarität

1. Subsidiarität als Verteilungsprinzip

a) Ähnlich wie der Begriff des Föderalismus ist derjenige des Subsidiaritätsprinzips schillernd und proteushaft.[41] Ganz allgemein und ohne weiterführenden Erkenntniswert wird darunter ein politisches und soziales Organisationsprinzip, ein Gesetz für den Aufbau von Staat und Gesellschaft verstanden.[42] Aussagekräftiger ist demgegenüber die der Diskussion um die Europäische Union[43] als Kristallisationspunkt dienende Umschreibung, die das Subsidiaritätsprinzip durch die katholische Soziallehre in der päpstlichen Enzyklika „Quadragesimo anno" (1931)[44] gefunden hat: „(W)ie dasjenige, was der Einzelmensch aus eigener Initiative und mit seinen eigenen Kräften leisten kann, ihm nicht entzogen und der Gesellschaftstätigkeit zugewiesen werden darf, so verstößt es gegen die Gerechtigkeit, das, was die kleineren und untergeordneten Gemeinwesen leisten und zum guten Ende führen können, für die weitere und übergeordnete Gemeinschaft in Anspruch zu nehmen . . . Jedwede Gesellschaftstätigkeit ist ja ihrem Wesen und Begriff nach subsidiär; sie soll die Glieder des Sozialwesens unterstützen, darf sie aber niemals zerschlagen oder aufsaugen" (Nr. 79). Dieser „höchst gewichtige sozialphilosophische Grundsatz" gilt als allzeit unverrückbar und wendet sich gegen die „Auswirkung des individualistischen Geistes", der dazu geführt habe, „daß das einst blühend und reichgegliedert in einer Fülle verschiedenartiger Vergemeinschaftungen entfaltete menschliche Gesellschaftsleben derart zerschlagen und nahezu ertötet wurde, bis schließlich fast nur noch die Einzelmenschen und der Staat übrigblieben ..." (Nr. 78). Dementsprechend soll die Staatsgewalt „Angelegenheiten von untergeordneter Bedeutung, die nur zur Abhaltung von wichtigeren Aufgaben führen müßten, ... den kleineren Gemeinwesen überlassen. Sie selbst steht dadurch nur um so freier, stärker und schlagkräftiger da für diejenigen Aufgaben, die in ihre ausschließliche Zuständigkeit fallen, weil sie allein ihnen gewachsen ist: durch Leitung, Überwachung, Nachdruck und Zügelung ..." (Nr. 80).

b) Als Verteilungsprinzip zwischen dem einzelnen und der Gemeinschaft, zwischen privatem und hoheitlichem Bereich, zwischen kleineren und größeren Verbänden ist das Subsidiaritätsprinzip auf die Zuordnung der öffentlichen Aufgaben in einem gegliederten Gemeinwesen gerichtet. Damit stellt sich das Problem, ob das Subsidiaritätsprinzip von der jeweils vorhandenen Gliederung auszugehen und lediglich die wahrzunehmenden Aufgaben zwischen den Gliedern und der Gesamtheit zu verteilen hat (kompetentielle Dimension) oder ob es auch die Gliederung des Gemeinwesens zu bestimmen hat (organisatorische Dimension).

Wenn das Subsidiaritätsprinzip aus sich heraus eine ordnende Funktion entfalten soll, kann es nicht zugleich die Gliederung des Gemeinwesens und die Aufgabenzuordnung als variable Größen zum Gegenstand haben. Eine der beiden Größen muß vielmehr fixiert sein und der anderen als Leitlinie dienen. Andernfalls stellt das Subsidiaritätsprinzip lediglich eine Fassade dar, hinter der die entscheidenden Maßstäbe verborgen bleiben. Das Verteilungsprinzip wäre auf eine andere Ebene verschoben, und das Subsidiaritätsprinzip erschiene als „grandioser Selbstbetrug".[45] Für die Gliederung des Gemeinwesens steht zudem der Föderalismus als Organisationsprinzip zur Verfügung, der auf einen Ausgleich zwischen Gliedern und Gesamtheit gerichtet ist. Das Subsidiaritätsprinzip kann sich deshalb auf eine Zuordnung der wahrzunehmenden Aufgaben innerhalb des föderal gegliederten Gemeinwesens konzentrieren und beschränken.

Damit wird zugleich erkennbar und sichergestellt, daß Föderalismus und Subsidiaritätsprinzip weder identisch sind noch einander ausschließen, sondern sich gegenseitig ergänzen: Föderalismus als Organisationsprinzip für die Gliederung des Gemeinwesens in verschiedene Einheiten, Subsidiaritätsprinzip als Verteilungsprinzip für die Aufgaben und Befugnisse auf die verschiedenen Einheiten.

2. Subsidiarität und Kompetenzordnung

a) Als Verteilungsprinzip der öffentlich wahrzunehmenden Aufgaben und Befugnisse setzt das Subsidiaritätsprinzip eine Konkurrenz von Kompetenzträgern voraus. An einer solchen Konkurrenz fehlt es, wenn die Kompetenzträger selbständig und unverbunden, insbesondere als souveräne Staaten, nebeneinander bestehen und jeweils für ihren ausschließlichen Bereich handeln. Sie tritt erst dann auf, wenn verschiedene Kompetenzträger mit Bezug auf dasselbe Gebiet (Territorialhoheit) und auf denselben Personenkreis (Personalhoheit) an der Wahrnehmung der öffentlichen Aufgaben und Befugnisse beteiligt sind.

Diese Situation ist in gegliederten Gemeinwesen zwischen den Gliedern und der Gesamtheit gegeben, und zwar unabhängig davon, ob es sich um einen dezentralisierten Einheitsstaat, einen Bundesstaat oder einen Staatenbund handelt. Erforderlich ist lediglich, daß die Kompetenzträger im Hinblick auf einen gemeinsamen Aufgabenkreis und ein gemeinsames Ziel in einem hierarchischen Verhältnis zueinander stehen.[46]

b) Die Verteilung der öffentlichen Aufgaben und Befugnisse kann durch Kompetenzaufspaltung oder Kompetenzverschränkung erfolgen. Bei der Kompetenzaufspaltung werden den Gliedern und der Gesamtheit bestimmte Aufgaben und Befugnisse zur jeweils ausschließlichen Wahrnehmung übertragen. Bei der Kompetenzverschränkung werden ihnen bestimmte Aufgaben und Befugnisse ungeteilt zugewiesen, die sie entweder gemeinsam (kumulativ) oder jeweils allein (konkurrierend) wahrnehmen können. Im letzteren Fall bedarf es zusätzlich einer Konkurrenzklausel, um eine widersprüchliche Kompetenzwahrnehmung zu verhindern.

c) Damit stellt sich die Frage, welchen Zuordnungsmaßstab das Subsidiaritätsprinzip für die Verteilung der Aufgaben und Befugnisse auf die verschiedenen Kompetenzträger enthält.

Nach seiner allgemeinen Umschreibung soll es den Gliedern des Gemeinwesens zunächst alles überlassen, was diese aus eigener Kraft bewältigen können.[47] Die eigene Kraft der Glieder erscheint nach dieser Autarkievariante als eine feststehende Determinante, an der sich der Umfang der Aufgaben und Befugnisse auszurichten hat. Anders als bei einem unverbundenen Nebeneinander selbständiger (souveräner) Staaten sind in einem hierarchisch gegliederten Gemeinwesen die verfügbaren Ressourcen (Wirtschafts- und Finanzkraft, menschliche Fähigkeiten und anderes) jedoch ebensowenig nach einem vorgegebenen Maßstab zwischen den konkurrierenden Kompetenzträgern aufgeteilt wie die öffentlichen Aufgaben und Befugnisse selbst. Vielmehr müssen sich die Glieder und die Gesamtheit in diese Ressourcen, die ihre jeweiligen Kräfte und Möglichkeiten bestimmen, teilen und dafür einen geeigneten Maßstab erst gewinnen.[48] In der Autarkievariante ist das Subsidiaritätsprinzip deshalb nicht geeignet, einen Zuordnungsmaßstab für die Verteilung der Aufgaben und Befugnisse zwischen den Gliedern und der Gesamtheit des Gemeinwesens zu bilden.

Nach seiner allgemeinen Umschreibung soll das Subsidiaritätsprinzip weiter die Gesamtheit zu einer Unterstützung der Glieder verpflichten, wenn diese anders nicht fähig sind, ihre Aufgaben und Befugnisse aus eigener Kraft wahrzunehmen.[49] Diese Subventionsvariante unterliegt zunächst denselben Einwänden wie die Autarkievariante, da sie ebenfalls voraussetzt, daß die eigene Kraft der Glieder eine vorgegebene Größe darstellt, die es aufzufüllen gilt. Sie läßt zudem Ausmaß und Dauer der Unterstützung offen, so daß der Unterschied zwischen grundsätzlich eigenständigen und von der Gesamtheit künstlich aufrechterhaltenen Gliedern verlorengeht.[50] Eine sachlich und zeitlich unbegrenzte Unterstützung der Glieder durch die Gesamtheit müßte schließlich zur Auflösung des Gemeinwesens führen, da es primär auf die Existenzsicherung der Glieder ankommt.[51] Damit ist das Subsidiaritätsprinzip auch in der Subventionsvariante nicht geeignet, einen Zuordnungsmaßstab für die Verteilung der Aufgaben und Befugnisse zwischen den Gliedern und der Gesamtheit des Gemeinwesens zu bilden.

Nach seiner allgemeinen Umschreibung soll das Subsidiaritätsprinzip schließlich den Gliedern die untergeordneten, der Gesamtheit die wichtigeren, vor allem leitenden und überwachenden Kompetenzen zuweisen.[52] Diese spezifische Funktion kann das Subsidiaritätsprinzip jedoch nicht unmittelbar erfüllen, da sie materielle Unterscheidungskriterien zwischen den untergeordneten und den wichtigeren Kompetenzen voraussetzt, die das Subsidiaritätsprinzip nicht enthält und die auch nicht allgemeingültig vorgegeben sind.[53] Dennoch läßt sich insoweit unter Berücksichtigung des ihm zugrunde liegenden Ziels, die Allmacht des Staates durch eine Gliederung des Gemeinwesens zu begrenzen, eine allgemeine Funktion des Subsidiaritätsprinzips erkennen. Es soll die Glieder des Gemeinwesens gegenüber der Gesamtheit stärken und bei der Zuweisung der Aufgaben und Befugnisse grundsätzlich, das heißt unter Beachtung der Kompetenzen der Gesamtheit, bevorzugen. In dieser (relativen) Präferenzvariante weist das Subsidiaritätsprinzip Parallelen mit dem Föderalismus als Tendenzprinzip[54] auf, unterscheidet sich von diesem jedoch, indem es die Glieder lediglich stärken, die Gesamtheit aber erhalten will. Über den Föderalismus als Ausgleichsprinzip[55] geht es insofern hinaus, als es den formalen Ausgleich zwischen den Gliedern und der Gesamtheit durch eine materielle, der jeweiligen Organisationsebene angemessene Kompetenzzuweisung ergänzen und absichern will. Damit enthält das Subsidiaritätsprinzip in seiner Präferenzvariante einen unter – relativer – Bevorzugung der Glieder auf die Entwicklung materieller Kriterien gerichteten Zuordnungsmaßstab für die Kompetenzverteilung in einem gegliederten Gemeinwesen.

3. Subsidiarität als Rechtsprinzip

Ebenso wie der Föderalismus[56] bedarf das Subsidiaritätsprinzip zu seiner rechtlichen Wirksamkeit der Verankerung in einem rechtlich verbindlichen Rahmen (Subsidiarität als rechtsbildendes Prinzip). Erst innerhalb eines nach seinen allgemeinen Leitlinien gestalteten rechtsverbindlichen Rahmens erhält es die Funktion eines rechtsleitenden Maßstabs (Subsidiarität als rechtsimmanentes Prinzip).[57] Als rechtsverbindliche Konkretisierung besitzt das rechtsimmanente Prinzip Vorrang gegenüber dem rechtsbildenden Prinzip. Es bleibt diesem jedoch als seinem allgemeinen Ursprung verbunden und kann daraus Impulse für die nähere Ausgestaltung und Entwicklung der Kompetenzordnung empfangen, soweit diese nicht durch den rechtlichen Rahmen fixiert ist. Die notwendigen Anpassungen an die sich ändernden Gegebenheiten müssen, wie bei der föderalistischen Gliederung, durch die politischen Kräfte nach den geregelten Verfahren des Gemeinwesens erfolgen. Auch insoweit bedarf es zusätzlich einer Kontrolle durch eine neutrale Schiedsinstanz, insbesondere eine unabhängige Gerichtsbarkeit.

IV. Föderalismus und Subsidiarität im bisherigen Vertragsrecht

1. Föderalismus

In den bisherigen Gemeinschaftsverträgen erscheinen die Begriffe des Föderalismus und der Subsidiarität nicht. Zumindest der Föderalismus war jedoch von Anfang an ein Leitprinzip der europäischen Integration. Nach der Erklärung der französischen Regierung zum Schuman-Plan (1950) sollte die Zusammenlegung der Kohle- und Stahlproduktion als „erste Etappe der europäischen Föderation“ dienen.[58] Der EGKS-Vertrag (1951) und der EWG-Vertrag (1957) beschränkten sich demgegenüber in ihren Präambeln auf das allgemeiner gefaßte Ziel einer weiteren und vertieften Gemeinschaft bzw. eines immer engeren Zusammenschlusses der europäischen Völker. Damit blieb offen und umstritten, ob die Gründungsverträge eine staatenbündische oder eine bundesstaatliche Ordnung zwischen den Mitgliedstaaten herbeiführen sollten.[59] Wie die Untersuchung von Begriff und Funktion des Föderalismus gezeigt hat, kann ein föderalistisch gegliedertes Gemeinwesen zugleich Elemente des staatlichen (nationalen) und des zwischenstaatlichen (internationalen) Föderalismus im Sinne des staatsübergreifenden (transnationalen) Föderalismus in sich vereinigen. Diese Erkenntnis macht die scharfe Trennung zwischen staatenbündischer und bundesstaatlicher Einigung, die dem abstrakt-restriktiven Systematisierungsbestreben des 19. Jahrhunderts entstammt, nicht aber den zu erfassenden Realitäten staatlicher Integrationsprozesse des ausgehenden 20. Jahrhunderts gerecht werden kann, entbehrlich.

Nach den Gründungsverträgen liegt die Kompetenz-Kompetenz für die Gliederung der Gemeinschaft und deren Umgestaltung bei den Mitgliedstaaten, da diese allein, wenn auch unter Verfahrensbeteiligung der Gemeinschaftsorgane, über eine Änderung der Gründungsverträge entscheiden (Art. 96 EGKSV, 236 EWGV, 204 EAGV). Insoweit handelt es sich bei der Gemeinschaft – nach der überkommenen Unterscheidung – weiterhin um einen staatenbündischen Zusammenschluß. Die Gemeinschaft weist jedoch auch Strukturen auf, die als typische Merkmale eines Bundesstaates gelten.[60] Dazu gehört insbesondere die Möglichkeit, unmittelbar für die einzelnen verbindliche Rechte und Pflichten zu begründen.[61]

Darüber hinaus findet sich in den Gemeinschaftsstrukturen das für den Föderalismus allgemein charakteristische Spannungsverhältnis zwischen Einheit und Vielfalt, zwischen unitarischen und partikularistischen Tendenzen.[62] Unitarisch ausgerichtet sind etwa im institutionellen Bereich die Kommission[63] und im Rechtssetzungsbereich die Verordnung,[64] partikularistisch demgegenüber der Rat[65] bzw. die Richtlinie.[66] Beide Tendenzen lassen sich für das Europäische Parlament feststellen, das nach seiner – an der Größe der Mitgliedstaaten ausgerichteten – Zusammensetzung „aus Vertretern der Völker" eher als partikularistisch, nach seinen Funktionen eher als unitarisch bezeichnet werden kann.[67] Gleiches gilt für den Vollzug des Gemeinschaftsrechts, der teilweise der Kommission, im übrigen und überwiegend den Mitgliedstaaten obliegt.[68] Nicht in diese Kategorien lassen sich die Rechtsprechungsorgane der Gemeinschaft einordnen, da sie – entsprechend der föderalen Gliederung der Gemeinschaft – in völliger Unabhängigkeit für einen Ausgleich der verschiedenen Tendenzen nach Maßgabe des Gemeinschaftsrechts zu sorgen haben.[69] Stabilisierungsfaktoren für die permanente Gliederung der Gemeinschaft sind – zugunsten der Gesamtheit – die Vertragsgeltung auf unbestimmte Zeit[70] sowie – zugunsten der Glieder – die Bestandsgarantie der Mitgliedstaaten als konstituierende Elemente der Gemeinschaft.[71]

2. Subsidiarität

Anders als der Föderalismus bereitet das Subsidiaritätsprinzip erhebliche Schwierigkeiten, wenn es um seinen Nachweis im bisherigen Gemeinschaftsrecht geht. Entsprechend umstritten ist, ob es darin überhaupt nicht, zumindest in einzelnen Bestimmungen oder sogar als allgemeiner Grundsatz enthalten ist. Als implizite Ausformungen werden von den Befürwortern vor allem die Ausgestaltung der Richtlinie gemäß Art. 189 Abs. 3 EWGV sowie die allgemeinen Bestimmungen der Art. 100, 100a und 235 EWGV angeführt.[72]

Bemerkenswert ist, daß die Suche nach dem Subsidiaritätsprinzip im bisherigen Gemeinschaftsrecht erst in jüngster Zeit eingesetzt hat, als der Integrationsprozeß durch die Einheitliche Europäische Akte von 1986 und die anschließende Auseinandersetzung um den Vertrag über die Europäische Union neue Impulse erhielt.[73] Durch Reduktion auf ein eindimensionales Präferenzprinzip zugunsten der Mitgliedstaaten oder der diesen immanenten Länder und Regionen eignet sich das Subsidiaritätsprinzip zur Abwehr unwillkommener Tendenzen bei der fortschreitenden Vergemeinschaftung. Als Anti-Integrationsprinzip verstanden, lassen sich dem Subsidiaritätsprinzip sodann unschwer alle diejenigen Vertragsbestimmungen zuordnen, die der Gemeinschaft zugunsten der Mitgliedstaaten Restriktionen auferlegen.

Ein solches einseitiges Verständnis widerspricht jedoch nicht nur Begriff und Funktion des Subsidiaritätsprinzips, das lediglich ein relatives, aber kein eindimensionales Präferenzprinzip darstellt,[74] sondern auch dem bisherigen Vertragsrecht, das auf eine zunehmende Integration der Mitgliedstaaten angelegt ist. Dies gilt sowohl für die Kompetenzaufteilung wie für die Kompetenzverschränkung zwischen der Gemeinschaft und den Mitgliedstaaten. Die Kompetenzen der Gemeinschaft sind zwar von den Mitgliedstaaten hergeleitet und nach dem Grundsatz der Einzelzuweisung ausgestaltet; soweit die Gemeinschaft jedoch in den Gründungsverträgen mit Kompetenzen ausgestattet ist, hat sie diese im Sinne der Integrationsziele wahrzunehmen, die in den allgemeinen und den besonderen Bestimmungen niedergelegt sind. Diesen Zielen dienen insbesondere auch die Bestimmungen über die Richtlinie sowie der Art. 100, 100a und 235 EWGV.

Soweit das Subsidiaritätsprinzip – als vor-rechtliches Gestaltungsprinzip – den Gemeinschaftsverträgen oder einzelnen Vertragsbestimmungen zugrunde liegen sollte, was angesichts der historischen Situation bei ihrem Abschluß eher zweifelhaft erscheint, läßt sich dem bisherigen Gemeinschaftsrecht deshalb keine eindimensionale oder auch nur relative Präferenz zugunsten der Mitgliedstaaten entnehmen.[75] Eine Ausnahme fand sich lediglich in der Bestimmung des durch die Einheitliche Europäische Akte eingefügten Art. 130r Abs. 4 EWGV, wonach die Gemeinschaft im Bereich der Umwelt insoweit tätig wurde, als die in Abs. 1 genannten Ziele besser auf Gemeinschaftsebene erreicht werden konnten als auf der Ebene der einzelnen Mitgliedstaaten.[76] Soweit die Ziele auf beiden Ebenen gleich gut erreicht werden konnten, ergab sich daraus eine Präferenz zugunsten der Mitgliedstaaten.[77] Die Bestimmung war jedoch singulär und für eine Verallgemeinerung oder Analogie im Gemeinschaftsrecht nicht geeignet.[78] Allgemein folgt daraus, daß das bisherige Vertragsrecht der Gemeinschaft vom Integrationsprinzip, nicht hingegen vom Subsidiaritätsprinzip geprägt war.

V. Verankerung des Föderalismus und des Subsidiaritätsprinzips im Unionsrecht

Der Sache nach war es bei der europäischen Integration von Anfang an nicht nur um den Föderalismus, sondern auch um das Subsidiaritätsprinzip gegangen, da der Zusammenschluß der beteiligten Staaten zu einer Gemeinschaft eine Entscheidung über das organisatorische und das kompetentielle Verhältnis zwischen den Gliedern und der Gesamtheit des neuen Gemeinwesens erforderlich machte.

Mit der Einheitlichen Europäischen Akte von 1986 wurde das Ziel der Europäischen Union erstmals verbindlich im Vertragsrecht verankert und zudem festgelegt, daß die Europäische Gemeinschaft und die Europäische Politische Zusammenarbeit gemeinsam zu konkreten Fortschritten auf dem Wege zur Europäischen Union beitragen sollten (Art. 1). Damit ließ sich der Frage nach der zukünftigen Gestalt und den Grundprinzipien der Europäischen Union, die bis dahin zwar ausgiebig erörtert, aber letztlich offengelassen worden war, nicht mehr ausweichen.

Das Europäische Parlament hatte in seinen Vertragsentwurf zur Gründung der Europäischen Union von 1984[79] den Begriff der Subsidiarität aufgenommen (Präambel, Art. 12). Der deutsche Bundesrat hatte in seiner dazu verabschiedeten Stellungnahme von 1986[80] die Forderung nach einer föderativen Struktur der Europäischen Union aufgestellt. In der anschließenden Auseinandersetzung um die Fortentwicklung der Gemeinschaft zur Europäischen Union wurden die Begriffe des Föderalismus und der Subsidiarität allgemein aufgenommen und bilden seitdem die Leitlinien für die Frage nach den „Architekturprinzipien des einigen Europas“.[81]

1. Föderalismus

Die Forderung des deutschen Bundesrates nach einer föderativen Struktur der Europäischen Union[82] wurde von den Organen der Gemeinschaft grundsätzlich befürwortet. So bekannte sich Kommissionspräsident Delors zu einem föderativen Europa,[83] während das Europäische Parlament es als immer dringlicher erachtete, die Europäische Gemeinschaft in eine Europäische Union auf föderativer Grundlage bzw. mit föderalistischen Strukturen umzuwandeln.[84] Hinsichtlich der Zielrichtung und der näheren Ausgestaltung des europäischen Föderalismus bestanden jedoch unterschiedliche Vorstellungen.

Die deutschen Länder wandten sich mit ihrer Forderung nach „Föderalismus statt Zentralismus" zunächst allgemein gegen die „fortschreitende Zentralisierung von Aufgaben bei den Europäischen Gemeinschaften", durch die ihre notwendigen Gestaltungsmöglichkeiten immer geringer würden.[85] Der europäische Föderalismus erschien danach als Tendenzprinzip[86] gegen die bisherige, auf zunehmende Integration gerichtete Gemeinschaftsentwicklung. Seine Bedeutung als Ausgleichsprinzip[87] zwischen den Gliedern und der Gesamtheit eines Gemeinwesens wurde demgegenüber auf den „Föderalismus in Deutschland" bezogen.[88] Die Gemeinschaftsorgane sahen den europäischen Föderalismus zwar ebenfalls als ein Prinzip gegen eine Zentralisierung an,[89] wiesen jedoch zugleich auf die Notwendigkeit einer Fortentwicklung der Gemeinschaft hin und hoben seine Ausgleichsfunktion zwischen der europäischen und der nationalen Ebene hervor. Das föderative Europa sollte sich auch – also nicht allein – von unten bauen[90] und mit der Europäischen Union eine Verfassung erhalten, die das Gleichgewicht zwischen den Mitgliedstaaten und im Verhältnis zur Union gewährleistet.[91]

Den deutschen Ländern ging es jedoch über die Bewahrung des Föderalismus im Verhältnis zwischen der Gemeinschaft und den Mitgliedstaaten hinaus vor allem um seine Bewahrung bzw. Schaffung im Verhältnis zu ihrer eigenen, der dritten Ebene im Aufbau der Gemeinschaft. Diese Ebene war bei der bisherigen Integrationsentwicklung grundsätzlich ausgeblendet und lediglich im Rahmen der gemeinschaftlichen Regionalpolitik[92] berücksichtigt worden, weil es sich nach dem traditionellen Dualismus insoweit um eine interne Angelegenheit der einzelnen Mitgliedstaaten handelte. Dementsprechend hatte das Europäische Parlament in seinem Vertragsentwurf zur Gründung der Europäischen Union von 1984[93] zurückhaltend von der Notwendigkeit gesprochen, „die Mitwirkung der kommunalen und regionalen Körperschaften am europäischen Aufbauwerk in hierfür geeigneten Formen zu ermöglichen" (Präambel), ohne dies näher auszuführen.

In der Auseinandersetzung um den Vertrag über die Europäische Union setzten sich die deutschen Länder für die Verwirklichung der dritten Ebene in einem föderativen Europa ein. Unter Zurückstellung ihrer in der Gemeinschaft singulären „Staatsqualität" suchten sie Unterstützung bei den „Regionen" in anderen Mitgliedstaaten und entwickelten mit diesen auf verschiedenen Konferenzen – unter anderem in München (1989), in Brüssel und Trient (1990) – eine gemeinsame Strategie.[94] Für die Regierungskonferenz zur Politischen Union faßten sie ihre Bestrebungen in vier Hauptforderungen zusammen: Verankerung des Subsidiaritätsprinzips als Richtschnur für zukünftige Aktivitäten der EG;

Schaffung eines Regionalorgans als Vertretung von Ländern und Regionen in der EG; unmittelbare Teilnahmemöglichkeit der Länder und Regionen am EG-Ministerrat in Fragen, die nach innerstaatlichem Recht ihre ihnen ausschließlich zustehenden Kompetenzen oder ihre wesentlichen Interessen berühren; Klagerecht der Länder und Regionen gegen Maßnahmen der EG. Um diesen Forderungen zusätzliches Gewicht zu verleihen, wurden sie als zukünftige Vertragsbestimmungen konkret ausformuliert.[95]

Entgegen den Vertragsentwürfen der luxemburgischen und der niederländischen Präsidentschaft, die das Ziel einer föderativen Union bzw. einer Union mit föderaler Ausrichtung vorsahen,[96] gelang es nicht, das Prinzip des Föderalismus ausdrücklich und allgemein im endgültigen Vertragstext über die Europäische Union zu verankern. Für die britische Regierung war eine solche Ausrichtung der Gemeinschaft aufgrund des im Vereinigten Königreich vorherrschenden Föderalismusbegriffs, wonach ein föderales Europa allmählich zu einer den Mitgliedstaaten übergeordneten europäischen Regierungs- und Parlamentsgewalt führen würde, unannehmbar.[97] Der Vertrag über die Europäische Union stellt deshalb nach seinem Wortlaut lediglich „eine neue Stufe bei der Verwirklichung einer immer engeren Union der Völker Europas dar, in der die Entscheidungen möglichst bürgernah getroffen werden" (Art. A Abs. 2).

Dennoch enthält der Vertrag eine Stärkung des Föderalismus im Sinne eines Ausgleichsprinzips[98] zwischen der Union bzw. der in „Europäische Gemeinschaft" umbenannten Europäischen Wirtschaftsgemeinschaft, den Mitgliedstaaten und zusätzlich den „Regionen" als Gliedern des zukünftigen europäischen Gemeinwesens.[99] Die Union und die EG erhalten – unter voller Wahrung des erreichten gemeinschaftlichen Besitzstandes – neue oder erweiterte Ziele und Aufgaben (Art. B EUV; Art. 2–3a EGV); die nationale Identität der Mitgliedstaaten, die bisher implizit Bestandteil des Vertragsrechts war, wird nunmehr ausdrücklich gewährleistet (Art. F EUV); die Regionen erhalten ein beratendes Vertretungsorgan (Art. 198a–c EGV) und können durch einen Vertreter auf Ministerebene für ihren Mitgliedstaat im Rat handeln (Art. 146 EGV). Die Ziele und Aufgaben der Union und der Europäischen Gemeinschaft sind weiterhin im Sinne des Integrationsprinzips entwicklungsfähig, ihre Verwirklichung hat jedoch unter Beachtung des Subsidiaritätsprinzips zu erfolgen (Art. B Abs. 2 EUV; Art. 3b EGV).

Damit weist die Union Elemente eines föderalen Europas auf, das mehrstufig gegliedert ist. Die europäische Ebene der Gemeinschaft und die nationale Ebene der Mitgliedstaaten werden ergänzt durch die innerstaatliche Ebene der Regionen, ansatzweise auch der Kommunen,[100] was sich daraus ergibt, daß der sogenannte „Ausschuß der Regionen" aus

Vertretern der regionalen und lokalen Gebietskörperschaften besteht (Art. 198a EGV) und daß die Entscheidungen im Rahmen der Union möglichst bürgernah getroffen werden (Art. A Abs. 2 EUV). Damit stellt sich für das föderale Europa das Problem einer dieser drei- bzw. vierstufigen Gliederung angemessenen Kompetenzverteilung, das unter Beachtung des Subsidiaritätsprinzips zu lösen ist.

2. *Subsidiaritätsprinzip*

Die Europäische Union bildet ein gegliedertes Gemeinwesen, das neben der Gemeinschaft die Mitgliedstaaten sowie deren Regionen und Kommunen als Kompetenzträger umfaßt, die in bezug auf den territorialen und personalen Gegenstand ihrer Aufgaben und Befugnisse in einem Konkurrenz- und Hierarchieverhältnis zueinander stehen. Damit erfüllt sie die Voraussetzungen für eine Kompetenzverteilung nach dem Subsidiaritätsprinzip.[101]

Das Erfordernis einer Kompetenzverteilung nach dem Subsidiaritätsprinzip wurde bereits in dem Vertragsentwurf des Europäischen Parlaments zur Gründung der Europäischen Union von 1984[102] anerkannt. Gemeinsamen Institutionen sollten nach dem in der Präambel allgemein umschriebenen Grundsatz der Subsidiarität nur die Zuständigkeiten übertragen werden, die sie benötigen, um die Aufgaben zu bewältigen, die sie wirkungsvoller wahrnehmen können als jeder einzelne Mitgliedstaat für sich. Zwischen der Union und den Mitgliedstaaten war eine Kompetenzaufspaltung durch Zuweisung ausschließlicher Zuständigkeiten und eine Kompetenzverschränkung durch Zuweisung konkurrierender Zuständigkeiten an die Union vorgesehen. Im Bereich ihrer ausschließlichen Zuständigkeiten sollte die Union allein handlungsbefugt sein, die Mitgliedstaaten jedoch durch Gesetz zum Eingreifen ermächtigen können (Art. 12 Abs. 1 Satz 1). Im Bereich der konkurrierenden Zuständigkeiten sollte die Union nur tätig werden, um die Aufgaben zu verwirklichen, die gemeinsam wirkungsvoller wahrgenommen werden können als von einzelnen Mitgliedstaaten allein, insbesondere Aufgaben, deren Bewältigung ein Handeln der Union erfordert, weil ihre Ausmaße oder ihre Auswirkungen über die nationalen Grenzen hinausreichen (Art. 12 Abs. 2 Satz 2). Die inhaltliche Wiederholung des in der Präambel allgemein umschriebenen Subsidiaritätsprinzips im Zusammenhang mit den konkurrierenden Zuständigkeiten gab Anlaß zu Zweifeln, ob es sich nur insoweit oder allgemein um einen rechtswirksamen Grundsatz für die Kompetenzverteilung handeln sollte.[103]

In der Auseinandersetzung um die Fortentwicklung der Gemeinschaft zur Europäischen Union nach Verabschiedung der Einheitlichen Europäischen Akte von 1986 einigten sich die beteiligten Kräfte – anders als hinsichtlich des Föderalismus – alsbald auf eine ausdrückliche Verankerung des Subsidiaritätsprinzips in dem neuen Vertragswerk. Das Europäische Parlament bezog sich dafür auf seinen Vertragsentwurf von 1984,[104] Kommissionspräsident Delors bezeichnete sich als einen Verfechter des Subsidiaritätsprinzips,[105] und der Europäische Rat hielt das Subsidiaritätsprinzip für einen der Grundsätze, auf dem die Union beruhen müsse.[106] In ihren Memoranden zu den Vertragshandlungen forderten verschiedene Mitgliedstaaten eine ausdrückliche Aufnahme des Subsidiaritätsprinzips in den Vertragstext.[107]

Die Äußerungen beschränkten sich allerdings zumeist auf eine allgemeine Befürwortung des Subsidiaritätsprinzips, ohne dieses näher zu bestimmen, oder lehnten sich an den Vertragsentwurf des Europäischen Parlaments von 1984 an. Eine nähere Befassung mit dem Subsidiaritätsprinzip erfolgte demgegenüber in den Stellungnahmen der deutschen Länder, die eine kritische Gegenposition zu den Ansätzen des Europäischen Parlaments und denjenigen in den Vertragsentwürfen der Regierungskonferenz zur Politischen Union entwickelten. Einvernehmen bestand grundsätzlich darüber, daß das Subsidiaritätsprinzip als Kompetenzverteilungsprinzip sowohl – rechtsbildend – für die Aufgabenzuweisung an die Union als auch – rechtsimmanent – für die Aufgabenwahrnehmung durch die Union von Bedeutung sein sollte.[108] Erhebliche Unterschiede ergaben sich jedoch bei der Frage nach der näheren Bestimmung des Subsidiaritätsprinzips als Zuordnungsmaßstab für die Kompetenzverteilung. Die Gemeinschaftsinstitutionen, einschließlich des Europäischen Rates, gingen davon aus, daß das Subsidiaritätsprinzip nicht die Dynamik der weiteren Gemeinschaftsentwicklung beeinträchtigen dürfe,[109] während die deutschen Länder das Subsidiaritätsprinzip im wesentlichen als eine Begrenzung des bisherigen Integrationsprozesses verstanden.[110]

Der endgültige Vertragstext über die Europäische Union legt fest, daß die Union ihre Ziele unter Beachtung des Subsidiaritätsprinzips verwirklicht (Art. B Abs. 2) und die Europäische Gemeinschaft in den ihr nicht ausschließlich zugewiesenen Bereichen nach dem Subsidiaritätsprinzip nur tätig wird, sofern und soweit die Ziele der in Betracht gezogenen Maßnahmen auf Ebene der Mitgliedstaaten nicht ausreichend erreicht werden können und daher wegen ihres Umfangs oder ihrer Wirkungen besser auf Gemeinschaftsebene erreicht werden können (Art. 3b Abs. 2 EGV).[111]

VI. Rechtsgehalt des Föderalismus und des Subsidiaritätsprinzips im Unionsrecht

1. Föderalismus

Das dem bisherigen Vertragsrecht zugrunde liegende und durch den Unionsvertrag weiter gestärkte Prinzip des Föderalismus kommt vor allem dadurch zum Ausdruck, daß das Gemeinschaftsrecht nicht mehr lediglich unspezifisch auf „Gebiete" oder „Regionen" Bezug nimmt (Präambel, Art. 130a, c EGV), sondern die regionalen und lokalen Gebietskörperschaften als solche berechtigt und verpflichtet. Dies geschieht insbesondere über die Beteiligung am Ausschuß der Regionen (Art. 198a–c EGV) und – für Vertreter auf Ministerebene – im Rat (Art. 146 EGV), aber auch durch Einbeziehung in einzelne Regelungsbereiche, wie die Wirtschaftspolitik (Art. 104–104b EGV) oder die transeuropäischen Netze (Art. 129b EGV). Darüber hinaus sind die Entscheidungen in der Union entsprechend dem Subsidiaritätsprinzip möglichst bürgernah zu treffen (Präambel, Art. A Abs. 2 EUV) und dementsprechend so weit wie möglich den regionalen und lokalen Behörden vorzubehalten. Daraus folgt zugleich, daß die von der Union zu achtende nationale Identität der Mitgliedstaaten (Art. F Abs. 1 EUV) insoweit begrenzt ist, als es sich um die Sicherung regionaler und lokaler Entscheidungsbefugnisse handelt.

Föderalismus und Subsidiarität als Rechtsprinzipien der Union bestimmen somit nicht lediglich die Kompetenzverteilung und -ausübung zwischen der Union und ihren Mitgliedstaaten, sondern wirken sich auch auf das Kompetenzgefüge innerhalb der Mitgliedstaaten aus. Dies entspricht der Ablösung des traditionellen Dualismus zwischen den Mitgliedstaaten und der von ihnen gebildeten internationalen Organisation durch die Europäische Union als ein nach dem Prinzip des transnationalen Föderalismus gegliedertes Gemeinwesen.[112] Das unionsrechtliche Prinzip des Föderalismus bedarf der Konkretisierung im weiteren Verlauf des Integrationsprozesses. Die genannten Bestimmungen des Unionsrechts bieten dafür nur allgemeine Leitlinien, die insbesondere im Zusammenhang mit dem Subsidiaritätsprinzip näher ausgestaltet werden müssen.

2. Subsidiaritätsprinzip

a) Mit seiner Verankerung im Unionsvertrag ist das Subsidiaritätsprinzip zu einem verbindlichen Rechtsprinzip der Union und der Europäischen Gemeinschaft geworden.[113] Entgegen der Ankündigung in

Art. B Abs. 2 EUV, wonach die Ziele der Union unter Beachtung des Subsidiaritätsprinzips, wie es in Art. 3b EGV bestimmt ist (deutlicher noch die englische und die französische Fassung: „as defined", „est défini"), verwirklicht werden, enthält das Vertragsrecht keine materielle Definition des Subsidiaritätsprinzips. Sein Rechtsgehalt wird vielmehr vorausgesetzt, wenn es in Art. 3b Abs. 2 EGV heißt, daß die Gemeinschaft „nach dem Subsidiaritätsprinzip" nur unter den anschließend genannten Voraussetzungen tätig wird.

Nach diesen Voraussetzungen erscheint das Subsidiaritätsprinzip als eine Kombination der Autarkie- und der Präferenzvariante, die den Streit um seinen Rechtsgehalt bei seiner Verankerung im Unionsrecht durch einen Formelkompromiß überbrückt.[114] Durch dieses Erfordernis einer zweistufigen Prüfung[115] erhält es jedoch keine über die begrenzte Aussagekraft der beiden Varianten hinausreichende Bedeutung als Zuordnungsmaßstab für die Kompetenzverteilung oder Kompetenzausübung zwischen der Union und ihren Mitgliedstaaten. Auch die Kombination von Autarkie- und Präferenzvariante bleibt letztlich inhaltsoffen und lediglich auf die Entwicklung materieller Kompetenzzuordnungskriterien ausgerichtet, ohne diese selbst zu enthalten.

Die inhaltliche Offenheit des Subsidiaritätsprinzips in seiner Kombination von Autarkie- und Präferenzvariante wird auch in den Stellungnahmen der deutschen Länder deutlich, die sich um eine Konkretisierung des Rechtsgehalts bemüht haben. Im Hinblick auf die Autarkievariante kamen sie nicht über die Feststellung hinaus, daß bei der Beurteilung, ab wann die Leistungsfähigkeit der unteren Einheit nicht mehr vorliegt, weder auf die stärksten noch auf die schwächsten Glieder abgestellt werden könne.[116] Damit bleibt die maßgebliche Leistungsfähigkeit für die nach der ersten Voraussetzung des Art. 3b Abs. 2 EGV (Autarkievariante) zu beantwortende Frage, inwiefern und inwieweit die Ziele der in Betracht gezogenen Maßnahmen auf der Ebene der Mitgliedstaaten nicht ausreichend erreicht werden können, unbestimmt. Letztlich greifen die deutschen Länder ebenfalls auf die Präferenzvariante des Subsidiaritätsprinzips zurück, wenn sie für eine „nach föderativen Grundsätzen" errichtete Union fordern, daß klar unterschieden werden müsse zwischen der europäischen Ebene als Feld „zur Lösung übergreifender Aufgaben", der nationalstaatlichen Ebene als Bereich „der nationalen Gesetzgebung und Ordnung" sowie der regionalen Ebene als Bereich „für die Gestaltung der vielfältigen und differenzierten Lebensbedingungen unserer Bürger".[117] Auch insoweit fehlt es jedoch an bestimmten Kriterien für die Aufgabenabgrenzung zwischen den verschiedenen Ebenen und damit für die nach der zweiten Voraussetzung des Art. 3b Abs. 2 EGV (Präferenzvariante) zu beantwortende Frage, inwiefern und inwieweit die in Betracht gezogenen Maßnahmen wegen ihres Umfangs und ihrer Wirkung besser auf Gemeinschaftsebene erreicht werden können.

b) Als Grundsatz unterscheidet sich das Subsidiaritätsprinzip in seiner inhaltlichen Offenheit somit nicht von ähnlich weit gefaßten Grundsätzen wie denjenigen der Demokratie, der Rechtsstaatlichkeit oder der Sozialstaatlichkeit. Ebenso wie diese erscheint das Subsidiaritätsprinzip als konkretisierungsbedürftig. Deshalb kann es keine unmittelbare Wirksamkeit entfalten.[118] Unabhängig davon erscheint es als ausgeschlossen, daß einem Sekundärrechtsakt der Gemeinschaft wegen angeblichen Verstoßes gegen das Subsidiaritätsprinzip ohne vorherige Nichtigerklärung durch den Europäischen Gerichtshof die Gültigkeit abgesprochen wird.[119] Erst nach einer – die Gültigkeit bestätigenden – Entscheidung des Europäischen Gerichtshofs könnte sich für die deutschen Staatsorgane die Frage stellen, ob der Gemeinschaftsrechtsakt von ihnen nicht anzuwenden ist, weil er sich nicht im Rahmen der den Gemeinschaftsorganen durch das deutsche Zustimmungsgesetz zum Unionsvertrag eingeräumten Befugnisse hält.[120]

c) Die Aufgabe der Konkretisierung des Subsidiaritätsprinzips im Rahmen des Unionsrechts obliegt den Institutionen, die für die Fortentwicklung der Union und der Europäischen Gemeinschaft nach den vertraglich festgelegten Verfahren und materiellen Vorgaben verantwortlich sind. Dazu gehören in erster Linie die Mitgliedstaaten, die im Rat weiterhin maßgeblich die Rechtssetzung bestimmen, ferner die Kommission und das Europäische Parlament sowie erstmals – mit beratender Funktion – die Regionen und Kommunen. Für den Bereich der Europäischen Gemeinschaft unterliegt die Beachtung und Ausgestaltung des Subsidiaritätsprinzips zusätzlich der Kontrolle des Europäischen Gerichtshofs (Art. 164 EGV, Art. L EUV).

Angesichts seiner ausdrücklichen Verankerung im Unionsrecht erscheint es nicht als gerechtfertigt, dem Subsidiaritätsprinzip von vornherein eine ähnlich schwache oder gar leerlaufende Rechtswirkung vorauszusagen, wie sie angeblich für die Verfassungsordnung des Grundgesetzes festzustellen ist, in der seine Geltung zudem umstritten ist.[121] Für die deutschen Staatsorgane besteht darüber hinaus aufgrund von Art. 23 Abs. 1 Satz 1 GG (neue Fassung) die ausdrückliche Verfassungspflicht, bei der Mitwirkung an der Entwicklung der Europäischen Union ihren Einfluß zugunsten einer strikten Handhabung des Subsidiaritätsprinzips geltend zu machen.[122] Dem entspricht das Bekenntnis der Mitgliedstaaten im Europäischen Rat von Lissabon am 26. und 27. Juni 1992, daß eine harmonische Entwicklung der Union von der strikten Anwendung des Subsidiaritätsprinzips abhängt.[123]

aa) Anhaltspunkte für eine Konkretisierung des gemeinschaftsrechtlichen Subsidiaritätsprinzips lassen sich zunächst Art. 3b Abs. 1 EGV entnehmen, wonach die Gemeinschaft innerhalb der Grenzen der ihr in diesem Vertrag zugewiesenen Befugnisse und gesetzten Ziele tätig wird. Nach diesem schon im bisherigen Vertragsrecht (Art. 2, 3 EWGV) enthaltenen Grundsatz der begrenzten Ermächtigung[124] verbleiben den Mitgliedstaaten alle Befugnisse, die sie nicht ausdrücklich durch den Vertrag auf die Gemeinschaft übertragen haben. Diesem Regel-Ausnahme-Prinzip[125] liegt das Subsidiaritätsprinzip als Kompetenzzuweisungsmaßstab zwar zugrunde, insoweit jedoch abschließend, das heißt es kann den Bestand an vertraglich festgelegten Gemeinschaftskompetenzen darüber hinaus weder erweitern noch einschränken.[126]

bb) Wie sich weiter aus Art. 3b Abs. 2 EGV ergibt, beschränkt sich das Subsidiaritätsprinzip als Kompetenzsausübungsmaßstab auf diejenigen Bereiche, die nicht in die ausschließliche Zuständigkeit der Gemeinschaft fallen.[127] Da das Gemeinschaftsrecht keine näheren Bestimmungen darüber enthält, welche Bereiche der ausschließlichen bzw. nicht ausschließlichen (konkurrierenden) Zuständigkeit der Gemeinschaft unterliegen, ist diese Abgrenzung mit erheblicher Unsicherheit behaftet. Selbst in Bereichen, die von der Kommission als ausschließliche Zuständigkeitsbereiche der Gemeinschaft genannt werden, wie zum Beispiel die Verwirklichung des Binnenmarktes, die gemeinsame Handelspolitik, Agrarmarktorganisation oder Verkehrspolitik,[128] sind Maßnahmen der Mitgliedstaaten nicht allgemein, sondern nur nach konkreten Einzelbestimmungen des Vertragsrechts ausgeschlossen.[129] Dies beruht darauf, daß die Zuständigkeiten der Gemeinschaft im wesentlichen funktional und nicht nach Sachgebieten bestimmt sind, insbesondere im Hinblick auf das Integrationsziel, einen immer engeren Zusammenschluß der europäischen Völker zu schaffen (Präambel, Art. 2, 3 EGV).

Dies bewirkt, daß die zuvor umfassenden Befugnisse der Mitgliedstaaten im Verlaufe des Integrationsprozesses immer mehr auf die Gemeinschaft übergehen. Als ausschließlich lassen sich danach diejenigen Befugnisse der Gemeinschaft bezeichnen, die den Mitgliedstaaten nach dem erreichten Stand des Gemeinschaftsrechts nicht mehr zustehen. Dies bedeutet, daß eine zunächst konkurrierende Zuständigkeit zu einer ausschließlichen Zuständigkeit der Gemeinschaft werden kann, sobald die Gemeinschaft den im Vertrag vorgesehenen Rahmen durch ihr Sekundärrecht vollständig und abschließend ausgeschöpft hat. Integrationssicher erscheinen daher letztlich nur diejenigen Befugnisse der Mitgliedstaaten, die ihnen das Gemeinschaftsrecht vorbehält bzw. der Gemeinschaft vorenthält, wie es in den der Gemeinschaft durch den Unionsvertrag neu zugewiesenen Politikbereichen durch Begrenzung der Gemeinschaft auf Unterstützungs-, Förderungs- und Ergänzungsmaßnahmen oder durch Ausschluß von Harmonisierungsmaßnahmen (Art. 126ff. EGV) geschehen ist. Die Abgrenzung zwischen ausschließlichen und konkurrierenden Zuständigkeiten der Gemeinschaft ist somit nicht statisch, sondern dynamisch.[130] Dieser Dynamik des Integrationsprozesses soll das Subsidiaritätsprinzip als Kompetenzausübungsschranke entgegenwirken, indem es der Gemeinschaft bei der Ausübung ihrer konkurrierenden Zuständigkeiten Grenzen setzt.[131]

cc) Die wegen der Dynamik des Integrationsprozesses schwierige Abgrenzung zwischen konkurrierenden und ausschließlichen Gemeinschaftszuständigkeiten verliert dadurch an rechtspraktischer Bedeutsamkeit, daß die Maßnahmen der Gemeinschaften in beiden Zuständigkeitsbereichen den in Art. 3b Abs. 3 EGV festgelegten Grenzen des Verhältnismäßigkeitsprinzips (Übermaßverbots) unterliegen, wonach sie nicht über das für die Erreichung der Vertragsziele erforderliche Maß hinausgehen dürfen. Dies gilt unabhängig von der im einzelnen umstrittenen Zuordnung des Verhältnismäßigkeitsprinzips zum Subsidiaritätsprinzip. So soll sich etwa nach Ansicht deutscher Staatsorgane das Subsidiaritätsprinzip (in einem engeren Sinn) auf das „Ob" und das „Wie" des Gemeinschaftshandelns und das Verhältnismäßigkeitsprinzip auf dessen Intensität beziehen,[132] nach Ansicht der Kommission soll das Subsidiaritätsprinzip (in einem weiteren Sinn) demgegenüber die Notwendigkeit des Gemeinschaftshandelns und die Intensität (Verhältnismäßigkeit) der Modalitäten dieses Handelns umfassen.[133] Im Ergebnis stimmen beide Ansichten jedoch darin überein, daß die Zulässigkeit des Gemeinschaftshandelns voraussetzt, daß es im Verhältnis zu dem angestrebten Gemeinschaftsziel geeignet, erforderlich und angemessen ist. Während die Prüfung bei einem Gemeinschaftshandeln im Bereich der ausschließlichen Zuständigkeiten auf diesen Rahmen beschränkt bleibt, der dem allgemeinen Verhältnismäßigkeitsprinzip[134] entspricht, sind bei einem Gemeinschaftshandeln im Bereich der konkurrierenden Zuständigkeiten zusätzlich die Voraussetzungen des Art. 3b Abs. 2 EGV einzubeziehen. Daraus folgt, daß die Voraussetzungen für die Anwendung des Subsidiaritätsprinzips nach Art. 3b Abs. 2 EGV Konkretisierungsmaßstäbe für das Verhältnismäßigkeitsprinzip nach Art. 3b Abs. 3 EGV darstellen. Im Ergebnis bewirkt die doppelte Begrenzung der konkurrierenden Gemeinschaftszuständigkeiten durch das Subsidiaritäts- und das Verhältnismäßigkeitsprinzip im Vergleich zu der einfachen Begrenzung der ausschließlichen Gemeinschaftszuständigkeiten durch das Verhältnismäßigkeitsprinzip keine stärkere, sondern nur eine konkretere Kompetenzausübungsschranke für die Gemeinschaft.

d) Als Kompetenzausübungsschranke begrenzt das Subsidiaritätsprinzip (in Verbindung mit dem Verhältnismäßigkeitsprinzip) den Integrationsprozeß, muß sich jedoch zugleich in die Ziele der Union einfügen, zu denen auch die volle Wahrung des gemeinschaftlichen Besitzstandes und seine Weiterentwicklung gehören (Art. B Abs. 1, 5. Gedankenstrich, Abs. 2; Art. C Abs. 1 EUV). Die Weiterentwicklung des gemeinschaftlichen Besitzstandes kann durch förmliche Vertragsänderung (Art. N EUV) oder gleichgestellte Verfahren (Art. 8e Abs. 2, 138 Abs. 3, 201 Abs. 2 EGV; Art. K. 9 EUV) erfolgen, aber auch im Rahmen des bestehenden Vertragsrechts durch – begrenzte – Rechtsfortbildung.[135] Das Subsidiaritätsprinzip darf deshalb nicht den Integrationsprozeß, einschließlich seiner Weiterentwicklung, in Frage stellen oder gar lähmen.[136] Die Europäische Union ist nach ihrem Selbstverständnis auf dynamische Entwicklung angelegt,[137] in die das Subsidiaritätsprinzip nicht als Anti- Integrationsinstrument, sondern als integrations-immanentes Prinzip einbezogen ist. Dementsprechend gestattet es eine Beschränkung oder Aussetzung der Gemeinschaftstätigkeit, wenn diese nicht (mehr) gerechtfertigt ist, aber auch deren Ausweitung, wenn es die Umstände – im Rahmen der Vertragsziele – verlangen.[138]

Aus dem integrations-immanenten Charakter des Subsidiaritätsprinzips folgt verfahrensrechtlich, daß seine Anforderungen innerhalb des vertraglich festgelegten institutionellen Rahmens der Gemeinschaft zu beachten sind, nicht hingegen Sonderverfahren rechtfertigen, die die institutionelle Zuordnung der Gemeinschaftsinstitutionen gefährden können.[139] Materiellrechtlich ergibt sich daraus, daß seine Anforderungen nicht isoliert, sondern im Zusammenhang und unter Abwägung mit den weiteren Grundsätzen der Gemeinschaft, insbesondere dem Prinzip der vollen Wahrung des gemeinschaftlichen Besitzstandes und dessen Weiterentwicklung, zu berücksichtigen sind.[140]

e) Die angesichts des begrenzten Rechtsgehalts des Subsidiaritätsprinzips möglichen allgemeinen Leitlinien sind in einer Interinstitutionellen Vereinbarung vom 25. Oktober 1993 zwischen dem Europäischen Parlament, dem Rat und der Kommission über die Verfahren zur Anwendung des Subsidiaritätsprinzips[141] festgestellt worden.[142] Sie gehen davon aus, daß die Verfahren weder den gemeinschaftlichen Besitzstand noch die Vertragsbestimmungen über die Organbefugnisse noch das institutionelle Gleichgewicht in Frage stellen. Im Rahmen ihrer Zuständigkeiten werden die Gemeinschaftsorgane verpflichtet, dem Subsidiaritätsprinzip Rechnung zu tragen, insbesondere zu überprüfen, ob die geplanten Maßnahmen hinsichtlich der Wahl der Rechtsinstrumente und ihres Inhalts mit dem Subsidiaritätsprinzip im Einklang stehen. Über die Beachtung des Subsidiaritätsprinzips ist von der Kommission jährlich ein Bericht zu erstellen, über den das Europäische Parlament unter Beteiligung des Rates und der Kommission eine öffentliche Aussprache abhält.

f) In ihrem Bericht vom 24. November 1993 an den Europäischen Rat über die Anpassung der geltenden Rechtsvorschriften an das Subsidiaritätsprinzip hat die Kommission konkrete Vorschläge zur Neufassung,

Vereinfachung und Aufhebung bestehender Gemeinschaftsregelungen gemacht.[143] Das dabei angewandte Prüfraster ist vom Bundesrat unter Bezugnahme auf die Schlußfolgerungen des Europäischen Rates von Edinburg am 11./12. Dezember 1992 und das Urteil des Bundesverfassungsgerichts vom 12. Oktober 1993 unter anderem deshalb beanstandet worden, weil die Kommission die notwendige Prüfung, ob ein Ziel auf Ebene der Mitgliedstaaten nicht ausreichend erreicht werden könne, in unzulässiger Weise durch die Frage nach dem Vorliegen eines „europäischen Mehrwerts" ersetzt habe, und weil das Subsidiaritätsprinzip nach Auffassung der Kommission nicht nur zur Begrenzung des Gemeinschaftshandelns dienen, sondern den Gemeinschaftsorganen auch die Möglichkeit eröffnen soll, ihre Tätigkeit „erforderlichenfalls auszuweiten".[144]

Diese Kritik erscheint nicht als begründet. Der „Mehrwert-Test" („Wie effizient ist die Gemeinschaftsmaßnahme?") wird von der Kommission erst als zweiter Prüfschritt im Anschluß an den „Komparativen Effizienztest" angewendet, aufgrund dessen zunächst festgestellt werden muß, ob die Mitgliedstaaten über die Mittel zur Zielerreichung verfügen.[145] Die von den deutschen Ländern geforderte „zweistufige Prüfung" wird somit im Ergebnis auch von der Kommission für erforderlich gehalten. Die Feststellung der Kommission, wonach die Subsidiarität ein dynamischer Grundsatz ist, der es der Gemeinschaft ermöglicht, ihre Tätigkeiten erforderlichenfalls auszuweiten, entspricht nahezu wörtlich den Schlußfolgerungen des Europäischen Rates von Edinburg[146] und widerspricht auch nicht dem Urteil des Bundesverfassungsgerichts, das neben der Bestimmung des Subsidiaritätsprinzips als Kompetenzausübungsschranke[147] ausdrücklich auf „die Möglichkeiten einer Rechtsfortbildung auf der Grundlage des bestehenden Vertrages" hinweist.[148] Diesen Anforderungen entspricht das Prüfraster der Kommission, das davon ausgeht, daß eine Gemeinschaftszuständigkeit aufgrund des Vertragsrechts bestehen muß, bevor das Subsidiaritätsprinzip zur Anwendung gelangen kann.[149] Dementsprechend hat der Europäische Rat von Brüssel am 10./11. Dezember 1993 den Bericht der Kommission zur Kenntnis genommen und mit Befriedigung festgestellt, daß die Kommission eine Reihe von Vorschlägen zurückgezogen hat und vorschlägt, einige geltende Rechtsakte aufzuheben und andere zu vereinfachen bzw. umzugestalten.[150]

DIETER BIEHL

Zur ökonomischen Theorie des Föderalismus: Grundelemente und ihre Anwendung auf die EU-Finanzunion

I. Ausgangsüberlegungen

Die gegenwärtig zu beobachtenden Entwicklungen im Bereich der europäischen Integration stellen nicht nur eine politische, sondern auch eine wissenschaftliche Herausforderung dar. Ihre Analyse erfordert umfassendere wissenschaftlich begründete Ansätze, welche die Komplexität dieser Entwicklungen besser zu verstehen und daraus Vorschläge für politisches Handeln abzuleiten erlauben. Eine Voraussetzung dafür ist, daß Wissenschaft und Realität nicht aus einer eindimensionalen Perspektive betrachtet werden, wobei die Wirklichkeit in Segmente aufgeteilt wird, denen jeweils eine spezifische wissenschaftliche Disziplin zugeordnet ist. Für die Wirtschaftswissenschaften bedeutet dies, nicht an den traditionellen Grenzen des „Datenkranzes" (Eucken) oder des politisch-institutionellen Systems haltzumachen, sondern letzteres ebenfalls in die Untersuchung einzubeziehen.

Der hier darzustellende Ansatz beruht auf dem Gedanken, daß eine Erweiterung der zweiten Variante des ökonomischen Grundprinzips, nämlich Kostenminimierung, sich dafür am besten eignet. Minimiert werden sollen dabei zwei Hauptkostenkategorien, die Ressourcenkosten und die Präferenzenkosten. „Ressourcenkosten" ergeben sich sowohl aus der Inanspruchnahme von Produktionsfaktoren (Boden, Arbeit, Kapital) im herkömmlichen Sinne als auch von Ressourcen i. w. S. wie öffentlicher Kapitalstock (Infrastruktur), wirtschaftsgeografische Lage, Agglomeration und Siedlungsstruktur sowie Sektorstruktur („Potentialfaktoren").[1] Unter „Frustrationskosten" oder „Präferenzenkosten" soll die Beeinträchtigung von individuellen Wertvorstellungen erfaßt werden, die durch die von einer Mehrheit auf der Grundlage anderer Präferenzen getroffenen Entscheidungen bei Einzelpersonen und Gruppen dadurch verursacht wird, daß letztere in eine Minderheitsposition versetzt werden.[2]

Präferenzenkosten können allerdings oft nur indirekt, über Analogieschlüsse oder Interpretationen von beobachteten Entscheidungen erfaßt werden. Beispielsweise kann als plausibel angenommen werden, daß sich Regelungen der Gewaltenteilung auf gemeinsame Wertvorstellungen von Demokratie zurückführen lassen, auch wenn sie in nationalen Verfassungen im einzelnen unterschiedlich ausgeprägt erscheinen. Diese unterschiedlichen Ausprägungen haben spezifische historische, kulturelle, soziale und ökonomische Ursachen; ihre ungeprüfte Übertragung etwa auf die EU könnte daher „Frustrationen" bei Politikern und Bürgern der übrigen Mitgliedstaaten verursachen. Der entscheidende Test dafür, wie hoch die Präferenzenkosten sind, kann letztlich nur darin bestehen, Bewertungen und Reformvorschläge der kritischen Diskussion zu stellen und sich um politische Mehrheiten für ihre Umsetzung zu bemühen.

Präferenzen- und Ressourcenkosten stellen zwei umfassende Kategorien dar, die sich aus zahlreichen Elementen zusammensetzen. Um aus ihnen Kriterien zur Beurteilung konkreter Sachverhalte zu entwickeln, müssen sie differenziert, ihre verschiedenen Dimensionen herausgearbeitet und ihnen möglichst eindimensionale Elemente zugeordnet werden, die sich ihrerseits wieder zu einem Referenzsystem zusammenfassen lassen.[3] Das umfassende Referenzsystem wird als multidimensionale ökonomische Theorie des Föderalismus (II.) bezeichnet, aus der föderale Teilprinzipien (III.) für die Bewertung der gegenwärtigen Ausgestaltung der EU-Finanzunion (IV.) und zur Entwicklung von Reformvorschlägen (V.) abgeleitet werden. Unter „Finanzunion" werden dabei die ökonomischen Aspekte der Finanzverfassung verstanden.

II. Grundelemente einer multidimensionalen ökonomischen Theorie des Föderalismus

Als Ausgangspunkt für die Analyse eignet sich der erwähnte Konsenskostenkalkül von Buchanan und Tullock. Er wird hier dadurch erweitert, daß die von den Autoren als „Entscheidungsfindungskosten" bezeichnete erste Kostenkategorie auf alle aus der Inanspruchnahme von Ressourcen resultierenden Kosten und die zweite Kategorie der „externen Kosten" auf alle durch Entscheidungen Dritter bei einem Individuum verursachten negativen externen Effekte ausgedehnt wird.

In *Schaubild 1* sind auf der vertikalen Achse die Ressourcenkosten (RK), Präferenzenkosten (PK) und die Gesamtkosten (GK) in Abhängigkeit von der Gruppengröße N abgetragen. PK1 stellt ein niedriges, PK2 ein höheres Präferenzenkostenniveau dar. Diese beiden Kurven sollen unterschiedliche Heterogenitätsgrade in bezug auf die zugrundeliegenden Wertvorstellungen der betrachteten Gemeinschaft widerspiegeln. Die eingezeichneten Präferenzenkostenverläufe beruhen auf der Überlegung, daß bei uneingeschränkter politischer Partizipation, d. h. plebiszitärer Entscheidung bei Einstimmigkeit (N = Alle), jeder Bürger seine Präferenzen einbringen und Entscheidungen erreichen kann, bei der seine Frustration gegen Null geht. Umgekehrt resultiert höchste Frustration, wenn alle politischen Entscheidungen im Extremfall von einem „Diktator" getroffen werden; bei maximaler Fremdbestimmung erreichen die Werteeinbußen ein Maximum. Die Ressourcenkosten haben demgegenüber an der gleichen Stelle N = 1 ihr Minimum, da dann alle übrigen Bürger ihre Ressourcen (einschließlich der eigenen Entscheidungsfähigkeit und des für Informationssammlung, Informationsverarbeitung, Verhandlungen usw. erforderlichen Zeitaufwands) nicht für politische Entscheidungen beanspruchen müssen, sondern sie für private ökonomische Aktivitäten nutzen können. Mit zunehmender Zahl der beteiligten Entscheidungsträger steigen die Ressourcenkosten; sie sind bei plebiszitärer Entscheidung unter Einstimmigkeit am höchsten, weil jetzt die Bürger in erheblichem Maße durch die intensive politische Partizipation belastet werden. Sind wie angenommen die Ressourcenkosten in beiden Fällen gleich, so erhält man zwei unterschiedliche Gesamtkostenkurven. Für die niedrigere Kurve GK1 ergibt sich N*1, für die höhere Heterogenität bei GK2 N*2 als die optimale Zahl von an politischen Entscheidungen zu beteiligenden Mitgliedern. N*1 und N*2 können sich dabei sowohl auf die Zahl von Personen beziehen, die in einem repräsentativen Entscheidungsorgan vertreten sein sollen, als auch auf die Wahl einer Mehrheitsregel für Entscheidungen dieses Organs.

Schaubild 1 zum Beitrag Bull: Ressourcenkosten (RK), Präferenzenkosten (PK) und Gesamtkosten (GK) in Abhängigkeit von der Gruppengröße (N)

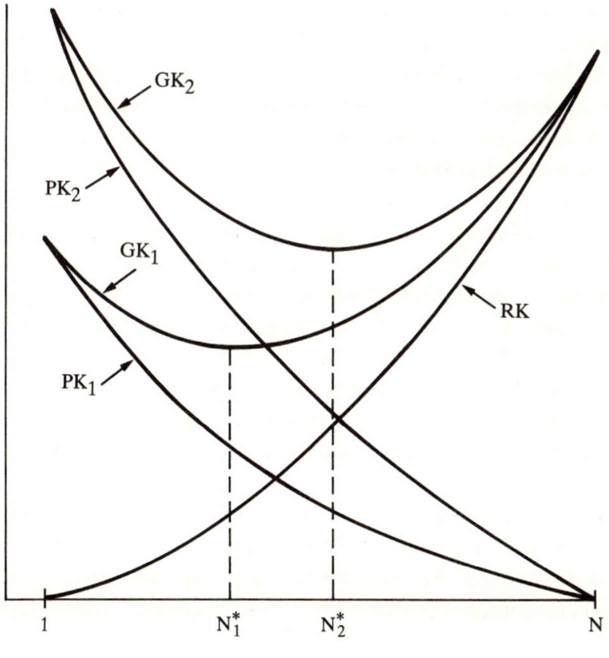

Aus diesem erweiterten Kostenkalkül lassen sich zwei wichtige Einsichten gewinnen:

- An den Gesamtkosten gemessen repräsentieren sowohl der Alleinentscheider- als auch der Plebiszitfall Kostenmaxima; ein Kostenminimum ergibt sich für eine repräsentative Demokratie mit Mehrheitsentscheidungen.
- Sind die Präferenzen der betrachteten Gemeinschaft heterogener, werden eine stärkere Repräsentation der Bürger und/oder eine größere Zustimmung (qualifizierte Mehrheit) erforderlich. Bei Fragen von weitreichender Bedeutung (etwa Verfassungsfragen) ergibt sich eine höhere Zustimmungsbedürftigkeit als etwa bei laufender Regierungstätigkeit.

Sowohl die Wahl eines bestimmten Repräsentativitätsgrades als auch einer Mehrheitsregel haben Verfassungscharakter.[4] Würde man solche Verfassungsentscheidungen immer gleichzeitig mit der Entscheidung über die Bereitstellung eines konkreten öffentlichen Gutes i. e. S. (z. B. Rechtssicherheit, Bildung) treffen, besteht die Gefahr, daß die Mehrheit jeweils die ihr „passende" Regel wählt. Entsprechend hoch fallen dann die Präferenzenkosten bei den Überstimmten aus, da sie durch keine festen Regeln geschützt wären. Dies kann dadurch verhindert werden, daß Verfassungsentscheidungen über Institutionen und Entscheidungen über die Bereitstellung öffentlicher Güter i. e. S. getrennt werden. Damit wird erreicht, daß bei Verfassungsentscheidungen nicht absehbar ist, wann ein institutionelles System sich zum Vorteil oder zum Nachteil einer Person oder Gruppe auswirkt. Diese Ungewißheit[5] oder dieser „Schleier der Unwissenheit"[6] sorgen dafür, daß Verfassungsentscheidungen eher den langfristigen Präferenzen der Bürger und ihrer Vertreter für Institutionen und Regeln entsprechen.

Die zweistufige Lösung[7] verhindert auch, daß Verfassungsregelungen ständig überprüft und neu beschlossen werden müssen. Einmal Entscheidungen über den institutionellen Rahmen zu treffen, stellt daher eine Art von „Investition" dar, mit deren Hilfe eine große Entscheidungskapazität geschaffen wird, die über lange Zeit kostengünstig genutzt werden kann. Eine Verfassung bindet allerdings auch künftige Entscheider und verursacht Präferenzenkosten; es muß daher auch abgewogen werden, wieviel Bindungswirkung in Gestalt einer dauerhaften Ordnung sowie wieviel Elastizität und Flexibilität eine Verfassung haben soll[8] und wie „teuer" Verfassungsänderungen gemacht werden sollen.

Die Erweiterung der Untersuchungsperspektive um eine Verfassungsfunktion bezieht sich also auf die Errichtung und Aufrechterhaltung eines gewaltenteiligen Mehrebenensystems von Institutionen und die zu seinem Funktionieren erforderlichen Entscheidungsregeln.[9] Dieses institutionelle System stellt gleichsam den Produzenten und Garanten sowohl „privater" als auch „öffentlicher" Verfügungsrechte („Kompetenzen") dar, auf deren Basis die Akteure ihre Bereitstellungsentscheidungen treffen. Die Verfassungsfunktion ist daher der Bereitstellungsfunktion übergeordnet.

Um den Analyseansatz hinreichend zu differenzieren, ist auch eine Erweiterung der auf Musgrave[10] zurückgehenden Begriffstrias Allokation, Distribution und Stabilisierung erforderlich:[11]

- Die erweiterte Allokationsfunktion schließt die Verfassungsfunktion ein, da es bei ihr, wie erwähnt, darum geht, die erforderlichen Institutionen und Rechte mit möglichst niedrigem Ressourceneinsatz zu schaffen und ihre Funktionsfähigkeit zu sichern. In diesem Rahmen kann dann „der Markt" private Güter und „der Staat" öffentliche Güter i. e. S. wie Rechtssicherheit, Verteidigung, Bildung usw. effizient bereitstellen. In bezug auf die EU gehört dazu die Frage, wie die Institutionen und Regeln dieser Ebene ressourcenkostenmäßig zu bewerten sind und welche Leistungen auf dieser Ebene effizient erbracht werden können.
- Die am Gerechtigkeitsziel orientierte erweiterte Distributionsfunktion reicht über die traditionelle Frage nach einer gerechten Einkommens- und Vermögensverteilung hinaus bis zur gerechten Verteilung und Aufteilung politischer Macht. Aus dieser Sicht kommt der horizontalen Gewaltenteilung die Aufgabe zu, den Bürger vor einer zu starken Konzentration staatlicher Macht in einer einzigen Institution zu schützen und gleichzeitig ein System von „checks and balances" der drei Gewalten zu etablieren, das in föderalen Systemen durch eine vertikale Gewaltenteilung ergänzt wird. In bezug auf die EU ist damit die Frage verbunden, welche Präferenzenkosten mit der erweiterten vertikalen Gewaltenteilung verbunden sind.
- Die erweiterte Stabilisierungsfunktion bezieht sich über die traditionelle Ausrichtung auf Glättung von Konjunkturschwankungen, der Sicherung eines stabilen Geldwerts und einer hohen Beschäftigung im Rahmen der Bereitstellungsfunktion hinaus auch auf die Stabilisierung des gesellschaftlichen, politischen und institutionellen Systems und damit in erster Linie auf die Verfassungsfunktion.

Auch die erweiterte Allokation, Distribution und Stabilisierung können in Konflikt miteinander geraten, und die Frage ist dann, ob und welchem der drei Ziele ein Vorrang eingeräumt werden soll. Könnte z. B. eine Aufgabe von der EU effizienter erfüllt werden als von den Mitgliedstaaten, dann begründet dies solange keine Zentralisierung, als den Effizienzgewinnen erhebliche Verluste an Präferenzkosten in Form von verringerter politischer Partizipation der Entscheidungsträger auf der nationalen und den anderen Ebenen, von größerer Bürgerferne und geringeren Differenzierungsmöglichkeiten gegenüberstehen.

Solche Verluste artikulieren und gewichten das Gewaltenteilungsprinzip (III.3.) und das Subsidiaritätsprinzip (III.7). Da sich die horizontale Gewaltenteilung in den Verfassungen aller EU-Mitgliedstaaten findet, kann man dies als Ausdruck einer starken Präferenz für eine Beschränkung staatlicher Macht betrachten. Das Gleiche gilt für die vertikale Gewaltenteilung, wenn, wie beispielsweise in der Bundesrepublik, die Abschaffung der Länder ausgeschlossen ist.[12] Beim Subsidiaritätsprinzip ist dies nicht so einfach zu entscheiden, weil es m. W. in keiner mitgliedstaatlichen Verfassung ausdrücklich verankert und auch seine Geltung für das Grundgesetz umstritten ist.[13] Wird aber auch ohne ausdrückliche Berufung auf diesen Grundsatz dem Individuum, der Familie, privaten Organisationen – wenn auch in unterschiedlicher, den Besonderheiten angemessener Weise – Vorrang gegenüber dem Staat eingeräumt oder zumindest ein Schutzbereich geschaffen, in den einzudringen dem Staat verwehrt wird, kann man dies als Verwirklichung des Subsidiaritätsprinzips aus der Sicht des hier vertretenen Ansatzes auffassen. Für diese Fälle gilt ebenfalls, daß ein noch so hoher Effizienzgewinn die Präferenzenkostenverluste nicht aufwiegen kann. Um das Subsidiaritätsprinzip in seiner gemeinschaftsbezogenen Variante geht es, wenn eine konkurrierende Kompetenz von der höheren Ebene beansprucht wird – wird dabei ein Abwägen zugelassen, stellt sich die Frage, wie nachgewiesen werden soll, daß ausreichend hohe Einsparungen bei Ressourcenkosten erzielbar sind, welche die Präferenzeneinbußen (über)kompensieren.[14] Das Subsidiaritätsprinzip kann bei einer solchen Güterabwägung als „Gewichtungs"-Argument fungieren, wenn es eindeutig eindimensional definiert ist (vgl. III.7).

III. Die Teilprinzipien des föderalen Referenzsystems

1. Das Kongruenzprinzip

Das Kongruenzprinzip ist ressourcenkostenbezogen; es setzt an einer wesentlichen Eigenschaft öffentlicher Güter an, und zwar an ihrer grundsätzlichen räumlichen Unteilbarkeit bei güterspezifisch unterschiedlicher räumlicher Reichweite. Jedem Gut kann daher ein spezifischer Wirkungsbereich zugeordnet werden. Die Kosten sind umso niedriger, je mehr bei der Bereitstellung eines Gutes auf die Übereinstimmung (Kongruenz) zwischen Wirkungsbereich des Gutes und Zuständigkeitsbereich der bereitstellenden Körperschaft geachtet wird. Vollständige Kongruenz wäre gewährleistet, wenn Wirkungsbereich und Zuständigkeitsbereich genau deckungsgleich wären. Dies ist jedoch in der Realität nicht immer der Fall; es gibt mehr oder weniger große Inkongruenzen und damit räumliche externe Effekte („spillovers"): Einmal kann der Wirkungsbereich größer sein als der Zuständigkeitsbereich, so daß ein (u. U. ungewollter) Leistungs- oder Kostenexport stattfindet; zum anderen kann das Umgekehrte zutreffen, so daß ein Teil des Territoriums der betrachteten Körperschaft nicht oder nicht ausreichend versorgt wird.[15]

2. Das „Club"-Prinzip und das monofunktionale Organisations-Prinzip

Geht man vom Kongruenzprinzip aus, sollte die Zuständigkeit für ein Gut derjenigen Körperschaft zugeteilt werden, bei der Zuständigkeitsbereich und Wirkungsbereich sich decken; fehlt eine solche Organisation, wäre sie neu zu errichten. Eine solche Organisation kann sich auch aufgrund freiwilliger Vereinbarungen in Form eines „Clubs" bilden.[16] Ausschlaggebend ist, ob genügend Anreize dafür bestehen, daß die Nutznießer freiwillig eine solche institutionelle Entscheidungskapazität schaffen und zusätzlich zu den Kosten der Bereitstellung des betreffenden Gutes auch die institutionellen Kosten übernehmen. Mit größer werdendem Wirkungsbereich, zunehmender Gruppengröße und steigendem Öffentlichkeitscharakter des Gutes sinken jedoch diese Anreize. Für Rechtssicherheit und Verteidigung beispielsweise kann nicht erwartet werden, daß sie über einen solchen freiwilligen Prozeß bereitgestellt würden; der Markt „versagt".[17] Die Nutznießer dieser Leistungen wissen, daß sie von ihnen profitieren, auch wenn sie nicht zu ihrer Finanzierung beitragen; sie werden daher ihre wahren Präferenzen „verschleiern" und kaum freiwillig Beiträge zu leisten bereit sein. Unter diesen Bedingungen versagt auch das „Club"-Prinzip; es muß durch ein breiter definiertes monofunktionales (d. h. auf jeweils eine Aufgabe beschränktes) Organisationsprinzip ersetzt werden, das je nach Art des Gutes freiwillige Beiträge oder/und auch Zwangselemente (Zwangsmitgliedschaft, Steuerfinanzierung) einschließt.[18] Das freiwillige „Club"-Prinzip wird wieder anwendbar, wenn die Zahl der Beteiligten und damit das Risiko eines „Schwarzfahrerverhaltens" dadurch herabgesetzt werden kann, daß nicht Individuen, sondern Körperschaften oder Regierungen „Clubs" in Form von kommunalen Zweckverbänden oder internationalen Organisationen und Allianzen gründen.[19]

3. Die Prinzipien der horizontalen und vertikalen Gewaltenteilung

Die horizontale Gewaltenteilung mit ihrer Unterscheidung in Legislative, Exekutive und Judikative ist eines der Grundprinzipien freiheitlichdemokratischer Gesellschaften; die zusätzliche vertikale Gewaltenteilung der Staatsebene in einen Gesamtstaat (Bund) und Gliedstaaten (Länder) findet sich nur in föderativen Gemeinwesen.[20] Die horizontale Gewaltenteilung wird eindeutig von den Präferenzenkosten dominiert, da ohne Gewaltenteilung Güter sicherlich effizienter bereitgestellt werden könnten. Demgegenüber hat die vertikale Gewaltenteilung neben den Präferenzen- auch einen Ressourcenkostenaspekt: Bildung kann z. B. in besserer Abstimmung auf regional unterschiedliche Präferenzen dezentral-differenziert angeboten werden; durch den gleichzeitig entstehenden Wettbewerb wird auch mehr Effizienz und Innovativität erreicht. Wenn in einer Verfassung wie in Art. 20 und Art. 79 Abs. 3 GG die horizontale und die vertikale Gewaltenteilung dem unantastbaren „Kernbereich der Verfassungsstaatlichkeit" zugeordnet werden, kann das als eine prohibitiv hohe Gewichtung der aus einer Verletzung dieser Grundsätze resultierenden Präferenzenkosten interpretiert werden; kein noch so großer Effizienzgewinn in Form einsparbarer Ressourcenkosten soll diese Verluste ausgleichen dürfen.

4. *Das Korrespondenzprinzip*

Dieses Prinzip fordert,[21] daß sich die Gruppen der Nutzer, der Kostenträger/Zahler und der Entscheider entsprechen sollen, um sowohl ein Über- als auch ein Unterangebot öffentlicher Güter zu vermeiden. Sind in einem Entscheidungssystem die Kostenträger gegenüber den Nutznießern in der Mehrheit, werden sie auf ein geringeres Angebot öffentlicher Güter drängen; ist das umgekehrte der Fall, wird die Mehrheit der Nutznießer ein zu großes Budget beschließen. Das Korrespondenzprinzip stellt gleichsam ein „funktionales" Kongruenzprinzip dar: Nur wenn zusätzlich zu räumlicher Kongruenz auch „Kongruenz" von Nutzern, Zahlern und Entscheidern gewährleistet ist, kann die betreffende Kompetenz kostenminimal wahrgenommen werden.

5. *Das Fusionsprinzip*

Wendet man die Prinzipien der Kongruenz, der monofunktionalen Organisation, der Gewaltenteilung sowie der Korrespondenz an, ergibt sich eine große Zahl von Bereitstellungsorganisationen, die jeweils für ein einziges Gut oder eine homogene Gruppe öffentlicher Güter zuständig sind. Dies führt jedoch zur Kostenmaximierung, da für jedes öffentliche Gut eine den Gewaltenteilungsprinzipien entsprechende „teuere" institutionelle Entscheidungskapazität und eine entsprechend hohe Ressourcenbeanspruchung resultiert. Es liegt daher nahe, nochmals das Kongruenzprinzip anzuwenden und alle monofunktionalen Entscheidungsorganisationen, bei denen Wirkungs- und Zuständigkeitsbereiche weitgehend übereinstimmen, zu multifunktionalen Gebietskörperschaften zu fusionieren. Das Fusionsprinzip erklärt also, warum es in jedem Staat nur eine begrenzte Zahl gebietskörperschaftlicher Ebenen, auf den Ebenen unterhalb des Zentralstaates aber in Abhängigkeit von der Größe eines Staates eine größere Zahl von Einheiten gibt.

Daß es immer auf das Abwägen aller Kostenaspekte ankommt, zeigt die Existenz monofunktionaler Organisationen wie beispielsweise unabhängiger Zentralbanken. Obwohl vom ressourcenkostenminimierenden Kongruenzprinzip her gesehen eine Fusion mit anderen gesamtstaatlichen Aufgaben naheläge, wird aus Präferenzenkostengründen eine monofunktionale Organisationsform beibehalten: Offensichtlich werden Ziele wie Preis- und Währungsstabilität als so langfristig gewertet, daß sie dem eher kurz- bis mittelfristig orientierten laufenden Regierungshandeln entzogen werden sollen; dabei spielt auch eine Rolle, daß das Korrespondenzprinzip in Form der Kontrolle durch die Steuerzahler nicht voll wirksam ist, weil auch heutige Steuerzahler der Versuchung unterliegen können, Lasten über exzessive Kreditaufnahme auf künftige Generationen abzuwälzen. Als Korrektiv der Unabhängigkeit wird der Zentralbank die Verpflichtung auferlegt, die allgemeine Wirtschafts- und Finanzpolitik zu unterstützen.

6. Das Prinzip optimaler Kompetenzausstattung und Kompetenznutzung

Während das Fusionsprinzip eher auf den „Ersteinrichtungsfall" von Institutionen abstellt und grundsätzlich multifunktionale Gebietskörperschaften begründet, beziehen sich die Überlegungen zur optimalen Kompetenzausstattung und -nutzung auf eine Situation, in der schon institutionelle Kapazitäten bestehen. Sind diese unterausgelastet, können neue Kompetenzen zugeteilt werden, weil dadurch die Ressourcenkosten je Kompetenz sinken. Da aber auch institutionelle Kapazitäten Grenzen haben, kommt es zu einer kostensteigernden Überlastung, wenn die Zahl und der Komplexitätsgrad der übertragenen Kompetenzen zu groß und diese Kompetenzen zu intensiv genutzt werden. Der optimale Umfang der Zuständigkeiten liegt dann dort, wo bei weitergehender Kompetenzübertragung und intensiverer Nutzung die Kosten je Kompetenz zu steigen beginnen.

7. Das Subsidiaritätsprinzip

Wie das Gewaltenteilungsprinzip ist das Subsidiaritätsprinzip eindeutig präferenzenkostenorientiert; es artikuliert einmal die mit Kollektivierung verbundenen Verletzungen individueller Werte gegenüber der Gesellschaft und dem Staat (personenbezogenes Subsidiaritätsprinzip) und zum anderen die mit Zentralisierung und Unitarisierung verbundenen

Beeinträchtigungen politischer Partizipationsmöglichkeiten, von Bürgernähe und des Strebens nach differenzierten Problemlösungen der jeweils kleineren und „niedrigeren“ Gemeinschaft gegenüber der jeweils größeren und „höheren“ (gemeinschaftsbezogenes Subsidiaritätsprinzip).[22] Auch hier ist es möglich, den Präferenzenkosten ein prohibitiv hohes Gewicht beizumessen und etwa verfassungsmäßige Grundrechte zum Schutz der Menschenwürde (wie z. B. in Art. 1 GG) zumindest in ihrem „Kern“ dem verfassungsändernden Gesetzgeber zu entziehen (Art. 79 Abs. 3).[23] Ein solcher Schutz der Privatsphäre hat auch Effizienzeffekte, wenn die Privaten innerhalb ihres geschützten Autonomiebereichs Eigenverantwortung übernehmen, Eigeninitiative entwickeln und im Wettbewerb kostengünstigere Problemlösungen als die Kollektive verwirklichen. Die positiven Assoziationen reichen bis zur Begründung der dezentralen Marktwirtschaft gegenüber der zentralen Planwirtschaft.

Ein im Bund-Länder-, aber auch im EU-Kontext wichtiger Anwendungsfall des gemeinschaftsbezogenen Subsidiaritätsprinzips ist, ob und wann eine (höhere) Ebene Kompetenzen einer anderen (niedrigeren) an sich ziehen oder in Bereichen, in denen sie bereits über Teilkompetenzen verfügt, diese ausweiten darf. Werden die Präferenzenkosten prohibitiv hoch gewichtet, läuft dies auf eine absolute Kompetenzeintritts- oder -verlagerungssperre hinaus. Können dagegen Präferenzenkosten wie im grundlegenden Konsenskalkül gegen Ressourcenkosten abgewogen werden, wie sie etwa die Prinzipien der Kongruenz, der Fusion und der optimalen Kompetenzausstattung repräsentieren, sind Kompetenzeintritte oder -verlagerungen bei substantiellen Netto-Effizienzgewinnen möglich. Eine solche Abwägung wird jedoch weitestgehend ausgeschlossen, wenn man wie die Bundesländer fordert, daß Kompetenzübertragungen auf die Gemeinschaft nicht nach dem „Wirksamkeits“-, sondern nach dem „Erforderlichkeits“-Kriterium zu entscheiden seien.[24] „Wirksamkeit“ ist dabei eher ein Effizienzkriterium, während „Erforderlichkeit“ eher ein Gerechtigkeitskriterium enthält: Nur wenn die kleinere Einheit oder Ebene auch langfristig und trotz Unterstützung durch eine höhere Ebene nicht in der Lage ist, eine Aufgabe wahrzunehmen, kommt eine Zuständigkeitsänderung in Betracht.[25] Dabei scheidet eine zu geringe Finanzkraft als Ursache aus, da diese durch eine Finanzausgleichsregelung verbessert werden kann (vgl. 10. und 11.).

Wie die anderen Prinzipien soll auch das Subsidiaritätsprinzip eindimensional und insbesondere nicht dualistisch verstanden werden; eine Abwägung sollte daher nur mit anderen am Effizienzziel orientierten Prinzipien stattfinden, aber nicht mit einem zweiten effizienzbezogenen Inhalt des Subsidiaritätsprinzips selbst.

8. Das Prinzip optimaler Kompetenzdifferenzierung I: Voll- versus Teilkompetenzen

Eine Körperschaft ist in der Wahrnehmung der ihr übertragenen Aufgaben autonom, wenn sie über die volle Zuständigkeit auf den betreffenden Gebieten verfügt. Eine Vollkompetenz kann jedoch auch in Teilkompetenzen zerlegt und diese dann unterschiedlichen Entscheidungsebenen zugewiesen werden. So läßt sich etwa die Steuerhoheit in Gesetzgebungshoheit, Verwaltungshoheit und Ertragshoheit unterteilen, die Gesetzgebungshoheit dem Bund, die Verwaltungshoheit den Ländern zuordnen sowie die Ertragshoheit zwischen Bund, Ländern und Gemeinden teilen, wie dies z. B. bei der Einkommensteuer der Fall ist (vgl. Art. 106 Abs. 3 GG). Werden Vollkompetenzen zugeteilt, führt dies tendenziell zu einem kompetitiven Föderalismus, weil jede Körperschaft über alle zur Wahrnehmung einer Aufgabe notwendigen Teilkompetenzen verfügt und dementsprechend autonom handeln kann. Bei großer Heterogenität der Präferenzen können daher sehr unterschiedliche Lösungen für gleiche Aufgaben zustandekommen; der Wettbewerb zwischen den Körperschaften wird diese Tendenz abschwächen. Werden dagegen Vollkompetenzen aufgeteilt und unterschiedlichen Ebenen zugeordnet, führt dies zu Formen des kooperativen Föderalismus, weil eine Ebene ihre Aufgaben nur in Zusammenarbeit mit den Trägern der übrigen Teilkompetenzen erfüllen kann.[26] Je stärker die Aufteilung in Teilkompetenzen und je mehr beteiligte Entscheidungseinheiten, desto größer der Zwang zur Kooperation, die meist gleichzeitig auch einheitlichere Lösungen zustandebringt. Kooperativer Föderalismus ist also stärker als kompetitiver auf das Ziel der Wahrung „einheitlicher Lebensverhältnisse" ausgerichtet. Auch hier gibt es ein Optimum: Werden zu viele Teilkompetenzen gebildet und an zu viele Einheiten verteilt, kommt es zu negativ zu bewertender „Politikverflechtung".[27]

9. Das Prinzip optimaler Kompetenzdifferenzierung II: Ausschließliche versus konkurrierende Kompetenzen

Vollkompetenzen können nur als ausschließliche zugeteilt werden. Eine wichtige Begründung für konkurrierende Kompetenzen dürfte wieder in dem Bestreben bestehen, möglichst einheitliche Lebensverhältnisse zu schaffen. Erscheinen diese durch zu unterschiedliche Regelungen der Gliedstaaten gefährdet, kann der Gesamtstaat die entsprechenden Kompetenzen ohne Verfassungsänderung an sich ziehen. Wenn sich jedoch in den bisherigen Regelungen gerade die unterschiedlichen Präferenzen der Teilräume niedergeschlagen haben, nehmen mit der Inanspruchnahme der konkurrierenden Gesetzgebungshoheit Zentralisierung und Unitarisierung und damit die Frustration zu. Eine zu geringe Zahl ausschließlicher Kompetenzen bei den Gliedstaaten, eine zu hohe Zahl von konkurrierenden Kompetenzen und eine starke Präferenz für Einheitlichkeit führt dann zum „unitarischen Bundesstaat".[28]

10. Das Prinzip der gerechten Lastenverteilung

Nach allgemeiner finanzwissenschaftlicher Lehre kommen als grundlegende Lastenverteilungskriterien das Äquivalenzprinzip und das Leistungsfähigkeitsprinzip in Betracht. Das Äquivalenzprinzip kann dabei sowohl auf Individuen als auch auf Gruppen angewendet werden. Das gruppenbezogene Äquivalenzprinzip bedarf jedoch der Ergänzung durch das Leistungsfähigkeitsprinzip, da es die Verteilung der Abgabenbelastung zwar auf die Gruppen, nicht aber zwischen den Gruppenmitgliedern sicherstellen kann. Darüber hinaus gibt es eine Fülle weiterer Kriterien, mit denen die Eignung von Steuern beurteilt werden können.[29] Es entspricht einer Vollkompetenz- Lösung, wenn den einzelnen Ebenen eigene Steuerquellen zur Ausschöpfung zugewiesen werden („Trennsystem"). Bei der Auswahl der Steuerquellen läßt sich wieder das Kongruenzprinzip anwenden, d. h. vergleichsweise immobile Steuerquellen mit vergleichsweise geringer räumlicher Streuung im Aufkommen je Einheit der Bemessungsgrundlage (z. B. Grundstücke, Gebäude, lokaler Konsum) können kleinräumigen, solche mit höherer Mobilität und größerer Aufkommensstreuung (z. B. Kapitaleinkünfte) großräumigeren Einheiten zugewiesen werden. Je stärker die Präferenzen für einheitliche Steuerbelastung, desto eher wird man sich für Teilkompetenz-Lösungen entscheiden, bei der z. B. die Gesetzgebungsbefugnis „oben" angesiedelt wird, dafür aber den übrigen Ebenen verfassungsmäßig garantierte Steuerverbundquoten eingeräumt werden (Teilung der Ertragshoheit).

11. Das Finanzausgleichsprinzip

Die Zuteilung von Steuerquellen kann bestenfalls sicherstellen, daß jede Ebene insgesamt, nicht notwendigerweise jedoch auch jede einzelne Körperschaft dieser Ebene, angemessen mit Einnahmen versorgt werden, da Steuerquellen und Steuerkraft räumlich sehr unterschiedlich verteilt sein können. Werden diese Unterschiede als zu groß empfunden, wird ein Finanzausgleich i. e. S. erforderlich.[30] Seine Ausgestaltung hängt neben den Steuerkraftunterschieden davon ab, wie stark einerseits die Präferenzen für eine einheitliche Versorgung mit öffentlichen Leistungen und andererseits die Bereitschaft zu interkollektiver Umverteilung sind. Die damit verbundenen Präferenzenkosten entscheiden auch darüber, ob ein expliziter oder impliziter („unsichtbarer") Finanzausgleich zustande kommt. Sind die Präferenzen sehr heterogen und ist nicht sichergestellt, daß die Empfänger von Transfers sie nach den gleichen Regeln verwenden, die auch für die Zahler gelten, kommt kaum ein expliziter und ungebundener (d.h. auflagenfreier) Finanzausgleich zustande.

Dies schließt aber einen impliziten Finanzausgleich nicht aus, der aus der räumlichen Verteilung sämtlicher Ausgaben und Einnahmen einer übergeordneten Ebene resultiert. Wie der MacDougall- Bericht[31] gezeigt hat, kommt ein solcher über den jeweiligen zentralstaatlichen Haushalt dadurch zustande, daß den steuerkräftigeren Regionen nicht alle Einnahmen verbleiben oder wieder zufließen, die auf ihrem Territorium anfallen, sondern ein Teil davon an die ärmeren Regionen über höhere Ausgaben der zentralen Haushalte transferiert wird. Die reicheren Nettozahler-Regionen sind meist gleichzeitig Nettoexporteure im interregionalen und internationalen Handel, die ärmeren Nettoempfänger-Regionen dagegen gleichzeitig Netto-Importeure. Es entsprechen sich also Nettozahler-/Nettoexporteur-Positionen auf der einen und Nettoempfänger-/Nettoimporteur-Positionen auf der anderen Seite. Da Steuern jedoch i. d. R. am Unternehmenssitz gezahlt werden, spiegeln die Unterschiede im örtlichen Aufkommen nicht notwendigerweise echte Steuerkraftunterschiede wider. Aufgrund der Dominanz des Wohnsitz-/Sitz-Prinzips in Verbindung mit dem Grundsatz der Unternehmenseinheit fallen z. B. Einkommen- und Körperschaftsteuern multiregionaler und multinationaler Unternehmen unabhängig von der weltweiten Verteilung der zugrundeliegenden Wertschöpfung am inländischen Unternehmenssitz an. Dies führt zu entsprechend höheren Steueraufkommen je Einwohner in großstädtischen Verdichtungsräumen mit einer hohen Unternehmenssitz-Dichte. Es müßte daher eine an der Wertschöpfung orientierte Korrektur über „Zerlegungs"-Kriterien vorgenommen werden, um die „echten" leistungsbezogenen Steuerkraftunterschiede zu ermitteln.

Ein weiterer Grund dafür, daß ein Vergleich zwischen der ursprünglichen Verteilung des örtlichen Aufkommens mit derjenigen nach Finanzausgleich keinen unmittelbaren Aufschluß über die Intensität der Solidaritäts-Präferenzen erlaubt, liegt in der Zurechnung des Nutzens aus den impliziten und expliziten Transfers: Ein u. U. erheblicher Teil dieser Transfers kommt nicht nur den wirtschaftsschwachen Empfängerregionen zugute, sondern dient insbesondere bei Investitionen in großräumige Netzinfrastrukturen (Autobahn, Eisenbahn, Wasserstraßen, Telekommunikationsnetze, Energieverteilungsnetze, Wasserver- und -entsorgungssysteme u. ä.) zu einem erheblichen Teil „Transit"-Zwecken der wirtschaftsstarken Verdichtungsräume. Hinzu kommt, daß man ein verzerrtes Bild erhält, wenn man diese Investitionssummen auf die jeweilige regionale Bevölkerung bezieht, da sich dann z. B. außerordentlich hohe Ausgaben pro Kopf in dünn besiedelten Räumen und außerordentlich niedrige in dicht besiedelten ergeben. Eine korrekte Zurechnung erfordert daher, daß Ausgaben für flächenerschließende Netzinfrastrukturen auf die Fläche und solche für bevölkerungsversorgende Punktinfrastrukturen auf die Einwohner bezogen werden.

IV. Bewertung der gegenwärtigen EU-Finanzunion aus der Sicht des föderalen Referenzsystems

Bei der Bestimmung der föderalen Prinzipien wurde angestrebt, so weit als möglich Eindimensionalität zu gewährleisten und die einzelnen Prinzipien entweder dem Effizienzziel oder dem Gerechtigkeitsziel zuzuordnen. Alle Prinzipien zusammengenommen bilden ein multidimensionales Referenzsystem, mit dem sowohl bestehende Verfassungsregelungen bewertet als auch neue konzipiert werden können. Es muß dazu einerseits hinreichend multidimensional sein, um der Komplexität der Wirklichkeit gerecht zu werden, andererseits aber noch hinreichend einfach strukturiert sein, um einen Beitrag zur Reduktion der realen Komplexität leisten zu können. Dabei müssen Besonderheiten der jeweiligen Staaten oder Gemeinschaften berücksichtigt werden, da sie die unterschiedlichen Ressourcen- und Präferenzenkostenverläufe bestimmen. So wird verhindert, daß das Referenzsystem selbst wie ein zentralistisch-unitaristisches Prokrustes-Bett wirkt, das nur einen einzigen Typus institutioneller Organisation zuläßt. Vielmehr erlaubt die gewählte Vorgehensweise eine Vielzahl von sehr unterschiedlich strukturierten Organisationsformen, die von unitarischen über föderale bis zu konföderalen Varianten oder Mischformen von ihnen – wie die EU als Organisation „sui generis" – reicht. Dieses Referenzsystem soll nun zunächst zur Bewertung der gegenwärtigen Ausgestaltung der EU-Finanzunion eingesetzt werden.

Die 1951 errichtete Europäische Gemeinschaft für Kohle und Stahl (EGKS) sowie die 1957 gegründete Europäische Atomgemeinschaft (EAG) stellen monofunktionale Bereitstellungsorganisationen dar, während die Europäische Wirtschaftsgemeinschaft (EWG) von 1957 wegen der auf die Schaffung eines „Gemeinsamen Marktes" ausgerichteten umfassenderen Zielsetzung bereits als multifunktionale Organisation eingestuft werden kann. Alle drei Gemeinschaften weisen Gewaltenteilungsstrukturen auf, die jedoch von denjenigen der Mitgliedstaaten abweichen: Der Ministerrat stellt das „eigentliche" legislative Organ dar; das Europäische Parlament (EP) war zunächst nur eine beratende Versammlung und wurde erst im Laufe der Zeit mit stärkeren budgetären Kompetenzen ausgestattet, hat aber nach wie vor praktisch keine legislativen Befugnisse; die Europäische Kommission ist der „Motor der Gemeinschaft“ und die „Hüterin der Verträge“, jedoch keine „Regierung“ im traditionellen Sinne; nur der Gerichtshof entspricht den Vorstellungen judikativer Gewaltenteilung.[32]

Geht man davon aus, daß Zollunion und Marktunion („Gemeinsamer Markt“) in Einklang mit den Vertragsvorschriften und -verfahren sowie weitgehend GATT- konform zunächst für die ursprünglichen sechs, dann zehn und schließlich zwölf Mitgliedstaaten verwirklicht wurden, kann man dies als weitgehende Kongruenz von Wirkungs- und Zuständigkeitsbereichen auffassen. Die Diskussion über Vertiefung versus Erweiterung zeigt jedoch, daß hier die Auffassungen auseinandergehen.

Dem Fusionsprinzip entsprechen offensichtlich die Einsetzung eines Parlaments und eines Gerichtshofes als gemeinsame Organe für EGKS, EAG und EWG von 1957 sowie der Fusionsvertrag von 1965, mit dem auch ein gemeinsamer Rat und eine gemeinsame Kommission geschaffen wurden.[33]

Diesem insgesamt, wenn auch in unterschiedlich starkem Maße, den Prinzipien der Kongruenz, der monofunktionalen Organisation, der Gewaltenteilung und der Fusion entsprechenden Befund steht aber eine ganze Reihe von Aspekten gegenüber, bei denen einige der föderalen Prinzipien mehr oder weniger stark verletzt sind:[34]

1. Die für lange Zeit wohl schwerwiegendste Verletzung des Korrespondenzprinzips ist für die Gemeinsame Agrarpolitik (GAP) festzustellen. Schon früh hatte sich die Praxis herausgebildet, den Agrarministern weitgehend Entscheidungen in eigener Sache zu überlassen, nachdem die anfänglich noch beteiligten Finanzminister sich mehr und mehr zurückgezogen hatten. Dies führte dazu, daß die Agrarausgaben lange Jahre außerordentlich hohe Ausgabenzuwächse verzeichneten, die trotz weitgehend zweistelliger Wachstumsraten des EG-Gesamthaushalts ihren Anteil sehr stark ansteigen ließ (von 28,7 Mio. Ecu = 7,8% der EG-Gesamtausgaben 1965 über 3,1 Mrd. Ecu = 86,6% auf 35,8 Mrd. Ecu = 54,8% 1992)[35] – es fehlte (und fehlt bis heute) die Konfrontation mit den Steuerzahlern. Die GAP hat so wesentlich zum Entstehen der Haushaltskrise Mitte der achtziger Jahre beigetragen, die erst durch die Reform von 1988 unter deutscher Präsidentschaft beendet wurde.

2. Zu dieser Entwicklung hat auch beigetragen, daß die GAP-Ausgaben als „obligatorisch“ eingestuft wurden, für die anfänglich ganz überwiegend der Rat zuständig war und auch nach der 1988 getroffenen Interinstitutionellen Vereinbarung auch heute noch der Rat das letzte Wort hat.[36] Dem entspricht auf der anderen Seite die Zuordnung der „nicht-obligatorischen“ Ausgaben zur Quasi-Letztentscheidung an das EP. Diese Ausgabenklassifizierung ist zwischen Rat und Parlament be-

sonders umstritten,[37] weil daran die letztliche Zuständigkeit des einen oder anderen Teils der gemeinsamen Haushaltsbehörde anknüpft. Sie verletzt auch das Korrespondenzprinzip, weil sie einen Anreiz für das EP darstellt, seinen anfänglich sehr niedrigen Haushaltsanteil zu vergrößern. Durch die Einführung neuer Politikbereiche wie der Regionalpolitik und das relative Zurückdrängen der GAP gelang dies auch; von 3,7% 1970 stieg der Anteil der nicht-obligatorischen Ausgaben 1989 auf fast 30%. Gleichzeitig kann man in dem geschilderten Sachverhalt auch eine Verletzung des Prinzips der optimalen Kompetenzdifferenzierung sehen, wenn man die Beschränkung jeder Haushaltsbehörde auf ein Teilbudget wie eine Aufteilung einer Vollzuständigkeit für das Gesamtbudget wertet, ohne daß daraus aber eine Tendenz zu einer Optimierung erkennbar wäre.

3. Eine weitere schwerwiegende Verletzung des Korrespondenzprinzips mit der Folge exzessiven Ausgabenwachstums besteht darin, daß die EU mit Ausnahme der EGKS-Produktionsabgabe über praktisch keine eigene Besteuerungshoheit verfügt. Dies entbindet die Entscheider auf der EU-Ebene davon, die für die von ihnen beschlossenen Ausgaben in Anspruch genommenen Einnahmen als „Steuern" gegenüber ihren Wählern zu vertreten; sie brauchen daher auch keine Abwägung der „Nutzen" aus den geplanten Ausgaben mit deren steuerlichen „Kosten" vorzunehmen. Umgekehrt müssen die nationalen Politiker die Verantwortung für die EU-Aufgabenbelastung im Rahmen der nationalen Steuerpolitik tragen.

Die Väter des EWG-Vertrages (EWGV) haben offensichtlich ebenfalls ein zu starkes Ausgabenwachstum befürchtet. So legt z. B. Art. 203 Abs. 9 EWGV einen maximalen Ausgabensteigerungssatz (Höchstsatz) fest, den Rat und EP allerdings im Einvernehmen und mit qualifizierten Mehrheiten auch ändern können. Erst 1988 wurden zusätzlich zur „globalen Haushaltsdiziplin" (Obergrenzen für die Jahreshaushalte und die fünfjährige Planungsperiode 1988–92) auch Begrenzungen für die obligatorischen Agrarausgaben eingeführt; ihr Anstieg wurde auf 74% des BSP-Wachstums begrenzt.[38] Festgehalten zu werden verdient dabei, daß die EG-Kommission selbst die wesentlichen Vorschläge zur Haushaltsreform als „Delors-Paket" entwickelte.[39] Alle diese Maßnahmen sind jedoch letztlich nur künstliche Substitute für „normale" Haushaltsdisziplin, die sich aus der Verschränkung von Ausgaben- und Steuerhoheit i. S. des Korrespondenzprinzips ergibt.

4. Das gegenwärtige Eigenmittelsystem besteht aus Zöllen, Agrarabschöpfungen, Beteiligung der EU am nationalen Mehrwertsteueraufkommen sowie seit 1988 aus einer Art Sozialproduktsabgabe.[40] Die Agrarabschöpfungen, insbesondere aber die Mehrwertsteuer stellen jedoch tendenziell regressive Abgaben dar, die zu einer relativ höheren

Belastung von Bürgern ärmerer im Vergleich zu denjenigen reicherer Mitgliedstaaten führen.[41] Dadurch wird das Prinzip der gerechten Lastenverteilung verletzt. Dies ist umso erstaunlicher, als alle EU-Mitgliedstaaten beispielsweise zur Finanzierung der Vereinten Nationen in ein Finanzierungssystem einbezogen sind, das bereits in den siebziger Jahren schon proportional ausgestaltet war und seitdem deutlich progressiv geworden ist.[42] Da die EU nach ihrem Selbstverständnis mehr als eine internationale Organisation, nämlich eine „Gemeinschaft sui generis" ist, die sich zudem auf den Weg zu einer Politischen Union gemacht hat, müßte ihre Finanzierung i. S. des Prinzips der gerechten Lastenverteilung umso eher progressiv ausgestaltet sein.[43] Bereits in den siebziger Jahren hatte das EG-Budget eine Größenordnung von etwa 1,0% EG-BSP, der gegenwärtig auf 1,20% angestiegen ist. Bei diesem nicht unbeachtlichen Finanzvolumen ist nicht verwunderlich, daß schon früh Kritik an der regressiven Finanzierung geäußert wurde.[44] Dies hat immerhin dazu geführt, daß durch die Finanzreform von 1988 die Regressivität durch mehrere Maßnahmen (Begrenzung der mit Bezug auf die nationalen Bemessungsgrundlagen abzuführenden Mehrwertsteuereinnahmen auf 1,4%; „Kappung" des Anteils der Mehrwertsteuerbemessungsgrundlage am nationalen BSP auf 55%; Schaffung einer neuen (proportionalen) Finanzierungsquelle in Form einer BSP-Abgabe) gemildert wurde,[45] so daß die EU-Finanzierung gegenwärtig als eine Mischung aus regressiven und proportionalen Elementen charakterisiert werden kann. Die Beschlüsse des Europäischen Rats von Edinburgh im Dezember 1992 sehen einen weiteren Abbau der Regressivität vor (Senkung des abzuführenden Mehrwertsteuersatzes von 1,4% auf 1,0%; weitere Kappung von 55% auf 50% für Mitgliedstaaten mit niedrigem Pro- Kopf-BSP); außerdem soll die Europäische Kommission 1995 einen neuen Eigenmittel- Beschluß vorbereiten und spätestens 1999 einen Bericht über eine mögliche neue (fünfte) Einnahmequelle vorlegen.[46]

5. Berücksichtigt man, daß insbesondere die Kommission kaum Verwaltungsaufgaben, sondern in erster Linie konzeptionelle, kontrollierende und finanzierende Zuständigkeiten hat sowie mit Parlament, Rat, Gerichtshof und Rechnungshof weitere EU-Organe vorhanden sind, erscheint diese gewaltenteilige institutionelle Entscheidungskapazität gemessen an den der Gemeinschaft zugeteilten Vollkompetenzen nicht besonders stark ausgelastet. Die EU verfügt jedoch auch über zahlreiche Teilkompetenzen, die mit ihrer Kernaufgabe, einen Binnenmarkt zu schaffen, zusammenhängen. So ist die Gemeinschaft, in erster Linie die Kommission, insbesondere zuständig für alles, was für die Schaffung und das Funktionieren des Binnenmarktes von wesentlicher Bedeutung ist. Diese „so-weit-als"-Kompetenzen sind sehr vielfältig; z. T. stellen sie bloße Zielformulierungen dar, die weit oder auch eng ausge-

legt werden können. Dementsprechend ist ihre Nutzungsintensität unterschiedlich.

Ein besonders krasses Beispiel für eine jahrzehntelange Nicht-Nutzung vorhandener Kompetenzen ist die „gemeinsame Verkehrspolitik" (Art. 74–84). Obwohl der Verkehr neben der Landwirtschaft der einzige andere Bereich ist, dem im EWGV ein eigener Titel gewidmet ist, war der Verkehrsministerrat nicht in der Lage, dem Auftrag des Vertrages und den zahlreichen Initiativen von Kommission und EP zu entsprechen; 1985 wurde der Rat sogar auf Antrag des EP vom Gerichtshof wegen Vertragsverletzung verurteilt.[47] Dem stehen auf der anderen Seite Bestrebungen der vielen „kleinen Ministerräte" in Form der mit Beamten der Mitgliedstaaten besetzten Komitees gegenüber, die wohl häufig für perfektionistisch-bürokratische Regelungen wie die berühmt-berüchtigte Rasenmäher-Verordnung verantwortlich sind.[48] In diesen Fällen ist das Prinzip der optimalen Kompetenzausstattung und Kompetenznutzung verletzt.

Auf einzelnen Gebieten hat jedoch eine Konzentration auf Kernaufgaben der Gemeinschaft erfolgreich stattgefunden. So wurde beispielsweise bei der Reform der Strukturfonds von 1989 auf Entscheidungen über nationale Einzelprojekte verzichtet, und die Mitgliedstaaten wurden verstärkt auf die Vorlage regionaler Entwicklungsprogramme verpflichtet, die von der EU nur noch insgesamt geprüft und kofinanziert werden. Gleichzeitig sind mit der Entscheidung, nur noch solche Gebiete zu fördern, die an EU-weiten Maßstäben gemessen schwerwiegende Probleme aufweisen, Effizienz und Umverteilungswirkungen verbessert worden. Das gleiche gilt für den koordinierten Einsatz der Strukturfonds im Rahmen „Gemeinschaftlicher Förderkonzepte".[49]

Damit sind wichtige Schritte in Richtung auf eine Konzentration auf strategisch- konzeptionelle Aspekte im diesem Bereich getan worden. Auch in anderen Bereichen gibt es sicherlich ein erhebliches Potential für eine Konzentration auf strategisch- konzeptionelle Aufgaben. Bei aller Wahrung der Subsidiarität müssen auch die Mitgliedstaaten ihre vertraglichen Verpflichtungen ernster nehmen, diskriminierende und wettbewerbsverzerrende Praktiken abzuschaffen, bevor sie durch Klagen der Kommission und Urteile des Europäischen Gerichtshofs dazu gezwungen werden, und ihre Absichten überprüfen, EU-einheitliche Regelungen mit bürokratischer Perfektion auf Brüsseler Ebene anzustreben.

6. Daß die EU noch nicht über einen expliziten ungebundenen Finanzausgleich verfügt, erklärt sich aus dem Präferenzenkostenaspekt des Finanzausgleichsprinzips. Wie oben ausgeführt (vgl. III.11.), setzt ein expliziter Finanzausgleich voraus, daß einmal ein entsprechend hohes Solidaritätsgefühl vorhanden ist und daß zum anderen sichergestellt sein muß, daß ohne Zweckbindung transferierte Mittel nur gemäß allgemein

akzeptierten Regeln verwendet werden. Beide Bedingungen sind – jedenfalls im Vergleich zu einem Mitgliedstaat – (noch) nicht ausreichend erfüllt. Es kann daher auf der EU-Ebene nur ein impliziter Finanzausgleich erwartet werden. Den stärksten impliziten interregionalen Finanzausgleichseffekt haben die EG-Strukturfonds, insbesondere der Regionalfonds (EFRE). Seit der Strukturfondsreform von 1989[50] ist hier weitgehend sichergestellt, daß nur an EU-weiten Maßstäben gemessen besonders benachteiligte Gebiete (insgesamt 6 Gruppen unterschiedlicher Entwicklungsproblematik) Zuschüsse zu ihren Ausgaben für Infrastruktur und die Förderung privater Investitionen erhalten. Dazu müssen regionale Entwicklungsprogramme vorgelegt werden, an deren Erarbeitung die Regionen selbst mitgewirkt haben. Da über die gesamte Gemeinschaft ein starkes Einkommens-, Beschäftigungs- und Infrastrukturgefälle besteht,[51] wird verständlich, daß der Anteil der Strukturausgaben EG-Haushalt von 15,1% 1988 auf 24,6% 1992 gestiegen ist.[52] Der interregionale Umverteilungseffekt ist vergleichsweise hoch; dagegen hat der Garantiefonds der GAP praktisch keine, z. T. sogar gegenläufige Ausgleichseffekte,[53] obwohl es ausgeprägt arme und reiche Agrargebiete gibt. Dies hängt damit zusammen, daß Agrarhilfen überwiegend am Wert von Produktion und Export orientiert sind. Die impliziten Finanzausgleichseffekte des EG-Haushalts entsprachen daher in der Vergangenheit, als der Anteil der GAP höher und der der Strukturfonds niedriger war, denjenigen der GAP,[54] waren damals also praktisch inexistent. In der Zwischenzeit haben sich die Voraussetzungen für einen wirksamen impliziten Finanzausgleich in dem Maße gebessert, in dem der Anteil der GAP-Ausgaben zurückgegangen, der für die Strukturfonds angestiegen ist und durch deren Reform die Effizienz gesteigert wurde.

7. Eine eingehende Beurteilung der EU-Finanzverfasssung, insbesondere der Kompetenzverteilung aus der Sicht des Subsidiaritätsprinzips ist m. W. bisher noch nicht geleistet worden und kann auch hier nicht geleistet werden. Es soll daher lediglich die wichtige Frage behandelt werden, inwieweit der Subsidiaritätsbegriff von Art. 3B des Maastricht-Vertrages mit dem oben (vgl. III.7.) entwickelten übereinstimmt. In Art. 3B heißt es: „In Bereichen, die nicht in ihre ausschließliche Zuständigkeit fallen, wird die Gemeinschaft nach dem Subsidiaritätsprinzip nur tätig, sofern und soweit die Ziele der in Betracht gezogenen Maßnahmen auf Ebene der Mitgliedstaaten nicht ausreichend erreicht werden können und daher wegen ihres Umfangs oder ihrer Wirkungen besser auf Gemeinschaftsebene erreicht werden können". Versteht man „nicht ausreichend" und „besser" als Effizienzkriterien, dann steht dies zwar in Einklang mit den Vorstellungen Spinellis und des EP,[55] gibt dann aber dem Subsidiaritätsprinzip einen anderen Sinn als den hier aus dem erweiterten Gerechtigkeitsziel abgeleiteten.

In seinem Bericht an das EP im Zusammenhang mit den Arbeiten an der Verfassung für eine Europäische Union hatte Spinelli als Vorsitzender des Institutionellen Ausschusses bereits 1975 und das EP später nochmals 1984 ein Wirksamkeitskriterium („plus efficace") zugrundegelegt,[56] und auch in seiner Stellungnahme zum Maastrichter Vertragswerk hat das EP 1992 nochmals für ein Effizienz- und ein Spillover- Kriterium plädiert.[57] Delors selbst beruft sich auf Spinelli und ergänzt dessen Formulierungen durch das Kriterium „besser" („mieux"),[58] das sich so auch im endgültigen Text von Artikel 3B des Maastricht-Textes findet. Die Frage ist, ob auch unter „besser" nach wie vor nur Ressourcen- oder auch Präferenzenkosten zu verstehen sind. In beiden Fällen ergibt sich jedoch ein Dilemma: Bleibt man bei der alleinigen Ressourcenkostenorientierung, behält das Subsidiaritätsprinzip zwar einen eindimensionalen Charakter, wird damit aber dem Effizienzziel und nicht dem präferenzenkostendominierten Gerechtigkeitsziel zugeordnet; interpretiert man „besser" sowohl effizienz- als auch gerechtigkeitszielorientiert, wird Subsidiarität zu einem zweidimensionalen, dualistischen Prinzip, das in sich selbst konfligierende Ansprüche abwägen muß.

Ein ähnlicher Konflikt steckt auch in der Unterscheidung von Wirksamkeit und Erforderlichkeit. Nach der von den deutschen Bundesländern und anderen vertretenen Auffassung soll das Subsidiaritätsprinzip nicht auf „Wirksamkeit", sondern nur auf „Erforderlichkeit" abstellen.[59] Dies impliziert, wie oben ausgeführt, eine prohibitiv hohe Gewichtung der Präferenzenkosten mit der Folge einer Kompetenzeintritts- oder -verlagerungssperre; irgendeine Abwägung mit einem anderen zweiten Inhalt von Subsidiarität, aber auch mit einem anderen Effizienz-Prinzip wäre damit unzulässig. Versteht man Erforderlichkeit als präferenzenkostenbegründet, decken sich – abgesehen von der prohibitiven Gewichtung – diese und die oben vorgenommene Inhaltsbestimmung des eindimensionalen Subsidiaritätsprinzips; wird dagegen Subsidiarität mit Wirksamkeit und damit Ressourcenkostenorientierung gleichgesetzt, bleibt das Prinzip zwar eindimensional, ist jetzt aber ebenfalls effizienzorientiert. Wenn man sowohl Wirksamkeit als auch Erforderlichkeit als Inhalte des Subsidiaritätsprinzips bestimmt, ergibt sich das gleiche Dilemma wie bei der Interpretation von Art. 3B.

Die prohibitive Gewichtung der Erforderlichkeit bringt noch ein weiteres Problem mit sich: Eine Kompetenzverlagerungssperre im Verhältnis Länder – EU würde darauf hinauslaufen, daß nur Bundeskompetenzen verlagerungsfähig wären. Der Bund hat aber im Rahmen der konkurrierenden Gesetzgebungshoheit, für die es eine solche absolute Sperre nach Art. 72 GG nicht gibt, nach wie vor die Möglichkeit, Länderkompetenzen an sich zu ziehen und sie gegebenenfalls zu verlagern. Wird dagegen eine Abwägung zugelassen, müßten Schwellenwerte festgelegt werden, ab denen bei Nachweis substantieller Ressourcenkosteneinsparungen Kompetenzverlagerungen zulässig, unterhalb dieser Werte aber ausgeschlossen wären, oder es müßte zumindest ein Verfahren zur Abwägung vereinbart werden.[60] In dieser Interpretation begründet das gemeinschaftsbezogene Subsidiaritätsprinzip nur eine relative Kompetenzsperre. Es stellt jetzt einen generellen Lösungsansatz für einen typischen Zielkonflikt zwischen der erweiterten Allokations- und der erweiterten Distributionsfunktion bereit, indem es Gerechtigkeitserwägungen ein politisch festzulegendes größeres Gewicht als dem Effizienzziel beimißt.

Eine weitere Frage ist, ob Subsidiarität nach Art. 3B sich nur auf die Gesetzgebungshoheit oder beispielsweise auch auf die Durchführungs- und Verwaltungshoheit bezieht. Kommissionspräsident Delors weist jedenfalls daraufhin, daß es auch dem Subsidiaritätsprinzip entspreche, wenn nationalen und regionalen Behörden bei der Durchführung von EU-Maßnahmen („mise en oeuvre") größere Handlungsspielräume eingeräumt und Überreglementierungen i. S. der Festlegung zu vieler Details auf EU-Ebene vermieden werden.[61] – Es ist unschwer zu erkennen, daß der Gerichtshof sich eingehend mit dem Subsidiaritätsprinzip wird befassen müssen.

Auch wenn die Untersuchung keinen Anspruch auf Vollständigkeit erheben kann, läßt sich doch zusammenfassend feststellen, daß neben Übereinstimmungen mit den föderalen Prinzipien auch mehrere gewichtige Verletzungen festgestellt wurden. Im nächsten Abschnitt wird daher eine Reformkonzeption vorgestellt, deren Ziel es ist, einige der wichtigsten identifizierten Mängel der EU-Finanzverfassung zu beheben.

V. Eine Konzeption für die Reform der EU-Finanzunion

Wegen der großen Bedeutung der Präferenzenkosten und der Schwierigkeiten ihrer Erfassung kann das nun darzustellende Reformpaket nicht den Anspruch erheben, der einzig sinnvolle Vorschlag zu sein. Für ihn gilt das eingangs ausgeführte – daß die Ergebnisse sich der öffentlichen Diskussion stellen müssen und daß es darum geht, Zustimmung dafür einzuwerben. Zu einer Reihe von Aspekten liegen ähnliche Vorschläge vor; sie können hier jedoch wegen Platzmangels nicht dokumentiert werden. Wichtig ist, daß der Paketcharakter der Vorschläge beachtet wird – es ist nicht möglich, beliebige Elemente herauszugreifen und diese selektiv zu realisieren. Dies könnte in einigen Fällen sogar zu einer „Verschlimmbesserung" führen.

Wie die Analyse gezeigt hat, ist insbesondere das Korrepondenzprinzip in mehrfacher Hinsicht verletzt: der Gemeinschaft fehlt eine eigene Steuerhoheit, welche den Ausgabenentscheidern die Verantwortung auch für die Steuerbelastung überträgt, um die Anreize für übermäßige Ausgabenerhöhungen zu beseitigen. Nur dann ist es möglich, künstliche Disziplinierungsmaßnahmen wie Höchstsatzregel und die Unterscheidung obligatorische/nicht-obligatorische Ausgaben abzuschaffen. Dadurch aber werden EP und Rat für den gesamten Haushalt zuständig, und es muß für den Konfliktfall ein Vermittlungsverfahren und ein Vermittlungsausschuß geschaffen werden.

Die derzeitige regressive Finanzierung des EU-Budgets legt eine progressivere Finanzierung nahe, für die eine EU-einheitliche Einkommen- und/oder Körperschaftsteuer in Betracht käme. Dagegen sprechen jedoch mehrere Gründe:

- Die nationalen Einkommen- und insbesondere die Körperschaftsteuern sind sehr unterschiedlich, insbesondere was Bemessungsgrundlagen, Abschreibungsregeln, Steuersätze, und die Beziehungen zwischen Einkommen- und Körperschaftsteuer betrifft. Die Ursachen dafür liegen in Unterschieden bezüglich Entwicklungsstand, Strukturen, Steuermoral und Präferenzen zwischen den Mitgliedstaaten. Es gibt daher weder ein nationales Modell, was sich einfach übernehmen ließe, noch ist einfach auszumachen, wie eine einheitliche europäische Steuer aussehen sollte.
- Angesichts des niedrigen Finanzbedarfs der EU einerseits und des hohen der Mitgliedstaaten andererseits können die nationalen Steuern bei Einführung einer EU-Steuer nicht abgeschafft und nur ein sehr niedriges Belastungsniveau der EU-Steuer vorgesehen werden. Es ist daher auf absehbare Zeit nicht möglich, ein einheitliches Belastungsniveau bei beiden Steuerarten herzustellen – es sei denn, man schaffe eine EU-Verbundlösung mit den Mitgliedstaaten, was jedoch auf erhebliche Präferenzenkosten stoßen dürfte.

Diese Argumente legen es nahe, an eine progressive Zuschlagsteuerlösung ähnlich wie bei der deutschen Ergänzungsabgabe nach Art. 106 Abs. 1 Ziff. 6 GG zu denken. Diese kann wegen der großen Unterschiede der nationalen Steuern jedoch nicht einfach in einem EU-einheitlichen Zuschlagssatz bestehen, sondern muß durch ein zweistufiges Vorgehen bestimmt werden:

- In der ersten Phase werden für die Mitgliedstaaten auf der Basis ihrer durchschnittlichen Pro-Kopf-Einkommen progressive Finanzbeiträge festgelegt; dabei können die Politiker einen aus ihrer Sicht angemessenen Progressionsgrad wählen.
- In der zweiten Phase werden diese nationalen Finanzbeiträge umgerechnet in prozentuale Zuschlagssätze auf die individuelle nationale Einkommen- und/oder Körperschaftsteuerzahllast. Dieser Satz erscheint auch auf jedem Steuerbescheid.

Dem Korrespondenzprinzip entsprechend sollten mindestens die Beschlüsse in Phase 1 von den EU-Organen getroffen werden, also etwa Vorschlag des Steuergesetzes durch die Kommission und Verabschiedung durch EP und Rat. Der engste Zusammenhang zwischen Besteuerer und Besteuertem würde hergestellt, wenn auch der Zuschlagssteuersatz von den EU-Politikern beschlossen würde; man kann aber auch daran denken, diese Entscheidung den Mitgliedstaaten zu überlassen. Die Beteiligung der nationalen Gesetzgeber hätte den Vorteil, daß sie sich dann auch überlegen müßten, ob sie bei steigendem EU-Budgetvolumen nicht die nationale Besteuerung senken können – sonst besteht die Gefahr, daß die EU-Steuern zwar steigen, die der Mitgliedstaaten aber nicht gesenkt werden.

Schaubild 2 zeigt die Ecu-Beträge je Kopf, die sich auf der Basis 1987 ergeben hätten, wenn damals die Hälfte der EG-Einnahmen durch die Zuschlagsteuerlösung aufgebracht worden wäre. Wie die Darstellung zeigt, entsprach das belgische Pro-Kopf-Einkommen etwa dem EG-Durchschnitt, so daß sich die Beträge für die vier Varianten (tatsächliche Verteilung, proportionaler Schlüssel, leicht progressiver und stark progressiver Schlüssel) kaum unterscheiden. Nur der stark progressive Schlüssel führt zu deutlichen Entlastungen pro Kopf in den ärmeren und deutlichen Erhöhungen in den reicheren Ländern mit Ausnahme Luxemburgs. Insgesamt hätte sich eine Belastung von rd. 20 Ecu pro Kopf in

Schaubild 2: Pro-Kopf-Belastung durch die tatsächliche EG-Finanzierung und die vorgeschlagene progressive EG-Zuschlagsteuer bei Halbfinanzierung 1987

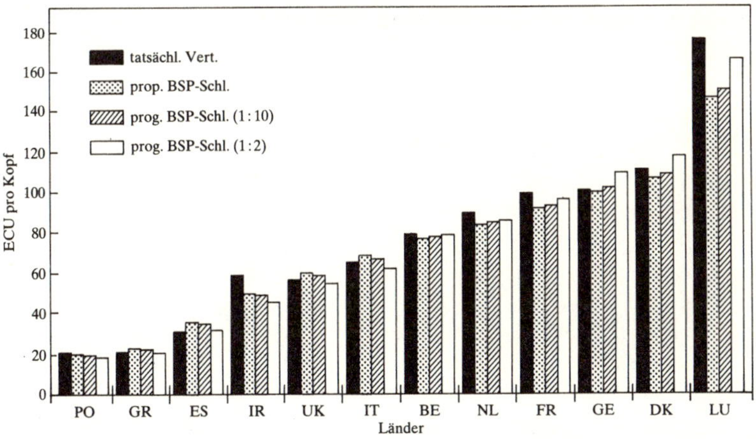

Quelle: Dieter Biehl und Horst Winter, Die EG-Finanzierung aus föderalistischer Perspektive, a. a. O., S. 102.

Portugal und um 170 Ecu in Luxemburg sowie etwa 110 Ecu in Deutschland ergeben. Gleichzeitig wäre den Mitgliedstaaten die Hälfte ihrer bisherigen MWSt-Einnahmen verblieben, die in den ärmeren Ländern höher wären als deren Belastung durch die Zuschlagsteuer, während es in den reicheren zu einer Nettobelastung käme. Wegen der unterschiedlichen nationalen Einkommen- und Körperschaftsteuern fallen die Zuschlagssätze ebenfalls unterschiedlich aus. Sie reichen bei der stark progressiven Lösung von 1,21% (Irland) bis 4,34% (Frankreich) bei 3,10% für Deutschland und einem EG-Durchschnitt von 2,56%.[62]

Die EU-Steuerhoheit erlaubt die Abschaffung der Ausgabenklassifizierung obligatorisch/nicht-obligatorisch und der Höchstsatzregel nach Art 203 Abs. 9 EWGV sowie eine wesentliche Vereinfachung des Haushaltsverfahrens. Zusätzlich muß aber eine echte Zwei-Kammer-Lösung für die Regelung von Konflikten zwischen den beiden Teilen der Haushaltsbehörde in Form eines Vermittlungsverfahrens etabliert werden. Dies kann durch Einrichtung eines Vermittlungsausschusses analog zur deutschen Regelung (Art. 77 GG) geschehen. Als weitere Reformmaßnahme sollten Fachministerräte keine haushaltsrelevanten Beschlüsse mehr fassen dürfen; diese sind stets vom Allgemeinen Rat bei Anwesenheit der Finanzminister zu treffen. Diese Beschlüsse können auch die Festlegung eines eindeutigen finanziellen Rahmens betreffen, der von den Mitgliedstaaten ausgefüllt wird.

In bezug auf den Finanzausgleich i. e. S. wird es vermutlich noch für längere Zeit bei einem impliziten bleiben. Dieser wird sich jedoch verbessern in dem Maße, wie die Anteile der Ausgaben für strukturpolitische Zwecke steigen, diejenigen für die GAP sinken und im für spätestens 1999 vorgesehenen Eigenmittelbeschluß eine fünfte Einnahmequelle mit progressivem Charakter eingeführt wird.

RUDOLF HRBEK

Die Regionen in der Europäischen Union

Regionen sind nicht erst seit kurzem als eigenständige Akteure auf der Bühne europäischer Politik erschienen. Aktivitäten von Regionen sind bereits seit Jahrzehnten zu verzeichnen. Im Mittelpunkt stand dabei zunächst die grenzüberschreitende Zusammenarbeit von Regionen;[1] sie wurde ergänzt durch die Einrichtung von transnationalen Vereinigungen der Regionen, die ihrer Interessenvertretung gegenüber nationalstaatlichen Regierungen sowie internationalen Organisationen, insbesondere Europarat und Europäischer Gemeinschaft, dienen sollten.

In neuerer Zeit haben sich Regionen wieder viel energischer und fordernder bemerkbar gemacht und konnten dabei auch stärkere Beachtung finden. Der Schwerpunkt ihrer Aktivitäten liegt gegenwärtig unverkennbar im Bereich der EU und des Integrationsprozesses, der sich seit den 80er Jahren – zunächst im Zusammenhang mit der Vertragsänderung und -ergänzung in der Einheitlichen Europäischen Akte (EEA), dann im Gefolge des Vertragswerks von Maastricht über die Europäische Union – beträchtlich intensiviert hat. Das Wirken von Regionen als politische Akteure im EU-Kontext zeichnet sich durch eine große Vielfalt aus, die unter der Bezeichnung „Europa der Regionen" subsumiert wird. Als viel verwendetes Schlagwort fehlt der Bezeichnung indessen ein eindeutiger und zugleich einvernehmlich so verstandener und akzeptierter Inhalt.

I. Die gewachsene Bedeutung von Regionen

1. Die Bedeutungsvielfalt des Schlagworts vom „Europa der Regionen"

Nach einer ersten und zugleich der weitestgehenden Interpretation beinhaltet das Schlagwort vom Europa der Regionen die Auffassung – und zugleich Forderung –, daß Regionen an die Stelle der Staaten als Bausteine des europäischen Zusammenschlusses treten müßten. Dieser Auffassung liegt die Überzeugung zugrunde, daß der Nationalstaat an der Schwelle zum 21. Jahrhundert ein Anachronismus sei. Im europäischen Kontext sei er einerseits zu klein, um die vielfach grenzüberschreitenden Probleme hochentwickelter und in gegenseitiger Abhängigkeit stehender Industriestaaten wirkungsvoll lösen zu können; ihm wird andererseits ein Mangel an Bürger- und Sachnähe, damit auch zu wenig Transparenz politischer Entscheidungsprozesse attestiert.

Die Realisierung dieses Verständnisses von einem Europa der Regionen würde jedoch einen tiefgreifenden Umbau der bestehenden Nationalstaaten verlangen, für den es in keinem EU-Mitgliedstaat – mit der Ausnahme Belgiens – auch nur Ansätze gibt. Auch wenn die Staaten heute an völlig autonomer Handlungs- und Steuerungsfähigkeit erheblich eingebüßt haben und die Zugehörigkeit zu einem größeren Rahmen, wie ihn die EU darstellt, mittlerweile gleichsam zur Grundausstattung und zum Charakteristikum des modernen europäischen Staates gehört, dominieren die Staaten, insbesondere durch ihre Regierungen und Verwaltungen, nach wie vor das Geschehen in der EU und deren weitere Entwicklung. Übertrüge man zudem die jetzt geltenden Entscheidungsmechanismen der EU auf ein Gebilde, dessen Mitglieder und Bausteine Dutzende von Regionen – die gegenwärtig zudem noch von völlig unterschiedlicher rechtlicher und politischer Qualität sind – wären, dann kommen dem Betrachter eines solchen Szenariums erhebliche Zweifel hinsichtlich der Problemlösungsfähigkeit einer solchen Konstruktion.[2]

In einem ganz allgemeinen Sinn verweist das Schlagwort – zweitens – auf die Bedeutung regionaler Kooperation zur Bewältigung spezifischer Aufgaben, insbesondere in grenzüberschreitenden Räumen, sowie, etwas spezifischer, für das Zusammenwachsen Europas.[3] Während es sich beim ersten Aspekt um die ganz praktische und vielfach bewährte Zusammenarbeit von Regionen handelt, geht es beim zweiten Aspekt um den Beitrag transnationaler Kommunikationsbeziehungen für den Integrationsprozeß, also für Gemeinschaftsbildung.[4]

Drittens und sehr viel spezifischer ist mit dem Schlagwort vom „Europa der Regionen" die Vorstellung von einer bestimmten Struktur der Europäischen Gemeinschaft bzw. – im Zusammenhang mit dem durch das Vertragswerk von Maastricht eingeleiteten Prozeß – der Europäischen Union verbunden. EG bzw. Union müßten demnach einen dreistufigen Aufbau haben,[5] wobei die regionale Ebene eigenständig neben der des Nationalstaates und der supranationalen Ebene existiert. Bei diesem dreistufigen Aufbau handelte es sich im übrigen nicht um eine hierarchische Struktur. Die Realisierung eines solchen Konzeptes setzt voraus, daß es in den EU-Mitgliedstaaten solche Regionen gibt, die dann gemeinsam eine eigenständige Ebene darstellen würden; das aber ist bekanntlich in den meisten EU-Mitgliedstaaten (noch) nicht der Fall.[6]

2. Gründe für das zunehmende Gewicht der Regionen

Das zunehmende Gewicht der Regionen geht auf eine Reihe von Faktoren zurück. Da sind zum einen Dezentralisierungs- und Föderalisierungstendenzen, die sich seit etwa zwei Jahrzehnten in einigen EU-Mitgliedstaaten ganz deutlich ausmachen lassen.[7] In Belgien[8] war seit 1970 die sogenannte Staatsreform das beherrschende innenpolitische Thema.

Es ging dabei um die den Sprach- und Kulturgemeinschaften einerseits, den territorial bestimmten Regionen Flandern, Wallonien und Brüssel andererseits zu übertragenden Kompetenzen, einschließlich der Aufteilung der finanziellen Ressourcen auf diese Einheiten, letztlich auch darum, angesichts auseinanderstrebender Landesteile bzw. Bevölkerungsgruppen durch Föderalisierung den Erhalt des Gesamtstaates, wenn auch in lockerer Form, zu ermöglichen. Mit der 1993 erfolgten Umwandlung Belgiens in einen Bundesstaat endete der lange dauernde Reformprozeß. In Spanien[9] war der Übergang vom Franco-Regime zur Demokratie mit der Einrichtung Autonomer Gemeinschaften verbunden, die gegenüber dem Zentralstaat (Madrid) ein möglichst großes Maß an Eigenständigkeit beanspruchen. Dieser Regionalisierungs- oder Föderalisierungsprozeß ist noch nicht abgeschlossen. Die Gewichtsverteilung zwischen Zentrum und Peripherie ist noch nicht abschließend entschieden, eine neue und dauerhafte Balance noch nicht gefunden. In Italien sind zwar seit langem Regionen eingerichtet worden – einige von ihnen haben ein besonderes Statut mit weitgehenderen Autonomierechten –, die Zuweisung von Befugnissen an die Regionen und ihre Zusammenarbeit mit der Zentralregierung in Rom gelten aber weiterhin als noch nicht befriedigend gelöst. In Frankreich, einem traditionell zentralistischem System, begann 1981 eine Dezentralisierung bzw. Dekonzentration. In Großbritannien kritisieren die Landesteile Schottland und Wales seit vielen Jahren, daß der Londoner Zentralismus ihren besonderen Belangen nicht angemessen Rechnung trage. In der Bundesrepublik Deutschland schließlich, dem einzigen voll etablierten Bundesstaat unter den EU-Mitgliedstaaten, sind deutlich Reföderalisierungstendenzen zu verzeichnen, also das Bestreben der Länder, ihre Position gegenüber dem Bund zu stärken und wieder mehr Eigenständigkeit zu haben.

In all diesen Fällen geht es um die Verlagerung von Befugnissen auf subnationale territoriale Einheiten, deren politischer Gestaltungsspielraum erweitert werden soll. Diesen Tendenzen liegen teils ethnische, kulturelle oder historische Faktoren zugrunde. Regionalisierungstendenzen können aber auch auf die Einsicht in die Unzulänglichkeit zentraler Problemlösungen zurückgehen. Weit verbreitet sind auch Unbehagen, ja Mißtrauen gegen Entscheidungen, die fernab von den im Einzelfall Betroffenen gefällt werden. Diese Kritik an mangelnder demokratischer Legitimität wurde zwar, zunächst, vor allem im Kreis grüner und alternativer Gruppierungen artikuliert; sie geht mittlerweile aber weit darüber hinaus und läßt sich sicherlich nicht mehr bestimmten politisch-ideologischen Richtungen zuschreiben.

Ein weiterer Grund für das zunehmende Gewicht von Regionen liegt in den Auswirkungen von EU-Politik auf die subnationale Ebene. Im Zuge der Vertiefung der Gemeinschaft, wie sie insbesondere in den 80er

Jahren erfolgte, hat der Aufgaben- und Tätigkeitsbereich der EU eine ständige Ausweitung erfahren. Aktivitäten der EU – seien es Rechtsakte im Zusammenhang mit der Rechtsangleichung, seien es spezifische Programme oder Aktionen – schlagen unmittelbar auf die regionale Ebene durch und führen dort zu entsprechenden Reaktionen.

II. Region, Regionalisierung, Regionalismus: Versuch einer Begriffsklärung

1. Region

Die Definition einer territorialen Einheit als Region erfolgt anhand bestimmter Merkmale, die ihr ein bestimmtes Profil geben, sie als diesbezüglich von anderen unterscheidet oder sie mit anderen gleichsetzt. Der Begriff Region bezieht sich also auf einen in bestimmter Beziehung homogenen Raum. Eine Region in diesem Sinn kann vor allem durch folgende Merkmale bestimmt werden:

- Physisch-geographische Gegebenheiten, die ein Territorium zu einer geographischen Region machen;
- ethnische, sprachliche, kulturelle oder auch religiöse Gemeinsamkeiten der in einem bestimmten Territorium lebenden Bevölkerung – oder ihrer großen Mehrheit –, die diesem Territorium seine regionale Identität geben;
- die gemeinsame historische Vergangenheit;
- die wirtschaftliche und soziale Struktur, die einem Territorium das Gepräge gibt;
- bestimmte politische Kennzeichen, die einen solchen Raum zu einer diesbezüglich homogenen Einheit machen und damit von anderen abgrenzen.

Territoriale Einheiten, die aufgrund solcher Merkmale als Regionen gelten, treten in verschiedenen Formen auf und haben unterschiedliche rechtliche, politische und funktionale Qualitäten:

- Verwaltungsregionen werden zum Zweck von primär wirtschaftlicher und politischer Planung und Verwaltung als „künstliche" Konstruktionen geschaffen; das kann sowohl von oben, also von einer Zentrale aus, geschehen als auch von unten, durch Zusammenwirken lokaler/kommunaler Einheiten. Solche Regionen sind Objekt von und Rahmen für Planung und Verwaltung. Als dezentrale Verwaltungseinheiten vollziehen sie an anderer Stelle getroffene Entscheidungen.
- Regionale Zweckverbände stellen rein funktionale territoriale Gliederungen dar, die zur Lösung spezifischer Aufgaben, also auch für die Versorgung mit öffentlichen Leistungen, geschaffen werden.
- (Teil-)Autonome Regionen verfügen im Vergleich dazu über ein bestimmtes Ausmaß an eigenständiger Gestaltungsbefugnis und -fähig-

keit, wobei entsprechende Kompetenzen in der Regel durch die Ausstattung mit Ressourcen ergänzt werden.

- Gliedstaaten in einem Bundesstaat, wie in der Bundesrepublik Deutschland, besitzen Staats-Qualität. Dazu gehört ein, in der Regel „verfassungsfestes", Mindestmaß an eigenständigen Kompetenzen sowie die zu ihrer Nutzung erforderlichen materiellen und politischen Ressourcen sowie darüber hinaus das Recht und die Pflicht zur Mitwirkung am gesamtstaatlichen Entscheidungsprozeß.
- Transnationale, also grenzüberschreitende Regionen werden zum Zweck der Erfüllung bestimmter Funktionen errichtet: Es geht dabei um die Aufgabe grenzüberschreitender Problemlösung durch Kooperation und Koordination. An der Wahrnehmung dieser Funktionen sind (mindestens zwei) Regionen als subnationale Einheiten von Nationalstaaten beteiligt.

2. *Regionalismus*

Der Begriff „Regionalismus" wird seit den 70er Jahren überwiegend zur Bezeichnung von Bestrebungen verwendet, die – gestützt vor allem auf ethnische, kulturelle und historische Merkmale einer Region und der hier lebenden Bevölkerung – gegen den Herrschaftsanspruch der Zentralregierung gerichtet sind und für die Region Autonomierechte verlangen, teilweise auch die Sezession, also den Gewinn staatlicher Unabhängigkeit, anstreben.[10]

Regionalistische Bewegungen begründen ihre Forderungen darüber hinaus häufig mit dem Hinweis auf wirtschaftliche und soziale Benachteiligung durch die Zentralregierung, die angeblich um der dauerhaften Diskriminierung einer (ethnischen und kulturellen) Minderheit willen erfolge. Regionale Autonomie wird insofern als Instrument zur Herbeiführung besserer materieller Verhältnisse verstanden und nicht ausschließlich als Garant für die Gewährleistung kultureller und ethnischer Identität. Beispiele hierfür sind Bestrebungen in Belgien (Ansprüche der Flamen und Wallonen, die mittlerweile befriedigt wurden), in Großbritannien (Forderungen Schottlands und von Wales), in Spanien (insbesondere mit den Aktivitäten in Galizien, Katalonien und im Baskenland), in einzelnen italienischen Regionen (z. B. Südtirol, Sardinien, Aosta-Tal), aber auch in Frankreich (Beispiel Korsika). Regionalismus ist als politische Bewegung aufzufassen.[11]

3. *Regionalisierung*

Vom Regionalismus als politischer Bewegung kann man Regionalisierungstendenzen unterscheiden, die in Westeuropa in verschiedenen Formen auftreten, auf unterschiedliche Antriebskräfte zurückgehen und – für die Diskussion des Schlagworts „Europa der Regionen" besonders wichtig – im EU-Integrationsprozeß eine besondere Rolle spielen, nämlich die Frage nach der Struktur der Zwölfer-Gemeinschaft aufwerfen, damit aber auch die Frage nach der inneren Struktur der einzelnen EU-Mitgliedstaaten.

Regionalisierung ist zu einem Sammelbegriff für Tendenzen geworden, die die Verlagerung von Entscheidungen auf kleinere und überschaubarere Einheiten bzw. deren stärkere Mitwirkung bei der Lösung von Problemen, von denen sie besonders betroffen sind, anstreben. Der Vielfalt von Motiven und Antriebskräften entsprechen unterschiedliche Formen und Äußerungen von Regionalisierung:

- Versuche, regionalistische Strömungen in geordnete Bahnen zu lenken, nämlich ihnen durch Anpassungen der Verfassungsordnung entgegenzukommen.
- Dezentralisierungs- oder Dekonzentrationstendenzen wie in Frankreich, um den Gestaltungsspielraum der jeweiligen „Region" zu vergrößern und damit eine höhere Qualität der Problemlösung zu ermöglichen.
- Maßnahmen zur Stärkung föderativer Strukturen, wie sie in der Bundesrepublik unter dem Stichworten Entflechtung, Reföderalisierung oder Konkurrenzföderalismus zu verzeichnen sind.
- Bestrebungen, Belange von „Regionen" – unabhängig von ihrem rechtlichen und politischen Status – im Rahmen des EU-Entscheidungsprozesses stärker zur Geltung zu bringen.
- Regionalisierung kann mit Föderalisierungstendenzen zusammenfallen, wenn, wie im belgischen Fall, föderative Strukturen etabliert werden.

III. Die Betroffenheit der regionalen Ebene durch EU-Politik

In Abwandlung der Feststellung von der sogenannten „Länder-Blindheit" der EG-Verträge – diese Aussage bezog sich auf das etablierte föderative System der Bundesrepublik Deutschland mit den Ländern als Gliedstaaten – kann generell von einer „Regionen-Blindheit" der EG-Verträge gesprochen werden. Mitglieder in der EU sind die Nationalstaaten, unabhängig von ihrer internen, von der jeweiligen Verfassung normierten Organisationsstruktur. Ansprechpartner der Gemeinschaft und ihrer Organe sind demnach die Regierungen der Mitgliedstaaten. Es bleibt innerstaatlichen Regelungen überlassen, inwieweit bei der Behandlung von EU-Angelegenheiten territoriale Einheiten unterhalb der Ebene des Gesamtstaates (pauschal „Regionen" genannt) nebst ihren Vertretern einbezogen werden.

Dabei hat EU-Politik unübersehbar Auswirkungen auf diese Regionen, was am Beispiel der föderativ strukturierten Bundesrepublik Deutschland schon recht früh deutlich hervortrat.[12] Wenn dann in den

80er Jahren nicht nur die deutschen Länder,[13] sondern auch Regionen in anderen EG-Mitgliedstaaten die Existenz und die Aktivitäten der Gemeinschaft als Herausforderung sahen,[14] lag das an der in dieser Phase der Gemeinschaftsentwicklung sich beschleunigenden und intensivierenden Ausweitung des Aktivitätsspektrums der EG mit der Folge, daß immer mehr Politikbereiche von Maßnahmen der EG und durch ihre Rechtsetzung beeinflußt werden.

Die besondere Betroffenheit der Regionen ergibt sich daraus, daß sich diese Tätigkeit der Gemeinschaft auch auf Politikbereiche erstreckt, die nach der jeweiligen innerstaatlichen Kompetenzverteilung den subnationalen Einheiten – den „Regionen" also – ganz oder teilweise vorbehalten sind. Wo Regionalisierungsprozesse im Gang sind, sind solche Politikbereiche häufig auch noch Gegenstand von Kompetenzkonflikten zwischen Gesamtstaat und Regionen.

Von besonderer Bedeutung für die subnationale Ebene ganz generell ist das Gebiet eigenständiger regionaler Strukturpolitik, also auch der gezielten Wirtschaftsförderung. Insbesondere im Zusammenhang mit der Vollendung des Binnenmarktes, durch den Grenzen zwischen den Staaten mehr und mehr an Bedeutung verlieren, wird es zu einem Wettbewerb von Regionen um Standortvorteile kommen.

Ein nächster Aspekt der Betroffenheit der Regionen durch Existenz und Aktivitäten der EU ergibt sich aus dem Umstand, daß es sich bei der gemeinschaftlichen Rechtsetzung häufig um sogenannte Richtlinien handelt, die lediglich Ziele vorgeben, die Wege zu ihrer Erreichung aber der einzelstaatlichen Umsetzung überlassen. Wo immer Regionen Kompetenzen haben und solche beanspruchen, werden sie auch die Durchführung der Implementation von Gemeinschaftsrecht fordern. Daraus ergeben sich insbesondere in den EU-Mitgliedstaaten Probleme, in denen die Demarkationslinie zwischen den Rechten des Gesamtstaats und denen der subnationalen Ebene noch nicht endgültig fixiert ist, wie etwa in Italien und Spanien.

Eine besondere Betroffenheit der Regionen ergibt sich schließlich im Zusammenhang mit der Durchführung der EU-Regionalpolitik sowie, allgemeiner gesprochen, hinsichtlich der Verwendung der verschiedenen Strukturfonds. Die 1988 im Zusammenhang mit dem Delors-Paket I erfolgte Reform der Strukturfonds beinhaltete nicht zuletzt die partnerschaftliche Kooperation gerade auch mit Instanzen auf subnationaler Ebene. Hier sehen die Regionen Mitwirkungsmöglichkeiten, deren effiziente Wahrnehmung aber von der Einräumung eines entsprechenden Handlungsspielraums primär seitens der jeweiligen Zentralregierung abhängig ist.

Ein ganz anderer Aspekt der Betroffenheit der regionalen Ebene durch EU-Politik ergibt sich aus den charakteristischen Merkmalen des EU-

Entscheidungssystems. Hier gilt, daß EU-Entscheidungen ohne angemessene Mitwirkung der Regionen erfolgen. Am Beispiel der Bundesrepublik Deutschland heißt das etwa, daß diese im Rat, dem wichtigsten Rechtsetzungsorgan der Gemeinschaft, durch die Bundesregierung vertreten ist, die damit an Entscheidungen auch auf solchen Gebieten mitwirkt, die nicht nur Auswirkungen auf Länderbelange haben, sondern teilweise deren ausschließliche Kompetenzen berühren. Innerstaatlich hat die Bundesregierung hier gar keine Entscheidungs- und Gestaltungsmöglichkeiten; auf diese innerstaatlichen Gegebenheiten nimmt das Gemeinschaftsrecht aber, wie erwähnt, keine Rücksicht.

IV. Reaktionen der Regionen auf die Gegebenheiten der EU-Integration

1. Zusammenarbeit der Regionen

Träger regionaler Kooperationsbeziehungen in dem hier interessierenden Sinn sind Regionen, die unterschiedlichen Staaten angehören.[15] Damit ist zugleich das wesentliche Ziel dieser Kooperationsbeziehungen bezeichnet. Damit Regionen, die auf unterschiedlichsten Gebieten gemeinsame Interessen und Anliegen haben, zusammenwirken können, müssen nationale Grenzen überschritten werden. Neben die gemeinsame Problemlösung tritt als weiteres Ziel das gemeinsame Auftreten gegenüber den jeweiligen nationalen Instanzen, sodann gegenüber internationalen Organisationen, nicht zuletzt der EU. In systematischerer Form begann regionale Kooperation zu Beginn der 70er Jahre.

Kooperationsbeziehungen von Regionen treten in verschiedenen Formen auf. Am häufigsten ist die grenzüberschreitende Kooperation von Nachbar-Regionen.[16] Sie ergibt sich daraus, daß die an ihr beteiligten Regionen einen in verschiedener Beziehung zusammengehörigen Raum bilden. Sehr viel seltener sind Kooperationsbeziehungen entfernt voneinander liegender Regionen. Sind Kooperationsbeziehungen lediglich bilateral, haben sie primär technischen Charakter und sind auf die gemeinsame Bearbeitung und gegebenenfalls Lösung spezifischer Einzelfragen ausgerichtet. Das gilt selbstverständlich auch für multilaterale Kooperationsbeziehungen; bei diesen treten häufig politische Aspekte wie etwa das gemeinsame Auftreten gegenüber internationalen Einrichtungen und Organisationen oder die Profilierung einzelner Regionen im innerstaatlichen Bereich – also vor allem gegenüber der Zentralregierung, vielleicht auch gegenüber anderen Regionen – hinzu.

Hauptgrund für das Zustandekommen regionaler Kooperationsbeziehungen ist die Einsicht und die Überzeugung von Regionen, daß bestimmte Probleme besser und wirksamer gemeinsam gelöst werden können. Das betrifft beispielsweise Fragen der Raumordnung und Regionalplanung sowie der regionalen Wirtschaftspolitik; es betrifft Infrastrukturvorhaben auf den Gebieten Verkehr, Energieversorgung und Entsorgung; es bezieht sich auf Umweltprobleme, für die die Sensibilität allenthalben stark zugenommen hat; es kann sich auf den Bereich der Kultur und des Bildungswesens beziehen oder ganz allgemein auf Fragen, die jeweils all den Regionen gemeinsam sind, die sich einem zusammengehörenden Raum in irgendeiner Weise zugehörig fühlen. Die Zusammenarbeit mit anderen Regionen kann, ein weiterer Grund, das Ziel verfolgen, den eigenen Rang und die eigene Position zu verstärken, sei es im jeweiligen innerstaatlichen Rahmen, sei es in einem weiteren internationalen Zusammenhang.

Trotz der Vielfalt von Organisationen und Arbeitsgemeinschaften regionaler Kooperation sind diese in der breiteren Öffentlichkeit kaum bekannt und werden so gut wie nicht beachtet. Das liegt sicherlich einmal am nach wie vor dominierenden Gewicht der Nationalstaaten, welches der eigenständigen Entfaltung regionaler Aktivitäten deutliche Grenzen setzt. So verfügen die Regionen generell kaum über ausreichende Kompetenzen für nach außen gerichtetes Handeln; ihr Handlungsspielraum ist eng und wird letztlich von den Instanzen der Zentralregierung abgesteckt, d. h. immer noch limitiert gehalten. In diesem Zusammenhang sind die deutschen Länder und sicherlich die belgischen Gemeinschaften Ausnahmen; ähnliches gilt für die österreichischen Länder und die Schweizer Kantone. Trotz dieser rechtlichen Restriktionen zeigen beispielsweise die Aktivitäten der spanischen Autonomen Gemeinschaften, daß sie sich in der Praxis einen eigenständigen Handlungsspielraum schaffen. Ein anderes Handicap für regionale Kooperation liegt in dem Umstand, daß die Regionen jeweils nur auf bestimmten Gebieten handlungsbefugt sind. Wenn diese Politikbereiche bei Regionen, die miteinander kooperieren wollen, differieren, fehlt die erforderliche gemeinsame Basis.

Die 1988 erfolgte Reform der EG-Strukturfonds hat der Kooperation der Regionen neue Impulse gegeben. Zu dieser Reform gehörte nicht nur die Aufstockung der Fördermittel, sondern vor allem auch die Entscheidung, die Mittel künftig konzentrierter, nämlich zum allergrößten Teil für die weniger entwickelten oder mit jeweils spezifischen Problemen behafteten Regionen zu verwenden. Eine Kategorie von Regionen, die demnach aus Mitteln der Strukturfonds gefördert werden sollen, sind Grenzgebiete, die durch rückläufige industrielle Entwicklung geprägt sind und denen bei der Aufgabe der Umstellung seitens der Gemeinschaft Unterstützung gewährt werden soll. In diesem Zusammenhang entstand das sogenannte Interreg-Programm der EG, welches für den Zeitraum 1990–1993 Mittel im Umfang von 700 Mio. ECU zur Verfügung stellte. Sie sollen für grenzüberschreitende Kooperationsmaßnahmen auf dem Gebiet der Infrastruktur, der öffentlichen Versorgungsunternehmen und der Zusammenarbeit im Umweltbereich genutzt werden. Alle Maßnahmen sind im Zusammenhang mit der Vollendung des EU-Binnenmarkts zu sehen. Ziel des neuen Programms ist es nicht zuletzt, eine stärkere Institutionalisierung der regionalen Kooperation anzuregen und zu fördern.

2. *Die politische und institutionelle Etablierung der regionalen Ebene im EU-Gefüge*

Um eine möglichst umfassende Teilhabe an Entscheidungen in EU-Angelegenheiten zu erreichen, werden von den Regionen vier unterschiedliche Strategien nebeneinander verfolgt: Sie bemühen sich um substantielle Mitwirkungsrechte bei der innerstaatlichen Behandlung von EU-Angelegenheiten; sie entwickeln eigenständige und direkt auf die Gemeinschaftsebene in Brüssel zielende Aktivitäten; sie bauen eine transnationale Interessenvertretung über europäische Dachorganisationen der Regionen auf, um gemeinsame Anliegen wirkungsvoller vertreten zu können; schließlich bemühen sie sich um die Verankerung der Regionen als eigenständige dritte Ebene in der künftigen Struktur der Gemeinschaft, die sich im Sinne des Vertragswerks von Maastricht zur Union weiterentwickeln soll.

a) Sicherung innerstaatlicher Mitwirkungsrechte bei der Behandlung von EU-Angelegenheiten

Am weitesten entwickelt, deshalb auch stark beachtet und relativ gut bekannt sind die Regelungen in der Bundesrepublik Deutschland. Seit Inkrafttreten der Römischen Verträge haben sich die deutschen Länder um Mitwirkungsrechte bemüht, wobei die zunächst praktizierten Verfahren den Ansprüchen der Länder nicht genügen konnten. Das galt sowohl für das sogenannte Zuleitungsverfahren als auch für das später eingeführte Länderbeteiligungs-Verfahren. Erst im Zusammenhang mit der Ratifizierung der Einheitlichen Europäischen Akte (EEA) 1986 wurden die Mitwirkungsrechte der Länder substantiell verbessert und erweitert und im Ratifikationsgesetz auf eine rechtliche Grundlage gestellt. Der wesentlich erweiterte Informationsanspruch der Länder soll gewährleisten, daß sie zu einem möglichst frühen Zeitpunkt von Vorhaben der Gemeinschaft Kenntnis erhalten, um dann reagieren zu können. Wo die Länder dann ein ausdrückliches Recht zur Abgabe von Stellungnahmen haben, wenn nämlich die Länder auf den entsprechenden Gebieten Kompetenzen haben oder ihre Interessen maßgeblich berührt werden, ist die Bindungswirkung ihrer Stellungnahmen deutlich verstärkt worden.

Schließlich sollen Ländervertreter an Verhandlungen in EU-Gremien die Bundesrepublik mitvertreten dürfen. Die neuen Regelungen haben sich in der Praxis, soweit das nach wenigen Jahren von Bund und Ländern bewertet werden kann, offensichtlich bewährt. Das erklärt, daß sich Bund und Länder im neuen Art. 23 GG auf die weitere Präzisierung dieser Mitwirkungsrechte der Länder und vor allem ihre verfassungsrechtliche Verankerung verständigen konnten.

In anderen EU-Mitgliedstaaten ist die Mitwirkung der regionalen Ebene weniger weit entwickelt.[17]

- In Belgien wurden im Zuge der Staatsreform seit 1970 Wirtschaftsregionen sowie Kultur-Gemeinschaften geschaffen. Wo diese über Kompetenzen verfügen, müssen sie sowohl bei der Aushandlung internationaler Verträge als auch bei der innerstaatlichen Behandlung von EU-Angelegenheiten – etwa bei der Vorbereitung von Rats-Verhandlungen – beteiligt werden, wobei genauere und verläßliche Verfahrensregeln noch ausstehen. Wirtschaftsregionen und Kulturgemeinschaften vertreten Belgien in den Arbeitsgruppen des Rates sowie den Verwaltungsausschüssen, die bei der Kommission eingerichtet sind. Da der belgische Gesamtstaat mittlerweile keine Befugnisse auf den Gebieten von Kultur und Bildung mehr hat, liegt die Vertretung Belgiens auf diesen Gebieten ganz bei den Kulturgemeinschaften, die allerdings nach Gemeinschaftsrecht nicht abstimmungsberechtigt sind. Die Stimmabgabe im Auftrag der Kulturgemeinschaften durch einen Vertreter der Zentralregierung ist aber in all den Fällen unmöglich, in denen diese keinen gemeinsamen Standpunkt finden können. Angesichts eher noch zunehmender Gegensätze führt das dazu, daß der Vertreter Belgiens Stimmenthaltung übt und damit belgische Interessen, welcher Teilgemeinschaft auch immer, nicht adäquat und wirkungsvoll vertreten werden.
- In Italien hat die Beteiligung der Regionen lediglich konsultativen Charakter. Eine 1988/89 neu geschaffene Konferenz von Gesamtstaat und Regionen soll sich mit EU-Angelegenheiten beschäftigen und regelmäßig tagen.
- Die Autonomen Gemeinschaften Spaniens sind an der Mitwirkung bei der innerstaatlichen Behandlung von EU-Angelegenheiten lediglich auf Beamtenebene beteiligt und auch dies nur auf wenigen Politikfeldern, vor allem Regional- und Agrarpolitik. Endgültige Beteiligungsformen, die von Gesamtstaat und Autonomen Gemeinschaften gleichermaßen akzeptiert werden, stehen noch aus. Die Übernahme der deutschen Strukturen und Verfahren wird insbesondere von den Autonomen Gemeinschaften favorisiert.
- Französische Regionen schließlich haben lediglich auf dem Gebiet der EU-Regionalpolitik Mitwirkungsmöglichkeiten im innerstaatlichen

Bereich. Die Einwirkungsmöglichkeiten gelten jedoch als sehr begrenzt.

Die kurze Übersicht zeigt, daß sich die Mitwirkungsrechte bzw. -möglichkeiten von Regionen zum einen nach der Beschaffenheit der jeweiligen Staatsorganisation bemessen, zum andern, und damit verknüpft, von der Bereitschaft des Zentralstaats und der zentralen Regierung, der regionalen Ebene echte Spielräume zu eröffnen und Mitentscheidungsmöglichkeiten einzuräumen, abhängen. Die Verbesserung und Verstärkung regionaler Mitwirkungsmöglichkeiten hängt also vom jeweiligen Stand der Regionalisierung oder Föderalisierung ab.

b) Eigenständige und direkte Aktivitäten der Regionen

Zu den Direktkontakten gehören einmal Besuchsreisen von Repräsentanten der Region, vorzugsweise der Exekutiven, nach Brüssel. Zu den so aufgebauten Kommunikationsbeziehungen gehört mittlerweile, daß auch Angehörige der Europäischen Kommission ganz routinemäßig in Regionen auftreten. Beim Aufbau und bei der Pflege dieser Kommunikationsbeziehungen haben Verantwortliche der Regionen rasch realisiert, daß wirkungsvolle Interessenvertretung erhebliche eigene Investitionen verlangt. So wurden beispielsweise in den Landesregierungen der deutschen Länder in den meisten Ministerien spezielle EU-Referate geschaffen, in der jeweiligen Regierungszentrale wurden Koordinationsstellen eingerichtet, und ein Mitglied der jeweiligen Landesregierung ist ausdrücklich für EU-Angelegenheiten zuständig.

Sehr viel stärkere Beachtung hat die Einrichtung von Informations- und Verbindungsbüros der deutschen Länder – und in ihrem Gefolge anderer Regionen – in Brüssel gefunden.[18] Der Funktionenkatalog des baden-württembergischen Informationsbüros kann als repräsentativ für diese Einrichtungen, auch von Regionen anderer Staaten, gelten:

- „die Landesregierung und Dienststellen des Landes möglichst frühzeitig über Entwicklungen, Vorhaben, Maßnahmen, Programme und Meinungsbildung in der EG, insbesondere im Zuständigkeitsbereich der EG-Kommission, zu unterrichten;
- die Interessen des Landes gegenüber den Institutionen der EG ... zu vertreten und Baden-Württembergs Stellung innerhalb der Bundesrepublik Deutschland zu verdeutlichen;
- Kontakte zu den Dienststellen der Kommission zu eröffnen, zu pflegen und für Mitglieder der Landesregierung und der Landesverwaltung zu vermitteln;
- Veranstaltungen durchzuführen, die auf Besonderheiten Baden-Württembergs aufmerksam machen, fachliche Anliegen darstellen und das Verständnis für die Bedeutung und die Vorteile des Föderalismus wecken und stärken;

- in Einzelfällen Hilfestellung zu geben und Kontakte zu vermitteln bei Anfragen und Anträgen von Unternehmen und Einrichtungen aus Baden-Württemberg an die EG-Kommision;
- Vorbereitung von Besuchsprogrammen und Betreuung von aus Baden-Württemberg anreisenden Besuchern und Besuchergruppen;
- Kontaktpflege zu der Vielzahl der übrigen der im Vorfeld der EG angesiedelten Organisationen und europäischen Spitzenverbände."[19]

Neben den Informationsbüros aller deutschen Länder gibt es entsprechende Einrichtungen der Autonomen Gemeinschaften Spaniens sowie einzelner französischer Regionen. Im Fall der italienischen Regionen scheiterte die geplante Einrichtung entsprechender Stellen am Einspruch der Zentralregierung. Wie breit gestreut das Spektrum der Vertretung von territorialen Einheiten auf subnationaler Ebene ist, zeigt der Umstand, daß beispielsweise einzelne dänische Städte Informationsbüros eingerichtet haben, desgleichen einige britische Grafschaften.

c) Organisierte Interessenvertretung von Regionen durch europäische Dachverbände[20]

Die 1987 gegründete Versammlung der Regionen Europas (VRE) – ihr unmittelbarer Vorläufer war der 1985 gegründete Rat der Regionen Europas – stellt eine europäische Dachorganisation zur Repräsentation spezifischer regionaler Interessen dar.

Zu den Aufgaben der VRE zählen einmal der Dialog, die Kommunikation und die Förderung der Kooperation zwischen den Regionen; weiterhin die Repräsentation der Regionen bei europäischen Institutionen, nämlich Europarat und EU; schließlich die Zusammenarbeit mit europäischen Vereinigungen lokaler Körperschaften. Was die Repräsentation der Regionen bei europäischen Institutionen betrifft, so strebt die VRE gegenüber dem Europarat die Einrichtung eines mit der parlamentarischen Versammlung gleichberechtigten „Senats der Regionen" an. Im Zusammenhang mit Bemühungen zu einer Institutionalisierung des KSZE-Prozesses zielt die VRE darauf, auch hier eine angemessene Berücksichtigung regionaler Interessen zu erreichen.

Wichtigster Adressat der Aktivitäten der VRE ist jedoch unverkennbar die EU; darin zeigt sich einmal mehr die Dynamik des EU-Integrationsprozesses, zuletzt sichtbar an der Einrichtung der beiden Regierungskonferenzen zur Politischen Union und zur Wirtschafts- und Währungsunion. Die Regionen der EU-Mitgliedstaaten haben die VRE in diesem Zusammenhang als Forum zur Abstimmung ihrer Forderungen zur institutionalisierten Beteiligung der regionalen Ebene am EU-Entscheidungsprozeß genutzt. In der Phase der Vorbereitungen zur Umsetzung der Beschlüsse des Vertragswerks von Maastricht erfolgt die Koordinierung der die Regionen betreffenden Fragen, insbesondere die Etablierung des Ausschusses der Regionen, in der VRE.

Die Mitgliederzahl der VRE ist rasch angestiegen. Wurden 1987 96 Mitglieder gezählt, betrug die Zahl Anfang 1993 bereits 235. Mitglieder können, entsprechend der neuen Satzung von 1992, nur Regionen sein, wobei gegenwärtig 158 den EU-Mitgliedstaaten angehören.

Die VRE wird als wichtigste europäische Interessenvertretung der Regionen angesehen. Sie hat dem durch eine Reform ihrer Organisationsstruktur Rechnung getragen. Danach gibt es seit 1993 nur noch zwei Gremien: die Hauptversammlung als Oberstes Organ, in der jede Region zwei Sitze hat. Zweites Organ ist der Vorstand, der die Beschlüsse der Hauptversammlung durchführen muß, die Arbeit der Kommissionen koordiniert und die VRE nach außen repräsentiert. Beschlüsse werden mit einfacher Mehrheit gefaßt, wobei die Tendenz zu Einvernehmen auch hier unverkennbar ist. Das Gewicht der VRE wird nach wie vor von einzelnen politischen Persönlichkeiten geprägt, und informelle Kommunikationsbeziehungen spielen, vor allem auch gegenüber anderen Einrichtungen, eine überaus wichtige Rolle.

Eine zweite Dachorganisation ist die Konferenz „Europa der Regionen“, die auf Initiative des bayerischen Ministerpräsidenten erstmals im Oktober 1989 in München stattfand.[21] Die Initiative zur Einberufung dieser Konferenz war eine Reaktion auf die als dysfunktional angesehene Heterogenität und Größe der VRE. So hat diese Konferenz ihr Hauptaugenmerk auf Politik und Entwicklung der EG gerichtet und ihre Vorschläge auf die institutionalisierte Vertretung von Regionen im EG-Entscheidungssystem ausgerichtet. Die Konzentration der Arbeit der VRE auf den EU-Bereich sowie die Straffung der VRE lassen jedoch die Bedeutung der Konferenz „Europa der Regionen“ bereits jetzt erkennbar in den Hintergrund treten.

d) Die institutionalisierte Verankerung der Regionen im EG-Entscheidungssystem

Einen ersten Schritt auf dem Weg zu einer direkten und institutionalisierten Vertretung der Regionen im EG-Entscheidungssystem stellt der durch Beschluß der EG-Kommission vom 24. 6. 1988 eingerichtete „Beirat der regionalen und lokalen Gebietskörperschaften“ dar.[22]

Der Beirat besteht aus 42 Mitgliedern, die ein Wahlmandat haben müssen und von der Kommission auf Vorschlag der internationalen Dachverbände für eine Amtszeit von zunächst drei Jahren ernannt werden. Jeweils die Hälfte der Mitglieder entfällt dabei auf Vertreter der regionalen und der lokalen Ebene, die innerhalb des Beirats je eine eigene Sektion bilden. Die Funktion des Beirats ist auf Beratung beschränkt; Art. 2 des Kommissions-Beschlusses zur Einsetzung des neuen Gremiums formulierte als seine Aufgabe: Er „kann von der Kommission zu allen Fragen der regionalen Entwicklung und insbesondere der Ausarbeitung und Durchführung der Regionalpolitik der Gemeinschaft, einschließlich der regionalen und lokalen Auswirkungen der anderen Politiken der Gemeinschaft, angehört werden."

Die Wirkung der Tätigkeit des Beirats ist in den Augen seiner Mitglieder außerordentlich begrenzt. Das liegt zunächst daran, daß die Anhörung durch die Kommission lediglich fakultativ ist, daß diese auch die Themen weitestgehend bestimmt und daß die Stellungnahmen des Beirats keine Bindungswirkung haben. Vor allem liegt die geringe Wirkung der Tätigkeit des Beirats aber darin begründet, daß er in der Regel viel zu spät konsultiert wird, um Entscheidungen noch beeinflussen zu können; die Kommission hat ihren Standpunkt meist schon vorher festgelegt. Insbesondere den politisch starken und selbstbewußten Regionen, wie im Fall Belgiens und Deutschlands, konnte die Verankerung im EG-Entscheidungssystem über diesen Beirat mit seinen schwachen Wirkungsmöglichkeiten nicht genügen.

Die Regionen nahmen die für Dezember 1990 vorgesehene Einsetzung einer Regierungskonferenz der EG Mitgliedstaaten zur Vorbereitung einer Politischen Union, parallel zur Regierungskonferenz über die Wirtschafts- und Währungsunion, zum Anlaß, konkrete Forderungen nach vertraglich abgestützter institutionalisierter Vertretung im EG-Entscheidungssystem vorzutragen. Es war unverkennbar, daß in dieser Frage die deutschen Länder die Federführung übernommen hatten. Ihre im Sommer 1990 formulierten konkreten Vorschläge[23] wurden dann sowohl von der VRE[24] als auch von der Konferenz „Europa der Regionen"[25] übernommen. Der Forderungskatalog enthielt folgende Punkte:

- In die Verträge müsse das Subsidiaritätsprinzip als allgemeiner Grundsatz aufgenommen werden. Folgende Formulierung wurde vorgeschlagen: „Die Gemeinschaft übt die ihr nach diesem Vertrag zustehenden Befugnisse nur aus, wenn und soweit das Handeln der Gemeinschaft notwendig ist, um die in diesem Vertrag genannten Ziele wirksam zu erreichen und hierzu Maßnahmen der einzelnen Mitgliedstaaten bzw. der Länder, Regionen und Autonomen Gemeinschaften nicht ausreichen."
- Regionen sollten an der Arbeit des EG-Ministerrates dadurch beteiligt werden, daß jeder Mitgliedstaat einen weiteren Vertreter in den Rat entsenden kann, „soweit der Rat über Angelegenheiten berät oder entscheidet, die innerstaatlich in die ausschließliche Zuständigkeit von Ländern oder Regionen fallen oder deren wesentliche Interessen berühren."
- Der regelmäßigen Mitwirkung von Regionen im EG-Entscheidungssystem diente der Vorschlag, in den Verträgen ein besonderes Regio-

nalgremium zu verankern. Es sollte von gleicher Größe wie der Wirtschafts- und Sozialausschuß (WSA) sein und zwei Hauptbefugnisse haben: Abgabe von Stellungnahmen bei allen Vorhaben der Gemeinschaft sowie ein Klagerecht vor dem Europäischen Gerichtshof (EuGH), welches sich auf die Verletzung seiner Mitwirkungsrechte oder des Subsidiaritätsprinzips bezieht.

- Ein eigenständiges Klagerecht vor dem EuGH sollte darüber hinaus jeder einzelnen Region eingeräumt werden, „soweit sie gemäß der innerstaatlichen Rechtsordnung durch das Handeln des Rates und der Kommission in eigenen Rechten berührt sein können".
- Die VRE und die Konferenz „Europa der Regionen" forderten darüber hinaus, das Wahlrecht für das Europäische Parlament so zu gestalten, daß dessen Mitglieder in regionalen Wahlkreisen gewählt werden.

Das im Dezember 1990 beschlossene und im Februar 1992 unterzeichnete Vertragswerk von Maastricht („Vertrag über die Europäische Union") hat , wie angesichts der Unterschiede zwischen den einzelnen EG-Mitgliedstaaten, insbesondere hinsichtlich ihrer territorialen Struktur und der rechtlichen und politischen Qualität territorialer Einheiten auf subnationaler Ebene zu erwarten war, nicht alle Forderungen der Regionen erfüllt. Indem der Vertrag aber etliche von ihnen aufgegriffen und vertraglich verankert hat, stellt er einen Ausgangspunkt für weitere Entwicklungen im Sinne der Vorstellungen der Regionen dar. Das erklärt auch, warum sich Repräsentanten der Regionen mit dem im Vertrag Erreichten durchaus zufrieden zeigten. Im einzelnen sieht der Unionsvertrag von Maastricht folgendes vor:[26]

Die Ziele der Union sollen „unter Achtung des Subsidiaritätsprinzips" realisiert werden, welches in Art. 3b definiert wird. Der Forderung der Regionen, sie neben den Mitgliedstaaten als eigenständige Ebene ausdrücklich zu nennen, wurde nicht entsprochen. Eine Änderung von Art. 146 des Vertrages, der die Zusammensetzung des Rates regelt, eröffnet den Regionen die Möglichkeit, an Entscheidungen im Rat mitzuwirken. War bisher vorgeschrieben, daß der Rat aus Mitgliedern der jeweiligen nationalen Regierungen besteht, heißt es jetzt: „Der Rat besteht aus je einem Vertreter des Mitgliedstaats auf Ministerebene, der befugt ist, für die Regierung des Mitgliedstaats verbindlich zu handeln." Damit wird es von den jeweiligen innerstaatlichen Regelungen abhängen, ob auch Repräsentanten der Regionen den entsprechenden Staat im Rat vertreten können. Die neue Vorschrift dürfte insbesondere für die Bundesrepublik Deutschland und Belgien, ggf. auch für Spanien und Italien relevant sein.[27]

Der Unionsvertrag sieht als neues Gremium den „Ausschuß der Regionen" (AdR) vor. Er gilt nicht als Organ der Gemeinschaft, sondern wird, wie der WSA, als eine Institution definiert, die den Rat und die Kommission mit beratender Aufgabe unterstützt. Die in den Art. 198 a–c enthaltenen Bestimmungen über den AdR lassen erkennen, daß dem neuen Gremium zunächst nur eine Nebenrolle zugedacht sein soll. Ob es sich zu einem politisch starken Partner der anderen Institutionen entwikkelt und Entscheidungen in Gemeinschaftsangelegenheiten nachhaltig beeinflussen kann, wird von einer Reihe von Faktoren abhängen, nicht zuletzt vom politischen Gewicht und dem Engagement seiner Mitglieder.

Der AdR soll „aus Vertretern der regionalen und lokalen Gebietskörperschaften" gebildet werden. Er erinnert insoweit an den 1988 von der Kommission eingerichteten Beirat der regionalen und lokalen Gebietskörperschaften. Vor Konstituierung des neuen Gremiums zeichnet sich ab, daß es nicht nur für Repräsentanten der regionalen Ebene bestimmt sein wird; von deutscher Seite beispielsweise werden die drei kommunalen Spitzenverbände mit je einem Mitglied vertreten sein.[28] In EU-Mitgliedstaaten mit zentraler Struktur werden kommunale Repräsentanten dominieren.

Der Ausschuß besteht aus 198 Mitgliedern; die Aufteilung auf die Mitgliedstaaten entspricht der für den WSA. Der Unionsvertrag schreibt vor, daß die Mitglieder des AdR „sowie eine gleiche Anzahl von Stellvertretern" ... „vom Rat auf Vorschlag der jeweiligen Mitgliedstaaten durch einstimmigen Beschluß auf vier Jahre ernannt" werden und daß auch Wiederernennung zulässig ist. Wie der Vorschlag der einzelnen Mitgliedstaaten zustande kommt, bleibt den jeweiligen innerstaatlichen Bestimmungen überlassen. Es ist noch nicht abzusehen, wie sich das Vorhandensein von stellvertretenden Mitgliedern auf die praktische Arbeit des AdR auswirkt. Mit Blick auf die starke zeitliche Beanspruchung von Repräsentanten der Regionen, die dort ein (Regierungs-)Amt innehaben, erlaubt die Regelung, die Arbeit im AdR auf mehrere Schultern zu verteilen. Auf der anderen Seite wird ein kontinuierliches Engagement der Ausschußmitglieder erforderlich sein, um die gegebenen Möglichkeiten auszuschöpfen und die Stellung des neuen Gremiums, insbesondere seine Kompetenzen, seine politischen Funktionen und seine Position im interinstitutionellen Dialog schrittweise zu stärken.

Die Festlegung einer Amtszeit von vier Jahren könnte sich in doppelter Hinsicht als problematisch erweisen. Zum einen sollten die Amtszeiten verschiedener EU-Organe und -Institutionen übereinstimmen. Die Wahlperiode des EP beträgt bereits jetzt fünf Jahre, und es ist vorgesehen, auch das Mandat der Kommission auf fünf Jahre festzulegen. Ein zweites Problem dürfte sich immer dann stellen, wenn das heimatliche Amt oder Mandat des AdR-Mitglieds vorzeitig endet. Die Mitglieder des Ausschusses haben ein freies Mandat; sie „sind an keine Weisungen gebunden. Sie üben ihre Tätigkeit in voller Unabhängigkeit zum allgemeinen Wohl der Gemeinschaft aus." Für Mitglieder des AdR, die z. B. ein Amt in ihrer jeweiligen Region innehaben – im deutschen Fall als Mitglied einer Landesregierung – dürfte die Normierung von Weisungsfreiheit und Unabhängigkeit in der Praxis unrealistisch sein. Ein Repräsentant einer Region wird sich in erster Linie als Anwalt seiner Region verstehen; das ergibt sich zweifelsfrei aus den Forderungen der Regionen zur Einrichtung eines solchen Gremiums.

Die lediglich unterstützende, nämlich beratende Hilfsfunktion des AdR folgt nicht zuletzt aus der Bestimmung von Art. 198b, wonach seine von ihm ausgearbeitete Geschäftsordnung vom Rat einstimmig beschlossen, also genehmigt werden muß. Mit dem Anspruch der Regionen, innerhalb der Europäischen Union eine eigenständige dritte Ebene darzustellen, ist dies auf Dauer unvereinbar. Der AdR tagt auf Antrag des Rates oder der Kommission und wird dann von seinem Präsidenten einberufen. Darüber hinaus hat er das Recht, auch von sich aus zusammenzutreten. Diese Verfahrensvorschrift ist zweifellos ein Ansatzpunkt für die Herausbildung einer eigenständigeren Rolle im Verhältnis zu den anderen Gemeinschaftsinstitutionen.

Der AdR ist auf eine beratende Funktion beschränkt. Dabei sieht der Vertrag vier unterschiedliche Fälle für die Abgabe von Stellungnahmen vor.

– In einigen vom Vertrag ausdrücklich genannten Fällen ist die Einholung einer Stellungnahme durch Rat oder Kommission obligatorisch. Dazu gehören etwa Entscheidungen über Fördermaßnahmen für verschiedene Zwecke der allgemeinen und beruflichen Bildung der Jugend sowie im Bereich Gesundheitswesen, wobei es sich ausdrücklich nicht um die Harmonisierung von Rechts- und Verwaltungsvorschriften der Mitgliedstaaten handeln darf. Weitere Fälle sind spezielle Aktionen zugunsten des wirtschaftlichen und sozialen Zusammenhalts außerhalb der Strukturfonds (Art. 130b), die Festlegung der Hauptziele und der Organisation der Strukturfonds (Art. 130b), Durchführungsbeschlüsse betreffend den Regionalfonds (Art. 130e), die bis zum 31. Dezember 1993 vorgesehene Einrichtung eines neuen sogenannten „Kohäsionsfonds" zur Unterstützung von Vorhaben in den Bereichen Umwelt und Transeuropäische Netze auf dem Gebiet der Verkehrsinfrastruktur sowie die Festlegung von Leitlinien für den Bereich Transeuropäische Netze. Auf anderen Gebieten, denen viele Regionen außerordentlich große Bedeutung zumessen, ist keine obligatorische Anhörung vorgesehen; so bei Entscheidungen für das Rahmenprogramm im Bereich Forschung und technologische Entwicklung (Art. 130i), bei der Entscheidung über Maßnahmen zur Umweltpolitik (Art. 130s), schließlich bei Entscheidungen über unterstützende Maßnahmen in den Mitgliedstaaten auf dem Gebiet der Industriepolitik.

- Zweitens können Rat oder Kommission eine Stellungnahme des AdR einholen, wenn sie dies – in anderen Fällen – für zweckmäßig erachten. Es wird zweifellos vom politischen Gewicht des Ausschusses abhängen, ob die beiden Gemeinschaftsorgane von dieser Möglichkeit der fakultativen Anhörung häufig Gebrauch machen werden. Rat oder Kommission können dem Ausschuß für die Abgabe von Stellungnahmen in beiden Fällen eine Frist von mindestens einem Monat setzen.
- Der Rat kann, drittens, von sich aus Stellungnahmen abgeben, wenn die Anhörung des WSA obligatorisch ist. Das gilt etwa für die beiden eben genannten Fälle, in denen keine obligatorische Anhörung des AdR vorgesehen ist, also für die Fälle gemäß Art. 130i und 130s.
- Schließlich kann der AdR, „wenn er dies für zweckdienlich erachtet, von sich aus eine Stellungnahme abgeben." Diese Vorschrift erlaubt dem Ausschuß, sich zur gesamten Breite des Aktionsspektrums der Gemeinschaft zu äußern. Man kann darin eine Chance für das neue Gremium sehen, sich zu einem starken Mitspieler im gemeinschaftlichen Entscheidungsgefüge zu entwickeln.

Rat oder Kommission müssen sich im Falle der Nichtberücksichtigung einer Stellungnahme des AdR diesem gegenüber nicht rechtfertigen, wie es die Regionen zunächst gefordert hatten. So wird es vom politischen Gewicht des neuen Gremiums abhängen, welche faktische Bedeutung seine Stellungnahmen haben, wie sie also von Rat und Kommission beachtet und berücksichtigt werden.

Der Forderung der Regionen auf Gewährung eines eigenständigen Klagerechts vor dem EuGH wurde nicht entsprochen. Das ist sicherlich ein Indiz dafür, daß die Regionen noch nicht als eine eigenständige und gleichberechtigte dritte Ebene in der Struktur der Europäischen Union anerkannt werden. Ein anderer Grund für die Vorenthaltung eines eigenständigen Klagerechts für Regionen ist in ihrem unterschiedlichen rechtlichen Status zu sehen. Es wäre sicherlich schwierig, für alle EU-Mitgliedstaaten festzulegen, welche territoriale Einheit ein solches Klagerecht eingeräumt erhalten müßte. So werden sich die Regionen der einzelnen Staaten darum bemühen, auf innerstaatlicher Ebene mit der jeweiligen Zentralregierung eine Vereinbarung zu erreichen, die ihnen de facto ein Klagerecht einräumt; die Zentralregierung würde sich darin verpflichten, dem Klagebegehren von Regionen in bestimmten Fällen zu entsprechen. Eine ganz andere Frage ist allerdings, ob nicht dem AdR ein Klagerecht zuerkannt werden sollte, was der Unionsvertrag nicht vorsieht.

V. „Europa der Regionen" und Europäische Union

Der Überblick hat ergeben, daß sich Regionen insgesamt erfolgreich darum bemüht haben, sich als Akteure im EU-Gefüge zu etablieren. Sie haben damit dem Umstand Rechnung getragen, daß EU-Politik unmittelbare Wirkungen für sie hat und daß diese mit fortschreitendem Integrationsprozeß weiter zunehmen werden. Die von den Regionen verfolgten Strategien sind dabei vielfältig:

- Obwohl sich territoriale Struktur und Staatsorganisation der EU-Mitgliedstaaten unterscheiden und damit auch die rechtliche und politische Qualität der allgemein „Regionen" genannten territorialen Einheiten auf subnationaler Ebene, haben diese Regionen in einer Reihe von Staaten seit etwa Mitte der 80er Jahre versucht, an innerstaatlichen Entscheidungen in EU-Angelegenheiten mitzuwirken. EU-Politik wird in diesen Staaten also nicht nur von der Zentralregierung (unter Mitwirkung des Parlaments) gestaltet, sondern unter Einbeziehung der regionalen Ebene.
- Regionen haben selbständige Aktivitäten ergriffen und direkte Kontakte und Kommunikationsbeziehungen zu EU-Instanzen aufgebaut. Sie haben sich in diesem Zusammenhang vielfach mit Informationsbüros in Brüssel angesiedelt und gehören zum dort existierenden immer komplexer gewordenen EU-Netzwerk.
- Trotz aller Unterschiede der „Regionen" haben sie ihre Kooperation untereinander im Rahmen transnationaler Organisationen verstärkt, um durch gebündeltes und koordiniertes Vorgehen ihre gemeinsamen Interessen gegenüber den Regierungen der Staaten sowie den Institutionen der Gemeinschaft besser und erfolgreicher vertreten zu können.
- Sie haben sich um „Europafähigkeit" bemüht,[29] damit ihre vielfältigen Aktivitäten möglichst wirksam sind. Ihre diesbezüglichen Investitionen umfassen die Heranziehung von speziell für EU-Belange qualifiziertem Personal, die Bereitstellung materieller Ressourcen sowie organisatorische und verfahrensmäßige Reformen und Anpassungen.
- Die Regionen haben sich schließlich um ihre institutionalisierte Verankerung im EG-Gefüge bemüht und mit den neuen Bestimmungen des Unionsvertrags von Maastricht auch unverkennbar Erfolg gehabt.[30]

Die verstärkte Präsenz und die Aktivitäten der Regionen sind Elemente eines „Europas der Regionen". Der Begriff verweist also zunächst nicht auf eine ganz bestimmte „Verfassungs"-Struktur, sondern auf das Faktum, daß „Regionen" einen Platz als Mitspieler bei der Behandlung von EU-Angelegenheiten errungen haben, wobei sie in verschiedenen Arenen – im Rahmen des Nationalstaats, in besonderen Vereinigungen auf transnationaler Ebene, schließlich auf Gemeinschaftsebene mit dem Zentrum in Brüssel – auftreten und agieren.

Der Begriff „Europa der Regionen" bedeutet also sicher nicht, daß Staaten als Haupt-Bausteine der Gemeinschaft durch Regionen ersetzt würden; nicht nur gegenwärtig nicht, sondern auch nicht in der Zukunft. Der Begriff drückt vielmehr den Anspruch aus, den Regionen im EU-Gefüge noch stärker als zusätzlichen eigenständigen Größen Geltung zu verschaffen. Die Regionen haben diesen Anspruch im Zusammenhang mit den Bemühungen um Vertiefung der Gemeinschaft – insbesondere beim Unionsvertrag von Maastricht – dezidiert und systematisch vorgebracht: Es geht ihnen um die vertragsmäßig abgestützte und garantierte Verankerung als eigenständige dritte Ebene im künftigen Gefüge einer Europäischen Union. Diese muß ihrer Auffassung nach dreistufig aufgebaut sein, mit Regionen als anerkannter dritter Ebene neben der nationalen und der Gemeinschaftsebene. Das müßte u. a. seinen Ausdruck in der Einrichtung einer Regionenkammer haben, die gleichberechtigt neben Europäischem Parlament und Rat steht. Die Vorkehrungen im Unionsvertrag von Maastricht sehen die Regionen deshalb nur als ersten Schritt auf dem Weg zu diesem Ziel.

Mit ihren Forderungen haben die Regionen also die Debatte um die Verfassungsstruktur der künftigen Union um ein wichtiges Element bereichert, wobei die Verfassungsentwicklung der Union mit der in den EU-Mitgliedstaaten verknüpft ist. Das wird deutlich erkennbar, wenn man über einige Voraussetzungen für die Erreichung dieses Ziels der Regionen reflektiert.

- Eine erste zentrale Voraussetzung für die Etablierung und Anerkennung einer dritten, von den Regionen gebildeten eigenständigen Ebene ist die innerstaatliche Regionalisierung im Sinne der vom Europäischen Parlament 1988 beschlossenen Charta. Regionen brauchen in der Tat mehr Gemeinsamkeit in ihrer rechtlichen und politischen Qualität, um als eigenständige Komponenten in einer Unions-Struktur repräsentiert zu sein und in ihr wirken zu können.
- Ganz unabhängig von der Frage des Zugewinns an rechtlicher und politischer Qualität müssen die Regionen weiterhin erhebliche Anstrengungen unternehmen, um ihre „Europafähigkeit" zu verbessern. Inwieweit sie hier investieren können, ist nicht zuletzt auch von ihrem rechtlichen und politischen Status, damit von ihrem Handlungsspielraum – auch in administrativem und finanziellem Sinn – abhängig.
- Drittens bedarf es der Anerkennung der Regionen als eigenständige Ebene im EU-Integrationsprozeß durch die Bevölkerungen. Nur wenn diese den Anspruch der Regionen akzeptieren und unterstützen, wird die regionale Ebene als eigenständige Ebene in der Verfassungsstruktur einer Union etabliert werden können. Zur Gemeinschaftsbil-

dung gehört die Entstehung und Festigung einer eigenständigen europäischen Identität; diese muß mit der regionalen Identität nicht nur vereinbar sein, sondern die Komplementarität dieser Identitäten muß gesehen und akzeptiert werden. Ansätze dazu scheinen vorhanden zu sein. So zeigen Umfragen[31] von Ende 1991, daß sich eine in etwa gleich große Anzahl von Deutschen sowohl dem eigenen Land (87%) als auch der eigenen Region (93%) sowie der eigenen Gemeinde (89%) verbunden fühlt. Die nationale Identität wird also durch eine regionale und lokale ergänzt. Die gleiche Umfrage ergab, daß sich immerhin 42% der Deutschen auch der EG verbunden fühlen und 46% Europa als Ganzem. Das heißt, daß es für eine starke Minderheit der Deutschen schon ein europäisches Zusammengehörigkeitsgefühl gibt, aus dem sich eine eigenständige und gefestigte europäische Identität entwickeln könnte. Aus anderen Umfragen läßt sich herauslesen, daß eine deutliche Mehrheit der Deutschen eine Reihe von Politikbereichen und Aufgaben nicht mehr national, sondern gemeinsam im Rahmen der EU behandelt und entschieden sehen will; so etwa Umweltschutz (76%) oder Forschungs- und Technologiepolitik (72%). Hier liegt ein Ansatzpunkt für die Regionen: Wenn sie durch ihr EU-bezogenes Wirken zur Problemlösung beitragen, dann werden sie auch mehr und mehr als notwendige eigene Ebene im EU-Entscheidungsgefüge anerkannt werden.

Der Begriff „Europa der Regionen" verweist auf den Beitrag, den subnationale territoriale Einheiten für den Gemeinschaftsbildungsprozeß leisten können. Indem sich regionale politische Akteure mit EU-Angelegenheiten befassen und diese zum ganz selbstverständlichen Teil ihres Funktionskatalogs machen, wird EU-Politik für den einzelnen besser erfahrbar, eben „bürgernäher".[32] Das wiederum fördert Akzeptanz und Legitimität von EU-Politik als unerläßliche Voraussetzung für erfolgversprechende Schritte zur weiteren Vertiefung der Gemeinschaft, wie sie der durch das Maastrichter Vertragswerk förmlich eingeleitete Prozeß der Unionsbildung darstellt.

LARRY KRAMER/JOSEPH WEILER

Theorie und Praxis des amerikanischen Föderalismus – Vorbild oder Kontrastmodell für Europa?

I. Der amerikanische Föderalismus in der historischen Entwicklung

1. Die Unionsverfassung

Der Strudel der Ereignisse, die die englischen Kolonien in Nordamerika dazu brachten, ihre Unabhängigkeit zu erklären, ließ ihnen wenig Zeit, über die Form eines gemeinsamen Regierungssystems nachzudenken. Aufgrund starker nationaler Kräfte war zwar gesichert, daß eine Art Zentralinstanz eingerichtet würde, es bestand jedoch klares Einvernehmen darüber, die Souveränität der Einzelstaaten zu wahren. Dieses Bekenntnis zu voll souveränen Staaten legte die Natur der zu schaffenden Union von vornherein fest, da die herrschende politische Theorie für jedes Staatsgebiet nur eine oberste Legislativinstanz vorsah: Die Union war nur als Bund der Einzelstaaten möglich. Nach diesem Modell entstand 1781 die erste Verfassung der neuen Nation, die „Articles of Confederation".

Die konföderale Verfassungsordnung erwies sich jedoch als unbefriedigend. 1787 bestand ein breiter Konsens, daß Änderungen notwendig seien. Der in den Konföderationsartikeln vorgesehene Kongreß hatte keine Steuerhoheit und war von freiwilligen Beitragsleistungen der Einzelstaaten abhängig. Er hatte nicht das Recht zur Regulierung des Binnen- und Außenhandels. Es gab weder eine Judikative noch eine Exekutive. Der Kongreß war bei der Durchsetzung seiner Rechtsakte von den Staaten abhängig. Eine derart schwache Instanz erwies sich, wie vorauszusehen war, als ineffektiv. Die wirtschaftlichen und politischen Probleme der Konföderation verschärften sich mit der schwerwiegenden Rezession nach dem Unabhängigkeitskrieg, der erst 1783 endete. Angesichts der Probleme forderte Alexander Hamilton 1783 bereits den Zusammentritt einer verfassungsgebenden Versammlung. Weitere Aufrufe folgten, bis der Kongreß schließlich Anfang 1787 einen Konvent einberief, zum „einzigen und ausdrücklichen Zweck der Revision der Konföderationsartikel".

Die in Philadelphia versammelten Konventsdelegierten mißachteten jedoch die Eingrenzung des Auftrags und entwarfen stattdessen eine völlig neue Verfassung. Sie waren der Ansicht, daß die nationale Ebene gestärkt werden müsse, indem ihr jene Kompetenzen gegeben würden, die ihr die Konföderationsartikel vorenthielten. Die Delegierten waren außerdem davon überzeugt, daß das Regierungssystem nicht als Bund unabhängiger Staaten konstruiert werden könne. Nötig sei ein fundamental anderes Regierungssystem als in den Konföderationsartikeln vorgesehen: eine voll souveräne Instanz, die in direkter Beziehung zu ihren Wählern, dem Volk der Vereinigten Staaten, stehen könne.

Damit stellte sich die empfindliche Frage nach der Zukunft der Staaten: „The one issue with the potential to explode the convention was the role of the states in the new government".[1] Eine Gruppe von Delegierten wollte die Souveränität der Einzelstaaten abschaffen und die Staatsgewalt unter einem zentralen Dach zusammenschließen, mit untergeordneten Einheiten entsprechend der Staatsgrenzen. Sie mußten jedoch moderateren Delegierten weichen, die sich für eine starke nationale Regierung aussprachen, aber zugleich die „Souveränität" der Einzelstaaten bewahren wollten. Die Details dieses Kompromisses erwiesen sich als äußerst schwierig. Die Gegner der nationalen Staatsgewalt – heute als „Anti-Federalists" bekannt – vertraten den Standpunkt, daß Situation und Lebensbedingungen der Amerikaner von Staat zu Staat zu sehr variierten, um effizient auf nationaler Ebene geregelt werden zu können.

Befürworter der neuen Verfassung – als „Federalists" bekannt – stimmten zu, daß viele Regulierungsfragen besser auf einzelstaatlicher Ebene zu entscheiden seien, der Verfassungsentwurf sei jedoch bereits so konstruiert, daß eine Überschreitung der Kompetenzen durch die Bundesbehörden verhindert würde. Die Zuständigkeiten des Bundes seien „few and defined"; sie waren in der Verfassung einzeln aufgezählt und betrafen vor allem Außenbeziehungen und Handel. Die den Einzelstaaten verbleibenden Kompetenzen seien dagegen „numerous and indefinite".[2] Den Bundesorganen werde sich daher kaum Gelegenheit bieten, sich in einzelstaatliche Angelegenheiten einzumischen. Die Föderalisten betonten ferner, daß eine Konfrontation unwahrscheinlich sei, da das Regierungssystem der Union den Einzelstaaten Mitwirkungsrechte bei allen wichtigen Entscheidungen sicherstellen würde. Das Schlüsselorgan hierfür sei der neue Kongreß mit seinen zwei Kammern: dem Repräsentantenhaus, dessen Mitglieder gewählt würden, und dem Senat, dessen Mitglieder die einzelstaatlichen Parlamente entsendeten.[3] Da Bundesgesetze der Zustimmung beider Häuser bedürften, komme kein Gesetz ohne die Mitsprache der Staaten durch.

Entsprechend diesen Bestimmungen sollte der größte Teil der Staatsaufgaben auf einzelstaatlicher Ebene verbleiben, vor allem Aufgaben lokalen oder alltäglichen Charakters. Die Kompetenzen des Bundes wurden auf wenige Politikbereiche von nationalem Interesse begrenzt. Dieses Konzept des „dual federalism" war ein Experiment; es herrschte beträchtliche Unsicherheit darüber, wie sich die Beziehung zwischen beiden politischen Ebenen in der Praxis entwickeln würde. Die wichtigsten Argumentationslinien der Ratifizierungsdebatte betrafen folgende Aspekte:[4]

Bedeutende Aufmerksamkeit erlangte zum einen die Frage, ob die Sorge für die Interessen der Bevölkerung und das Allgemeinwohl besser auf einzelstaatlicher oder auf Bundesebene wahrgenommen werden könne. Befürworter einzelstaatlicher Regulierung vertraten den Standpunkt, daß durch dezentralisierte Entscheidungsprozesse mehr Menschen zufriedengestellt werden als durch einheitliche nationale Regulierung. Die Verteidiger des Verfassungsentwurfs wiesen dagegen auf die Erfahrungen mit den Konföderationsartikeln hin und betonten, daß eine nationale Regulierung notwendig sei, um zu verhindern, daß Einzelstaaten Kosten aufeinander abschieben.

Eine zweite Gruppe von Diskussionsbeiträgen beschäftigte sich mit regulativer Innovation. Die Verfechter dezentralisierter Entscheidungsfindung argumentierten, daß ein zentralstaatliches Regierungssystem alle Nachteile eines Monopols innehabe. Die Verfechter nationaler Staatsgewalt antworteten zum einen, daß Wettbewerb zwischen den Staaten manchmal destruktiv sei, zweitens wiesen sie darauf hin, daß die Zentralinstanz eine neue Quelle der Innovation sei. Einmal in Kraft, verdrängten Bundesgesetze zwar normalerweise einzelstaatliche Bestimmungen. Um Wettbewerb zu schaffen, sei es aber nicht nötig, daß verschiedene Regelungen nebeneinander bestünden – nötig seien lediglich unabhängige Institutionen, die neue Optionen anböten und um die Unterstützung seitens der Bürger konkurrierten. In dieser Hinsicht könne die Existenz von zwei unabhängigen politischen Ebenen die regulative Innovationsfähigkeit und Effizienz erhöhen. Es gibt dieser Überzeugung zufolge keinen Grund, a priori anzunehmen, daß die Konkurrenz zwischen einzelstaatlicher und Bundesebene mit dem Inkrafttreten von Bundesgesetzen endet.

Eine dritte Diskussionslinie thematisierte die Gefahren für die Rechte und Freiheiten der Bürger, die von einzelstaatlichen und nationalen Organen ausgehen können. Einerseits wurde die Gefahr gesehen, daß staatliche Funktionäre Eigeninteressen statt die der Öffentlichkeit verfolgen, andererseits die Gefahr, daß eine Mehrheit die Macht des Einzelstaates mißbraucht, um Eigeninteressen auf Kosten einer Minderheit zu verwirklichen. Die Anti-Föderalisten konzentrierten sich auf die erste Gefahr; sie vertraten den Standpunkt, daß einzelstaatliche Regierungen demokratischer seien und weniger gefährdet, ihre Macht zu überschreiten, da sie kleiner und näher am Volk seien. Die Föderalisten räumten dies zwar ein, argumentierten aber, daß eine Diktatur der Mehrheit ebenso die Freiheit des Einzelnen bedrohe und am besten in einer großen Republik verhindert werden könne, in der Mehrheiten sich ständig veränderten.

2. Föderalstaatliche Erfahrungen

Da die Verfassung die Machtverteilung nur unklar und unvollständig festlegte, hielt die Diskussion über die Rolle des Bundes und der Einzelstaaten auch nach der Ratifizierung an.

Die Resolution von Virginia und Kentucky

Am Ende der ersten Präsidentschaft von George Washington waren zwei „Parteien" entstanden: die Föderalisten und die Republikaner, was etwa der früheren Unterteilung in Föderalisten und Anti-Föderalisten entsprach. Die Föderalisten wollten „Exzesse" der Demokratie vermeiden; sie waren eher probritisch orientiert und Anhänger der elitären sozialen und politischen Institutionen Englands. Ihre Gegner hielten dagegen den „common sense" des Volkes hoch und blieben republikanischen Prinzipien verpflichtet; sie tendierten eher dazu, die Bindung an Frankreich zu intensivieren, vor allem nach der Französischen Revolution. Zu Spannungen zwischen beiden Gruppen kam es 1793 mit Ausbruch des Krieges zwischen England und Frankreich.

Am Ende von Washingtons zweiter Präsidentschaft hatten die Föderalisten die Kontrolle auf Bundesebene gewonnen. Ihr Kandidat John Adams wurde 1796 zweiter Präsident der USA. Im Juli 1798 erließ die Föderalisten-Mehrheit im Kongreß zwei Ausländergesetze („Alien Acts"), die den Präsidenten ermächtigten, „gefährliche" Ausländer auszuweisen oder zu inhaftieren, und ein Gesetz, mit dem die Veröffentlichung von falschen, skandalösen und bösartigen Schriften gegen die Regierung verboten wurde („Sedition Act"). Die Republikaner befürchteten – zu Recht –, daß die Gesetze darauf zielten, republikanische Opposition gegen die Bundespolitik zum Schweigen zu bringen. Sie hielten die Gesetze für eindeutig verfassungswidrig, vor allem den Sedition Act. Die Führer der Republikaner wandten sich an die Staaten, um Unterstützung zu erhalten. Die Parlamente von Virginia und Kentucky reagierten Ende 1798 und erneut 1799 mit Resolutionen, in denen sie die Gesetze als verfassungswidrig ablehnten. Diese Beschlüsse erwiesen sich als enorm wirkungsvoll zur Stärkung der Opposition gegen die Bundesregierung. Im Frühjahr 1800 hatten sich sämtliche Parlamente der Gliedstaaten hinter die Initiative der Republikaner gestellt, was zu einem überragenden Wahlerfolg bei den nationalen Wahlen später in diesem Jahr führte. Thomas Jefferson, Führer der Republikaner, wurde Präsident; seine Partei gewann in beiden Häusern des Kongresses. Zu den ersten Amtshandlungen Jeffersons gehörte die Begnadigung von Personen, die aufgrund der kritisierten Gesetze verurteilt worden waren.

Die Nationalbank

Im patriotischen Impetus des Jahres 1815[5] taten sich fast alle Republikaner und die meisten früheren Föderalisten zu dem Programm „American System“ zusammen. Es beinhaltete drei Elemente: 1. die Wiedererrichtung einer Nationalbank (die es vor 1812 bereits gegeben hatte), 2. die Einführung eines Schutzzollsystems, um Schulden des Bundes auszugleichen und die amerikanische Industrie zu fördern, 3. die Bereitstellung von Bundesmitteln für ein verbessertes nationales Verkehrssystem. Obwohl von den Republikanern unterstützt, entsprach das „Amerikanische System“ nicht Jeffersons Philosophie der einzelstaatlichen Souveränität. Das Programm weckte die alten Ängste vor einem zu mächtigen Bund. Die Staaten, die die 1816 wiedergegründete Nationalbank ablehnten, versuchten, sie durch Steuerbelastungen lahmzulegen. Im Berufungsverfahren, das dem Supreme Court eine erste wichtige Gelegenheit gab, sich zur Machtverteilung zwischen Bund und Staaten zu äußern, ging es um zwei Fragen: Durfte der Kongreß eine Nationalbank einrichten? Falls ja, durfte ein Staat sie mit einer Steuer belegen?

In der Begründung des Urteils *McCulloch v. Maryland*[6] räumte Chief Justice Marshall zunächst ein, daß die Errichtung einer Bank nicht im Kompetenzkatalog der Union enthalten sei. Die aufgeführten Kompetenzen könnten jedoch ihrer Natur nach zusätzliche Kompetenzen implizieren („implied powers“). Er verwies auf die Verfassungsbestimmung, die den Kongreß ermächtigt, alle Gesetze zu erlassen, „which shall be necessary and proper for carrying into Execution the foregoing Powers“. Die Verfechter starker Gliedstaaten wollten diese Klausel eng auslegen: Sie erlaube nur das notwendige Mindestmaß zur Ausführung einer genannten Aufgabe. Marshall hielt dagegen: Es gehe um die Ausführung der großen Aufgaben, von denen der Wohlstand der Nation wesentlich abhänge. Dies sei nicht möglich, wenn der Kongreß nicht die freie Wahl habe, geeignete Mittel zur Erfüllung der Aufgaben zu wählen. Marshall argumentierte weiter, daß die Unabhängigkeit der Union impliziere, daß die Gliedstaaten die Bank nicht mit einer Steuer belasten könnten.

Mit dem Urteil zur Nationalbank war das Thema nicht abgeschlossen. Die alten Spaltungen kamen mit dem Wahlkampf 1824 wieder auf. Andrew Jackson, Kandidat der Verfechter starker Gliedstaaten, verfehlte im Kongreß die Mehrheit. Jacksons Anhänger trennten sich daraufhin von der Nationalen Republikanischen Partei und gründeten die Demokratische Partei. Sie stand für viele der alten antiföderalistischen Prinzipien. 1828 wurde Jackson zum Präsidenten gewählt; die Demokraten verzeichneten bedeutende Gewinne im Kongreß. Jackson machte die Zukunft der Bank zur Basis seiner Wahlkampagne 1832. Die Wahl wurde so zu einer der wenigen in der amerikanischen Geschichte, in der eine wichtige Angelegenheit de facto direkt der Wählerschaft zur Entscheidung vorgelegt wurde. Das Ergebnis: ein überwältigender Sieg für Jackson und die Demokraten – und das Ende der Nationalbank.

Der Schutzzoll – Einführung und Annullierung

Der erste Außenzoll der Union wurde 1816 als Teil des Amerikanischen Systems eingeführt und einige Jahre später von Politikern der Südstaaten in Frage gestellt. In den durch Landwirtschaft, vor allem Baumwollanbau, geprägten Südstaaten der USA sah man in dem Zoll eine indirekte Besteuerung, da er die auswärtige Nachfrage nach den agrarischen Rohprodukten drossele. Die Einnahmen kämen in Form von Beihilfen nur den im Norden und mittleren Westen angesiedelten verarbeitenden Unternehmen zugute. Der Zoll sei daher verfassungswidrig; die Verfassung erlaube der Bundesregierung nicht, eine Region auf Kosten einer anderen zu fördern. Der Kongreß erhöhte den Zoll jedoch und führte 1824 und 1828 weitere ein, was die Opposition mobilisierte. An die Resolutionen von Virginia und Kentucky anknüpfend, rief das Parlament von South Carolina andere Staaten auf, gemeinsam den Bund daran zu hindern, seine Kompetenzen zu überschreiten. Während Virginia und Kentucky allerdings nur ein Recht auf Widerspruch beansprucht hatten, um so den Bund zu veranlassen, die umstrittenen Gesetze zurückzunehmen, verabschiedete South Carolina 1832 formell eine Verordnung zur Annullierung der Bundeszölle und wies die staatlichen Funktionäre an, die Zollerhebung einzustellen. Diesmal fand die Initiative keine Unterstützung bei anderen Staaten. In der Zwischenzeit ging die Regierung Jackson dazu über, den Vorrang des Bundes geltend zu machen. Präsident Jackson bestritt das Recht eines Staates, sich in Bundesrecht einzumischen, und bezeichnete dies als Verrat. Er forderte den Kongreß auf, Mittel für Truppen vorzusehen, so daß South Carolina, falls nötig, mit Gewalt davon abgehalten werden könne, Zollbeamte des Bundes zu behindern.

Zusammen mit dem Gesetz, das Präsident Jackson ermächtigte, Gewalt anzuwenden, um gegen die Annullierung vorzugehen, legte der Kongreß aber ein Kompromißgesetz vor, das die Reduzierung des protektionistischen Zolls innerhalb von zehn Jahren vorsah. Mit dieser politischen Lösung endete der Streit; bald danach zog South Carolina die Nichtigkeitserklärung zurück.

Sklaverei und Bürgerkrieg

Die Diskussion über die Zölle legte einen anderen Gegensatz zwischen Nord- und Südstaaten offen, der die amerikanische Politik dreißig Jahre lang dominieren und in einem blutigen Bürgerkrieg enden sollte: die Sklaverei. Sowohl Wirtschaft als auch Kultur der Südstaaten beruhten auf der Institution der Sklaverei. Im Norden jedoch wuchs der Widerstand gegen diese „seltsame Institution", zum Teil aus moralischen, mehr noch aus ökonomischen Gründen.

1856 versuchte der Supreme Court, den Konflikt beizulegen, indem er die verfassungsmäßigen Grenzen der Bundeskompetenzen bezüglich der Sklaverei in den Staaten festlegte. Im Fall *Dred Scott v. Sanford*[7] ging es um die Frage, ob ein Sklave, der in einen Staat gebracht werde, in dem Sklaverei verboten war, dadurch frei würde. Das Südstaaten-dominierte Gericht argumentierte, daß Sklaven und ihre Abkommen keine Bürger der Vereinigten Staaten seien und daher nicht vor Bundesgerichten Klage erheben könnten. Der Kongreß habe zudem nicht die Befugnis, Sklaverei in den Staaten einzuschränken. Das Urteil provozierte einen Sturm der Kritik. Es war ein Hauptthema in den berühmten Lincoln-Douglas-Debatten von 1858. Das Urteil wird oft als ein Auslöser des Bürgerkriegs betrachtet, was sicherlich übertrieben ist.

Der Auslöser für den Bruch der Union war vielmehr die Wahl eines gegen die Sklaverei eingestellten Präsidenten, Abraham Lincoln, im Jahre 1860. Die Sklaverei war die unmittelbare Ursache des Konflikts, als Kriegsziel nannte Lincoln jedoch die Erhaltung der Union und der republikanischen Prinzipien, die sie vertrete. Es ging darum, wie Lincoln es formulierte, ob angesichts der Sklaverei die Vereinigten Staaten „or any nation so conceived and so dedicated, can long endure".

Gerichtlicher Schutz für die Rechte der Staaten

Der Sieg der Union 1865 diskreditierte die Befürworter starker Einzelstaaten gründlich; sie gewannen die Position, die sie vor dem Krieg hatten, nie zurück. Die für die Gestaltung der Beziehung zwischen Einzelstaaten und Bund bedeutendste Entwicklung in dieser Zeit war, daß der Supreme Court zu einer aktiven Instanz wurde, die die Kompetenzgrenzen von Einzelstaaten und Union festlegte. Vor dem Bürgerkrieg hatten Gerichte bei der Kompetenzverteilung nur eine untergeordnete Rolle gespielt. Außer bei den gescheiterten Bemühungen im Urteil *Dred Scott* hatte der Supreme Court die Kompetenzen des Bundes weit ausgelegt und auf diese Weise ein breites Feld konkurrierender Zuständigkeiten geschaffen; die Machtaufteilung im einzelnen blieb dem politischen Prozeß überlassen.

Seit Mitte der 1870er Jahre übernahm das Gericht jedoch aktiver die Verantwortung, Kompetenzgrenzen zwischen Bund und Gliedstaaten festzulegen.

Als der Kongreß nach und nach auf die Industrialisierung und den sich entwickelnden zwischenstaatlichen Handel mit neuen Formen der nationalen Regulierung reagierte, übernahm der Supreme Court die Aufgabe, die Ausdehnung der Unionskompetenzen zu kontrollieren. Im Laufe der Zeit erließ das Gericht eine Reihe von Urteilen, die den Kompetenzen der Union insgesamt deutliche Grenzen setzten.

Die Regulierung des Handels war nicht die einzige Kompetenz des Bundes, die das Gericht in dieser Zeit beschränkte. Nachdem der Kongreß eine Steuer von zehn Prozent auf das Nettoeinkommen jedes Unternehmers eingeführt hatte, der Kinder unter einem bestimmten Alter beschäftigte, erklärte das Gericht die Steuer für verfassungswidrig, da sie eigentlich darauf ziele, Kinderarbeit abzuschaffen.[8] Auf diese Weise, so das Gericht, könnte der Kongreß in jeglichen Bereichen detaillierte Regelungen treffen und sie mittels einer „Steuer" durchsetzen: „To give such magic to the word ‚tax' would be to break down all constitutional limitations of the powers of Congress and completely wipe out the sovereignty of the States."

Der New Deal und das Ende des gerichtlich durchgesetzten Föderalismus

Im Rückblick wird klar, daß ein erneuter Zusammenstoß zwischen dem Gericht und den politischen Akteuren in der Folgezeit so gut wie unvermeidlich war. Das Gericht hing der Föderalismus-Vorstellung des 19. Jahrhunderts an, derzufolge die Macht des Bundes eng begrenzt war und Bund und Einzelstaaten ihre Kompetenzen in getrennten Bereichen ausübten – was auch als „layer cake federalism"[9] bezeichnet wurde. Diese Föderalismus-Vorstellung entsprach jedoch nicht mehr der Wirklichkeit der amerikanischen Gesellschaft.

Die Bevölkerung der USA sah die nationale Regierung nicht mehr als eine entfernte Autorität, die nur in außergewöhnlichen Umständen zuständig wäre. Im Gegenteil, verschiedene Entwicklungen hatten die Bindung an die nationale Regierung gestärkt. Die wichtigsten Entwicklungen waren ökonomischer und technologischer Art. Die Entstehung einer einheitlichen Volkswirtschaft begünstigte ein nationales Gemeinschaftsgefühl, das durch verbesserte Kommunikationsmöglichkeiten zusätzlich gestärkt wurde.

Das Wachstum der nationalen Wirtschaft machte außerdem nationale Lösungen für Probleme notwendig, die bislang auf einzelstaatlicher Ebene behandelt worden waren. Da sich ein national integrierter Markt für Waren, Arbeit und Kapital entwickelte, griff die einzelstaatliche Regulierung nicht mehr. Die Unterscheidung zwischen „Handel" und „Verarbeitung" oder zwischen „örtlich" und „zwischenstaatlich" ergaben in einer Nation keinen Sinn mehr, in der ökonomische Wirkungen zwangsläufig über staatliche Grenzen hinausgingen.

Diese Probleme erreichten mit der Weltwirtschaftskrise der 30er Jahre einen Höhepunkt und überforderten die Einzelstaaten. Um die Wirtschaft zu stabilisieren, legte Franklin D. Roosevelt nach seinem Amtsantritt 1933 eine Reihe von Maßnahmen vor, die der Kongreß umgehend verabschiedete. Roosevelts „New Deal" war mit zentralstaatlicher Regulierung in bislang ungekanntem Ausmaß verbunden; vieles betraf Kompetenzen, die der Supreme Court den Staaten zugesprochen hatte.

Das Gericht erließ in der Folge eine Reihe von Urteilen, die Roosevelts Aufbauprogramm den Kern zu nehmen drohten. Wichtigste Regelung des New Deal war der *National Industrial Recovery Act (NIRA)*, eine umfassende Schocktherapie für die Wirtschaft, die den Präsidenten ermächtigte, faire Wettbewerbscodes für den Großteil der Industrie aufzustellen. In seiner Entscheidung *Schecter Poultry Corp. v. United States*[10] erklärte das Gericht dieses Gesetz für ungültig, da es die Kompetenzaufteilung verletze, indem es dem Präsidenten zuviel Ermessensspielraum einräume. Selbst der Kongreß sei nicht befugt, solche Codes zu erlassen. Kurz nachdem der Supreme Court das NIRA-Programm zu Fall gebracht hatte, stoppte er auch andere wichtige New Deal-Maßnahmen.

Diese Urteile machten es unmöglich, noch länger über die Problematik des gerichtlich durchgesetzten Föderalismus hinwegzusehen. Entsprechend Andrew Jacksons Strategie bezüglich der Nationalbank 1832 machte Roosevelt den New Deal 1936 zur Basis seiner Wahlkampagne. Das Ergebnis war ein überwältigender Sieg – diesmal unterstützte eine große Mehrheit die Expansion der Bundeskompetenzen. Kurz darauf vollzog das Gericht eine dramatische Kehrtwendung und nahm Abstand von seiner alten Linie zur Beschränkung der Bundeskompetenzen.

1976 drohte der gerichtlich durchgesetzte Föderalismus wieder aufzuleben, als der Supreme Court in dem Urteil *National League of Cities v. Usery*[11] verkündete, daß die Verfassung dem Kongreß untersage, einzelstaatliche Regierungssysteme auf eine Weise zu regulieren, die die Fähigkeit der Staaten beeinträchtige, in einem föderalen System effizient zu funktionieren. Doch nach einem Jahrzehnt erfolglosen Kampfes, um diesen Kern der Eigenständigkeit der Staaten zu bewahren, wurde auch diese Beschränkung aufgehoben. In dem Urteil *Garcia v. San Antonio Metropolitan Transit. Auth.*[12] revidierte das Gericht das Usery-Urteil und bekräftigte offiziell seine Entscheidung, die Entwicklung des Föderalismus dem politischen Prozeß zu überlassen.

Eine aktive Rolle behielt das Gericht im Bereich der Bürgerrechte. Als das Gericht in dem Urteil *United States v. Carolene Products Co.*[13] seinen Rückzug aus dem Bereich der ökonomischen Regulierung ankündigte, behielt es sich in einer Fußnote die Option vor, weiterhin Gesetze zu überprüfen, die für die Rechte von Personen oder Gruppen von Bedeutung sind, die in der Regel vom politischen Prozeß ausgeschlossen sind. In den Jahren nach diesem Urteil hat das Gericht diese berühmte Fußnote benutzt, um gerichtliche Interventionen zugunsten von Schwarzen,

Frauen, angeklagten Straftätern, religiösen Sekten und anderen Minderheiten zu rechtfertigen.

Föderalismus nach dem New Deal: die Machtzunahme des Bundes

Der New Deal hatte ein ganz anderes Modell der Beziehungen zwischen Bund und Gliedern eingeführt. Viele New Deal-Programme wurden gemeinsam von Einzelstaaten und Bund finanziert und durchgeführt – der „layer cake"-Föderalismus wurde zum „marble cake"-Föderalismus.[14] Zunächst schien die Entwicklung dieses kooperativen Föderalismus vor allem den Staaten zu nützen. Dies blieb jedoch nicht lange so: Der Bund begann in der Kooperation mit den Staaten bald, seine Vorrechte als „senior partner" in Anspruch zu nehmen.

Der wichtigste Grund für die Machtzunahme des Bundes war die offensichtliche Unfähigkeit der Staaten, die Probleme des städtischen und industriellen Wachstums zu bewältigen. In den 50er und 60er Jahren richtete sich die Aufmerksamkeit verstärkt auf die Themen Armut, Bürgerrechte, Umwelt – in allen diesen Bereichen ließ die einzelstaatliche Politik zu wünschen übrig. Angefangen mit John F. Kennedys Regierungsprogramm des „New Frontier", vor allem aber nach Lyndon Johnsons Maßnahmenprogramm der „Great Society" nahm der Bund entscheidend an Bedeutung zu.

Oberflächlich betrachtet glichen diese Maßnahmen dem New Deal, da sie in der Regel gemeinsam finanziert und durchgeführt wurden. Es gab jedoch wichtige Unterschiede, vor allem in bezug auf den Ermessensspielraum und die Eigenständigkeit, die den Einzelstaaten belassen wurde. Die Programme im Rahmen der „Great Society" legten die Anforderungen an die Umsetzung der Ziele in der Regel viel detaillierter fest als frühere Programme.

Kritik an der sich ausdehnenden Bürokratie auf Bundesebene kam erst Ende der 60er Jahre auf. Jeder der drei Präsidenten nach Johnson (Richard Nixon, Gerald Ford und Jimmy Carter) bemühte sich, Kompetenzen und Verantwortung an die Staaten zurückzugeben. Ronald Reagan machte schließlich den Umfang der Bundespolitik und die Notwendigkeit, politische Kontrolle an die Einzelstaaten zurückzugeben, zu einem wichtigen Wahlkampfthema – und wurde zum Präsidenten gewählt. Obwohl es ihm bei weitem nicht gelang, alle Ziele zu verwirklichen, brachte Reagan das Wachstum der Bundesaufgaben zumindest zum Stillstand und konnte sogar einige Aufgaben an die Staaten zurückgeben. Einige Beihilfeprogramme wurden ganz eingestellt; etwa 60 wurden in wenige Programmblöcke zusammengefaßt. Die bisherigen vom Bund kontrollierten regionalen Planungsbehörden wurden abgeschafft, um die Planung zu dezentralisieren; einige Programme wurden auf die Staaten verlagert. Auf diese Weise übertrug die Regierung Reagan politischen

Schwung zurück auf die Staaten, ohne die Beziehungen zwischen Bund und Einzelstaaten neu zu definieren.

Die heutige Form des amerikanischen Föderalismus ähnelt interessanterweise dem Modell der Verfassungsväter von 1789: Demnach fördert der Föderalismus die Möglichkeit, mit neuen Ansätzen zu experimentieren, und die Flexibilität, Gesetze an örtliche Bedürfnisse und Bedingungen anzupassen; Föderalismus verstärkt die Verantwortlichkeit von Funktionären und fördert durch engeren Kontakt der Regierenden zu den Bürgern die Demokratie.

3. Den amerikanischen Föderalismus verstehen

Vor dem historischen Hintergrund können einige Schlußfolgerungen über das Wesen des Föderalismus in den Vereinigten Staaten gezogen werden. Das erste wichtige Ergebnis ist, daß formalrechtliche Regelungen von erstaunlich geringer Bedeutung sind. Auseinandersetzungen wurden von der Legislative oder an der Wahlurne entschieden, nicht vor Gericht.

Die Väter der amerikanischen Verfassung hatten ein föderales System vorgeschlagen, das weniger auf formell abgegrenzten Bereichen beruht als vielmehr auf dem Prinzip, daß die einzelstaatliche und die nationale Politik miteinander konkurrieren sollen und auf diese Weise, „by their mutual relations, be the means of keeping each other in their proper places".[15] Nach Auffassung der Verfassungsväter beruhte die Macht beider politischer Ebenen letztlich auf dem Mandat des Volkes. Man hatte angenommen, daß sich Auseinandersetzungen zwischen Einzelstaaten und Bund vor allem im Kongreß abspielen würden, bei der Verabschiedung spezifischer Bundesgesetze. Beabsichtigt war, ein Gleichgewicht zu erreichen, indem sie den Staaten eine direkte Stimme im nationalen Politikprozeß gaben. Dies wurde mittels einer Reihe von Mechanismen erreicht; am wichtigsten war das Erfordernis, daß Gesetze vom Senat verabschiedet werden müssen, dessen Mitglieder von den Parlamenten der Staaten gewählt waren.[16]

Die Erfahrung zeigt jedoch, daß ein dynamischer Föderalismus nicht davon abhängt, daß die Einzelstaaten über eine direkte Stimme im nationalen Entscheidungsprozeß verfügen. Der politische Wettbewerb hat es vielmehr mit sich gebracht, daß der Wählerschaft immer wieder Vorschläge zur Zentralisierung oder Dezentralisierung vorgelegt wurden; sie machen die Dynamik des amerikanischen Föderalismus aus.

Hinzu kommt, daß die politische Auseinandersetzung innerhalb einer Partei ebenso heftig sein kann wie zwischen den Parteien. Hierin liegt eine weitere wichtige Quelle für politische Veränderungen. Beide großen Parteien sind sozusagen selbst eine Föderation. Nach der New Deal-

Ära sind weitere Organisationen hinzugekommen, die sich in die Auseinandersetzung über die Kompetenzverteilung zwischen Bund und Einzelstaaten einmischen. Es wurden zahlreiche intergouvernementale Verbände gegründet, um der Stimme der Staaten im politischen Prozeß Gewicht zu geben.[17] Noch wichtiger sind die unzähligen nicht-gouvernementalen Organisationen, die politische Maßnahmen entwickeln oder unterstützen, die den Interessen ihrer Mitglieder dienen. Einmal stehen diese Organisationen auf der Seite des Bundes, ein anderes Mal auf der der Einzelstaaten – die Frage der föderalen Machtverteilung bleibt damit immer auf der Tagesordnung.

Die Föderalismus-Debatte in den USA spielt sich in einem vielschichtigen Prozeß ab, in dem politische Vorschläge innerhalb eines großen Netzwerkes öffentlicher und privater Institutionen entwickelt und bewertet werden, die ständig darum kämpfen, ihre Interessen voranzubringen. Dieser Prozeß ist treffend als „garbage can model of organizational choice" beschrieben worden, was auf das Durcheinander von Problemen und Lösungen verweist, die unablässig in die öffentliche Debatte geworfen werden. Anstelle des einfachen Konflikts zwischen Kongreß und einzelstaatlichen Parlamenten, den die Verfassungsväter voraussahen, existiert also ein vielseitiger Wettbewerb zwischen zahlreichen Institutionen mit veränderlichen Interessen. Das Endergebnis ist jedoch das gleiche: ein lebhafter Wettbewerb zwischen betroffenen Gruppierungen, der die öffentliche Debatte über die jeweils adäquate politische Kompetenzverteilung stimuliert.

Es ist schwierig zu bewerten, ob dieses System erfolgreich war – da hierfür kein objektives Maß zur Verfügung steht. Einigen amerikanischen Wissenschaftlern zufolge gibt es in den USA keinen Föderalismus mehr. Unserer Ansicht nach messen Vertreter dieser Position dem „Richterrecht" zu große Bedeutung bei – es wird unterstellt, daß es für die Macht des Bundes keine Grenzen gäbe ohne gerichtlich durchsetzbare Rechte der Einzelstaaten. Dies geht an der reichhaltigen politischen Dynamik des amerikanischen Föderalismus vorbei. Die Geschichte zeigt immer wieder die Dauerhaftigkeit des Föderalismus in den USA. Das System funktioniert in dem Sinne, daß es den Fluß von Macht und Kompetenzen zwischen den politischen Ebenen flexibel ermöglicht, je nach aktuellen Notwendigkeiten. Die Bundesebene ist heute natürlich viel gewichtiger als im 18. Jahrhundert oder sogar Anfang des 20. Jahrhunderts. Aber dieser Vergleich ist kaum hilfreich. Technologischer, kultureller und ökonomischer Wandel haben die gesellschaftlichen Probleme und damit auch die angemessene Regierungsform verändert. Im Vergleich zu anderen entwickelten Nationen ist es jedoch eher erstaunlich, wieviel politische Macht in den USA nach wie vor auf gliedstaatlicher Ebene ausgeübt wird. Die meisten Gesetze, die für den Alltag der

Bevölkerung relevant sind, sind einzelstaatliche Gesetze. Der amerikanische Föderalismus ist auch heute lebendig.

II. Vergleich zwischen dem amerikanischen und dem europäischen Föderalismus

1. Die Kompetenzverteilung als zentrale Fragestellung

Es gibt bereits eine lange Tradition des Vergleiches zwischen dem amerikanischen und dem europäischen Föderalismus. Unsere Absicht ist es im folgenden, einige der aktuellen Strukturprobleme der Europäischen Union in den Blick zu nehmen und die Bedeutung der amerikanischen föderalen Erfahrung für diese Zusammenhänge auszuloten.

Mit dem Eintritt in die Maastricht-Ära gelangen zwei Themen in den Mittelpunkt: Zum einen gewinnt die Frage nach den Kompetenzen der Gemeinschaft an Bedeutung – eine Auseinandersetzung, die ihr Schlüsselwort in dem herrlich vagen Begriff bzw. Konzept der Subsidiarität gefunden hat. Zum anderen steht die weitere Beschäftigung mit den Regierungsstrukturen und -prozessen, mit dem Gleichgewicht zwischen Gemeinschaft und Mitgliedstaaten sowie mit Demokratie und Legitimation der EU an.

In den meisten Föderationen ist die Abgrenzung der Zuständigkeiten zwischen Zentralebene und Gliedstaaten das entscheidende Spannungsfeld. Die Beziehung zwischen beiden politischen Ebenen wird traditionell durch das Prinzip der Kompetenzauflistung (enumeration) bestimmt. Dieses Prinzip hat keinen festen Inhalt und wird von System zu System unterschiedlich interpretiert. Die Intensität, mit der daran festgehalten wird (und sei es nur rhetorisch), zeigt, wie stark jeweils die Überzeugung ist, daß an der ursprünglichen Verteilung der Legislativkompetenzen als Grundmerkmal des betreffenden Systems festgehalten werden müsse.

Im Umgang mit der Kompetenzauflistung zeigen sich deutliche Unterschiede am Beispiel des kanadischen und des US-Föderalismus. Die unterschiedliche Grundhaltung wird nirgends deutlicher als in der jeweiligen juristischen Terminologie zur Kompetenzverteilung: Während Lord Atkin die in der Verfassung vorgegebene Verteilung der Legislativkompetenzen für „one of the most essential conditions, probably the most essential condition“[18] im kanadischen föderalen System hält, erklärte Chief Justice Marshall ein Jahrhundert zuvor: „Let the end be legitimate, let it be within the scope of the Constitution, and all means which are appropriate, which are plainly adapted to that end, which are not prohibited, but consist with the letter and spirit of the Constitution, are constitutional".[19] Diese unterschiedliche Betrachtung von Kompetenzkriterien deutet auf das jeweils zugrundeliegende Verständnis von Föderalismus und Integration hin. Im Gegensatz zum kanadischen Föderalismus, der sich strikt an der verfassungsgemäßen Kompetenzverteilung zwischen Zentralstaat und Provinzen ausrichtete, wurden im US-amerikanischen Föderalismus Fragen der Kompetenzverteilung de facto ziemlich bald „unabhängig" von Vorgaben der Verfassung gelöst, indem sie der Supreme Court der Politik überließ. Dies ist zwar von einigen Politikern und Wissenschaftlern[20] bedauert, als empirischer Tatbestand aber nicht bestritten worden.

Der Kontrast zwischen dem kanadischen und dem US-amerikanischen Ansatz könnte durch formal-strukturelle Unterschiede zwischen dem British North American Act, der der heutigen kanadischen Verfassung vorausging, und der amerikanischen Verfassung erklärt werden. Die beiden Texte unterscheiden sich aber auch prinzipiell in dem Wert, den sie Kompetenzkatalogen als Teil des jeweiligen föderalen Aufbaus beimessen – insbesondere bezüglich der Ziele und Mittel, Funktionen und Werte. In der Konzeption des kanadischen Systems wird die Kompetenzaufteilung per se als Wert aufgefaßt: als ein eigenständiges Ziel.[21] Die zweistufige Form des Regierungssystems wird den anderen Grundzielen der Politik gegenüber – etwa der Wahrung von Sicherheit, Ordnung und Wohlfahrt – als gleichrangig und als Teil der demokratischen Struktur betrachtet. In den Vereinigten Staaten behielt das Prinzip der föderalen Gliederung dagegen zwar seine verfassungsgemäße Bedeutung, in der Praxis wurde es jedoch eher höheren Werten untergeordnet und als ein hilfreiches Mittel zur Erreichung anderer Ziele der amerikanischen Union verstanden. In dem Ausmaß, in dem die föderale Machtaufteilung andere Ziele in Frage stellte, wurde sie aufgegeben. Dies kann als funktioneller Ansatz bezeichnet werden.

2. Das Prinzip der Kompetenzzuordnung in der Europäischen Gemeinschaft: Theorie und Praxis[22]

In der EG ist eine interessante Divergenz zwischen Theorie und Praxis der Kompetenzzuordnung zu beobachten: Die rechtliche Lehre entsprach zumindest anfänglich dem kanadischen Modell, die Praxis, vor allem in den 70er und 80er Jahren, dem US-amerikanischen. Der EWG-Vertrag selbst liefert keine klare Definition der materiellen Grenzen der EG-Rechtsetzung.[23] Klar war, daß in einem System,

- das eine „Schmelztiegel-Philosophie" ablehnte und in der Präambel seines Gründungsvertrages von einem „immer engeren Zusammenschluß der europäischen *Völker*" spricht,

- dessen Mitgliedstaaten der Gemeinschaft Kompetenzen verleihen, wobei die übrigen Kompetenzen bei den Mitgliedstaaten verbleiben,
- dessen Grundlage ein internationaler Vertrag ist, nach dem Vertragsänderungen von der Ratifizierung durch die Parlamente aller Mitgliedstaaten abhängig gemacht werden (Art. 236 EWGV),

das Prinzip der Kompetenzzuordnung eher eng, im kanadischen Sinne, auszulegen sei und eine Ausweitung der Rechtsetzungskompetenzen (rationae materia) nicht einfach sein würde. Dieses Verständnis teilten nicht nur Wissenschaftler, es zeigte sich auch in der Praxis der Mitgliedstaaten und der politischen Organe der Gemeinschaft wie auch des Europäischen Gerichtshofs. In einer seiner berühmtesten Entscheidungen, *Van Gend en Loos*, spricht das Gericht von der Gemeinschaft als „einer neuen Rechtsordnung des internationalen Rechts, zu deren Gunsten die Staaten, *wenn auch in begrenztem Rahmen*, ihre Souveränitätsrechte eingeschränkt haben".[24] Zuvor hatte das Gericht Ähnliches in noch deutlicherer Sprache in bezug auf die Europäische Gemeinschaft für Kohle und Stahl erklärt.[25] Soweit zur anfänglichen Lehre. Nun zur Praxis.

Obwohl die 70er und frühen 80er Jahre als eine Zeit galten, in der sich die Gemeinschaft wenig weiterentwickelte, fand in Wirklichkeit ein größere „unterirdische" Verfassungsrevolution statt: In dieser Zeit löste sich das Prinzip der Kompetenzzuordnung als Schranke für die materielle Rechtsetzung der Gemeinschaft nahezu auf.[26] Ergebnis war, daß kein Kompetenzbereich der souveränen Nationalstaaten mehr dem Zugriff der Gemeinschaft verschlossen blieb. Die derzeitige Situation der Gemeinschaft in den 90er Jahren kann mit der US-amerikanischen Föderalismus-Erfahrung verglichen werden: Obwohl die Gemeinschaft, wie wohl auch die USA, mit einem engen Verständnis der Kompetenzverteilung begann, gilt heute: „There simply is no nucleus of sovereignty that the Member States can invoke, as such, against the Community".[27] Diese Situation hat zur derzeitigen intensiven Suche nach einer neuen Festlegung der Grenzen der EG-Kompetenzen geführt.

3. Die Erosion enger Kompetenzgrenzen

An vielen Stellen sieht der EWG-Vertrag selbst den Wandel von Kompetenzen ohne Vertragsänderung vor. Dennoch könnte man schematisch die Verteilung der Zuständigkeiten zwischen Gemeinschaft und Mitgliedstaaten folgendermaßen beschreiben: 1. Politikbereiche, in denen die Gemeinschaft keine Befugnisse hat; 2. Politikbereiche, für die die Gemeinschaft ausschließlich zuständig ist und die damit außerhalb nationalstaatlicher Gesetzgebung liegen; 3. Politikbereiche, in denen die Gemeinschaft und Mitgliedstaaten über konkurrierende Kompetenzen verfügen. Einem sehr strikten Konzept der Kompetenzzuordnung zufolge könnte diese Einteilung nur im Rahmen einer Vertragsrevision verändert werden. Die Geschichte der „Mutation" der Gemeinschaftskompetenzen lief jedoch ganz anders ab. Es lassen sich vier Kategorien des Verfassungswandels erkennen.

Kompetenzausdehnung

Kompetenzausdehnung bezieht sich auf Veränderungen im Bereich der ausschließlichen Gemeinschaftszuständigkeit. Das bemerkenswerteste Beispiel dieser Art ist die wohlbekannte Geschichte der Entwicklung einer Rechtsprechung zu Menschenrechtsfragen in der Gemeinschaft. Der Vertrag sieht die Prüfung von Rechtsakten der Gemeinschaft durch den Gerichtshof der EG vor; er beinhaltet jedoch weder einen Grundrechtekatalog, an dem die Rechtsakte zu messen wären, noch erwähnt er Menschenrechte als mögliche Begründung für die Normenkontrolle. Dennoch hat der EuGH ein beeindruckendes Gerüst für diese Art richterlicher Prüfung aufgebaut – ein Prozeß, der 1969 begann und in den 70er Jahren konsolidiert wurde.[28]

Der Hauptakteur, der die Ausdehnung von Kompetenzen initiierte, war das Gericht selbst. Diese Veränderungen sind jedoch beschränkt auf den Bereich der ausschließlichen Zuständigkeit der Gemeinschaft und haben keinen direkten Einfluß auf die Rechtsetzung der Mitgliedstaaten. Hier zeigt sich die eher liberale Auffassung des Gerichts bezüglich der Grenzen der EG-Rechtsetzung.

„Absorbierung" von Kompetenzen

Die Absorbierung ist eine weit tiefgreifendere Form der Kompetenzveränderung. Sie findet statt, wenn die EG-Legislative, in Ausübung von Rechtsetzungskompetenzen, die der Gemeinschaft verliehen wurden, Bereiche beeinflußt, für die die Mitgliedstaaten zuständig sind und die außerhalb der expliziten EG-Kompetenzen liegen. Ein Beispiel von vielen ist das Urteil in der Rechtssache Casagrande.[29] Donato Casagrande, Sohn eines italienischen Gastarbeiters, in München geboren und aufgewachsen, klagte gegen das Bayerische Ausbildungsförderungsgesetz (BayAFöG), demzufolge er als Ausländer keine Ausbildungsförderung erhalten könne. Er berief sich dabei auf Art. 12 der Ratsverordnung 1612/68,[30] derzufolge Kinder von Arbeitnehmern aus anderen EG-Ländern „unter den gleichen Bedingungen wie die Staatsangehörigen dieses Mitgliedstaats am allgemeinen Unterricht sowie an der Lehrlings- und Berufsausbildung teilnehmen" können. Das Bayerische Verwaltungsgericht legte dem EuGH den Fall zur Vorabentscheidung vor. Die Vertretung des Freistaates Bayern argumentierte, daß der Rat mit der genannten Verordnung seine in Art. 48 und 49 EWGV festgelegten Kompetenzen im Bereich der Arbeitnehmer-Freizügigkeit überschritten habe.

Art. 12 der Verordnung müsse dahingehend ausgelegt werden, daß Kinder von Wanderarbeitnehmern unter gleichen Bedingungen zugelassen werden müssen, nicht aber Ausbildungsförderung beanspruchen können. Dies sei eine Frage der Bildungspolitik – für die die EG keine Kompetenz besitze.

Der EuGH interpretierte in einem ersten Schritt den EG-Rechtsakt, um seine Reichweite zu klären. Dabei verhielt er sich, als befände er sich in einem „leeren" Raum ohne Schranken für den Zugriff des Gemeinschaftsrechts. Es ist daher nicht überraschend, daß das Gericht zu dem Schluß kam, daß Art. 12 der fraglichen Verordnung auch die Verteilung von Fördermitteln umfasse. Im zweiten Schritt der Analyse wandte sich das Gericht der Frage der Nichtzuständigkeit der EG zu. Zunächst erkannte er an, daß die Bildungspolitik „als solche" nicht zu den Materien gehört, „die der Vertrag der Zuständigkeit der Gemeinschaftsorgane unterworfen hat". Der Hinweis auf die Gemeinschaftsorgane ist hier von Bedeutung; schließlich ging es um eine Frage des sekundären EG-Rechts. In der Schlüsselpassage fährt das Gericht jedoch fort, daß daraus nicht folge, „daß die Ausübung der der Gemeinschaft übertragenen Befugnisse irgendwie eingeschränkt wäre, wenn sie sich auf Maßnahmen auswirken kann, die zur Durchführung etwa der Bildungspolitik ergriffen worden sind". Hier ist nun die Rede von der Gemeinschaft als ganzer; damit wird über das sekundäre Recht hinausgegangen und der EWG-Vertrag insgesamt miteinbezogen.

Im ersten Schritt erklärte das Gericht also die Bedeutung eines EG-Rechtsaktes. Die Auslegung mag teleologisch sein, freilich nicht unbedingt in dem Maße wie etwa bei der Entwicklung von Grundrechtsnormen im Gemeinschaftsrecht. In dieser Hinsicht unterscheidet sich Kompetenzabsorbierung von Kompetenzausdehnung. Im zweiten Schritt erklärte das Gericht, daß in dem Maße, in dem nationale Gesetze – selbst in Bereichen, in denen die Gemeinschaft nicht zuständig ist – mit Gemeinschaftsrecht kollidieren, diese nationalen Regelungen vom EG-Recht absorbiert werden. Dem Gericht zufolge ist es also nicht die Gemeinschaftspolitik, die in die nationale Bildungspolitik eingreift. Es ist vielmehr die nationale Bildungspolitik, die die EG-Freizügigkeitspolitik einschränkt und daher nachgeben muß.

Bei dieser Art der Kompetenzmutation spielen mindestens zwei Sorten von Akteuren eine Rolle: die Legislativakteure – Ministerrat, Kommission und Parlament – und die Judikative. Kompetenzabsorbierung dehnt die Wirkung von EG-Recht zwar außerhalb der EG-Zuständigkeit aus, gibt der Gemeinschaft jedoch keine eigenen neuen Legislativkompetenzen, z. B. im Bereich der Bildungspolitik. Die Bedeutung dieser Kompetenzmutation wird klar, wenn man sich die Folgen einer Rechtsprechung ausmalt, die die Möglichkeit der Absorbierung verneint: Da es in den

EU-Staaten unmöglich ist, zwischen den Bereichen der Sozial- und Wirtschaftspolitik eindeutige Grenzen zu ziehen, wäre eine wirkungsvolle Durchführung von politischen Maßnahmen, die in die Rechtsetzungskompetenz der EG fallen, erheblich eingeschränkt.

Die Rechtsprechung des EuGH weist auf eine klare Präferenz für die Gemeinschaftskompetenz auf Kosten der einzelstaatlichen Kompetenz hin. Die Sprache des Gerichts kann als einfache Anwendung des Vorrangprinzips verstanden werden. Doch geht es hier nicht um eine klassische Vorrangfrage. In bezug auf die Gesetzgebung kann Vorrang nur bedeuten, daß jede politische Ebene in jenen Dimensionen Vorrang besitzt, für die sie zuständig ist. Im vorliegenden Fall geht es jedoch um einen Kompetenzkonflikt. Dem Gericht zufolge muß bei solchen Konflikten die Gemeinschaftskompetenz Vorrang haben. Dies ist wohl die juristische Crux der Kompetenzabsorbierung.

Inkorporation[31]

Der Begriff ist der Verfassungsgeschichte der USA entlehnt und bezeichnet den Prozeß, im Laufe dessen der Grundrechtekatalog der Union („bill of rights“), der anfänglich nur auf Rechtsakte der Unionsregierung Anwendung fand, durch das 14. Amendment auf einzelstaatliche Gesetze ausgedehnt wurde. Die Möglichkeit der Inkorporation innerhalb des Gemeinschaftssystems erscheint auf den ersten Blick unwahrscheinlich. Dies würde sogar zwei Schritte richterlichen Aktivismus, voraussetzen: erstens die Schaffung von EG-Grundrechtsnormen durch das Gericht, zweitens deren Anwendung auf Rechtsakte der Mitgliedstaaten. In der Rechtssache *Wachauf* sowie vor allem im AETR-Urteil zur Reichweite der Gemeinschaftszuständigkeit im Bereich der Außenbeziehungen hat der EuGH Schritte in dieser Richtung unternommen. Wenn dies auch im Falle der Menschenrechte gerechtfertigt scheint, so zeigt sich doch auch hier die liberale Haltung des EuGH gegenüber Kompetenzverteilung und -abgrenzung.

Expansion

Die Kompetenzexpansion ist die radikalste Form der Kompetenzmutation. Während es bei der Absorbierung um EG-Rechtsakte in Bereichen geht, in denen die Gemeinschaft ursprünglich zuständig ist und die Mutation aufgrund der „spill over“-Wirkungen in Kompetenzbereichen der Mitgliedstaaten stattfindet, ist mit Expansion gemeint, daß bereits die ursprüngliche EG-Rechtsetzung Kompetenzgrenzen überschreitet. Das Einfallstor der Kompetenzexpansion ist Art. 235 EWGV zum Erlaß von Vorschriften für unvorhergesehene Fälle. Da die Sprache des Artikels zweideutig ist und Konzepte wie „Ziele“ naturgemäß einen Interpretationsspielraum bieten, stellt sich die Frage, inwieweit Art. 235 genutzt werden kann, um über die buchstäbliche Vertragsdefinition von Tätigkeits- und Kompetenzbereichen hinauszugehen, ohne den Vertrag zu ändern.

Die Geschichte des Art. 235 hat in der legislativen Praxis wie in der richterlichen Lehre einen mehrfachen Wandel erlebt, was die Entwicklung der Gemeinschaft selbst widerspiegelt. Von 1958 bis 1973 wurde der Artikel von den EG-Institutionen relativ selten genutzt[32] bzw. eng ausgelegt. Er wurde höchstens dann herangezogen, wenn innerhalb eines explizit im Vertrag aufgeführten Aufgabenbereichs die ausdrückliche Rechtsetzungsbefugnis fehlte. Nach dem Pariser Gipfeltreffen 1972, als die Mitgliedstaaten beschlossen, Art. 235 zu nutzen, und Gemeinschaftsmaßnahmen in einigen neuen Feldern initiierten, nahm der Rückgriff auf Art. 235 als ausschließlicher oder teilweiser Rechtsbasis drastisch zu. Bis zum Inkrafttreten der Einheitlichen Europäischen Akte 1987 war nicht nur quantitativ ein erheblicher Anstieg der Anwendung von Art. 235 zu beobachten, sondern auch eine ebenso dramatische Ausweitung seiner qualitativen Reichweite. Diese weitreichende Interpretation, an der sich alle EG-Institutionen beteiligten, bedeutete, daß es nahezu unmöglich wurde, einen Bereich zu finden, der nicht unter die „Ziele" des Vertrags zu integrieren wäre.

Diese Expansion bildet den Höhepunkt der Kompetenzmutation und ist der Hintergrund für die Aussage, daß nicht nur kein Kernbereich staatlicher Funktion mehr als wirklich immun gegenüber Gemeinschaftsmaßnahmen betrachtet werden kann (was eher eine Folge der Absorbierung ist), sondern daß auf der Basis von Art. 235 kaum ein Politikbereich mehr von der materiellen Zuständigkeit der EG ausgeschlossen werden kann. In den 70er Jahren haben sich nicht nur die Schranken der EG-Rechtsetzung inhaltlich stärker ausgedehnt als z. B. in der Folge der EEA. Die fundamentale systemische Mutation der 70er Jahre, die in der Kompetenzexpansion gipfelte, besteht darin, daß sich offensichtlich jegliche wirksame Begrenzung dieser Expansion auflöste.

Ursachen für die Erosion enger Kompetenzgrenzen

Ein für die Architektur der Gemeinschaft so fundamentaler Prozeß kann nicht eindimensional erklärt werden. Die aufgeführten Formen der Kompetenzausweitung greifen wie Zahnräder ineinander, so daß innerhalb der EG-Verfassungsarchitektur in ihrem Wandel keine Dissonanzen entstanden.

Anders als in Föderalstaaten, in denen solch ein Wandel notwendigerweise auf Kosten der Macht der gliedstaatlichen Regierungen erfolgen würde, erschien die EG – dank der nahezu totalen Kontrolle der Mitgliedstaaten über den Gemeinschaftsprozeß – eher als ein Instrument in den Händen der Regierungen denn als Usurpator. Die Regierungen der

Mitgliedstaaten vertrauten darauf, daß der Kompetenzwandel ihren Interessen diente. Wieso sollten sie also die Aufweichung von Komptenzgrenzen fürchten, da sie doch selbst jeglichen Rechtsakt, vom Beginn über die Verabschiedung bis zur Implementation, kontrollierten? Es gab vielmehr einen gewissen Anreiz, so zu handeln, da sie sich – zumindest die meisten – auf diese Weise weitgehend der parlamentarischen Rechenschaft entziehen konnten.

Hier liegt ein zentraler Unterschied zur Entwicklung des amerikanischen Föderalismus. In Föderalstaaten setzen die klassischen Föderalismusdramen der Entstehungsphase zwei politische Machtzentren voraus: das zentrale und das gliedstaatliche. In der Gemeinschaft dagegen bilden die Gliedstaaten die Zentralmacht. Dies ist der Schlüsselpunkt. Wie in einigen Fällen aus der Gründungszeit ersichtlich, war es für einen Mitgliedstaat politisch kaum möglich – wenn auch rechtlich zulässig – einer „expansiven" Gemeinschaftsmaßnahme erst zuzustimmen und sie dann wegen Kompetenzüberschreitung anzufechten.[33] Da praktisch alle EG-Entscheidungen aufgrund des Luxemburger Kompromisses im Schatten des Vetorechts getroffen wurden, sah auch die Kommission, interessiert an einer Ausdehnung der Tätigkeitsfelder der Gemeinschaft, keinen Nachteil, sondern vielmehr einige Vorteile in der Verwendung von Art. 235. Weder sie noch das Parlament, das bei Maßnahmen nach Art. 235 angehört werden muß, waren geneigt, die Nutzung des Artikels rechtlich anzufechten.

4. *Die Erosion der Kompetenzgrenzen: Bewertung und Vergleich mit der amerikanischen Föderalismus-Erfahrung*

Zusammenfassend kann festgestellt werden, daß die Entwicklung der Kompetenzverteilung in der EG der amerikanischen Erfahrung auffallend ähnelt: Verfassungsgemäße Kompetenzgrenzen lösen sich auf, angetrieben durch den politischen Prozeß, während sich das Gericht mit einer passiven Haltung begnügt und so diese politische Entwicklung ohne größere richterliche Intervention ermöglicht. Das zentrale föderale Problem der Machtverteilung zwischen Gemeinschaftsebene und Mitgliedstaaten sollte in der Tat am besten nicht durch verfassungsrechtliche Vorgaben und richterliche Entscheidungen bestimmt, sondern jeweils flexibel innerhalb des politischen Prozesses gelöst werden. In bezug auf die Zukunft wird Europa jedoch eigene Lösungen finden müssen, die sich von der amerikanischen Erfahrung sehr wohl unterscheiden könnten.

Einerseits beweist der Kompetenzwandel die Dynamik und Flexibilität der Gemeinschaft und ihre Fähigkeit, sich auf neue Herausforderungen einzustellen. Es hat sich gezeigt, daß sich die politischen Ereignisse der

60er Jahre, die als äußerst negativ und als eine Schwächung der Gemeinschaft betrachtet wurden, in unerwarteter Weise ausgezahlt haben: Die Gemeinschaft hätte wohl kaum einen solchen Umgang mit dem Kompetenzwandel entwickeln können, hätte der politische Prozeß den Mitgliedstaaten nicht so viel Macht in die Hand gegeben. Die Entwicklung der Kompetenzverteilung in der EG – die Erosion enger Kompetenzgrenzen – hat jedoch zugleich langwierigen Problemen und Gefahren den Boden bereitet.

Das erste Problem ist die Frage der Verfassungsmäßigkeit. Aus interner rechtlicher Sicht ist klar, daß Art. 235 nicht einfach als Kunstgriff für unkontrollierte Zuständigkeitsausweitung ausgelegt werden konnte. Dies würde Art. 236 über das Verfahren der Vertragsänderung seinen Sinn nehmen. Das Verfassungsproblem bei der expansiven Kompetenzinterpretation liegt nicht im Bereich der Rechtsauslegung, sondern ist ganz anderer Natur. Die „Verfassungsrevolution" der Gemeinschaft hing von der Schaffung einer Vertrauensbeziehung und einer übereinstimmenden richterlichen Auslegung durch den EuGH und die Gerichte der Mitgliedstaaten ab. Während die zentralen politischen Akteure möglicherweise ein gemeinsames Interesse an der Zuständigkeitsausweitung hatten, führte diese allmählich zu einer Spaltung im wichtigsten Fundament der EU-Verfassungsordnung: dem Verständnis zwischen EuGH und den nationalen Gerichten. Die Aufweichung der Kompetenzgrenzen bedeutete, daß sich die neue Rechtsordnung auf alle Tätigkeitsbereiche ausdehnen würde – womit die Organe der Rechtsordnung in den Mitgliedstaaten nicht unbedingt gerechnet hatten. Mit der Einheitlichen Europäischen Akte ist dies zu einem der deutlicheren Konfliktpunkte des Systems geworden: Der lockere Umgang mit Kompetenzausweitungen beruhte auf dem Konsensverfahren, mit der EEA ging die Gemeinschaft jedoch in vielen Bereichen zu Mehrheitsentscheidungen über. Damit wurden Zuständigkeitsfragen weitaus konfliktträchtiger.

Das zweite Problem bei der Kompetenzausweitung ist die Demokratiefrage. Vertragsänderungen nach Art. 236 erfordern entsprechend den Verfassungen der Mitgliedstaaten die Zustimmung der nationalen Parlamente. Die expansive Verwendung von Art. 235 umgeht diese Kontrolle.

Die Kompetenzausweitung hat nicht nur das ständige Demokratiedefizit der Gemeinschaft noch betont, sondern vielmehr die Balance zwischen gesellschaftlichen und politischen Kräften auf nationaler Ebene verändert und auf EG-Ebene verzerrt. Dies ist der Hauptunterschied zwischen der EG-Erfahrung und der entsprechenden Erfahrung der USA. In einem Gemeinwesen, in dem sich die Institutionen der Bundesebene – wie in den USA – durch ein relativ hohes Maß an demokratischer Verantwortlichkeit und Legitimität auszeichnen, ist es vertretbar, verfassungsmäßige Kompetenzgrenzen zu verändern. Die institutionellen Schwächen der EU in dieser Hinsicht sind jedoch wohlbekannt; ein lockerer Umgang mit Kompetenzgrenzen akzentuiert sie noch. Angesichts der zunehmenden Möglichkeit von Mehrheitsentscheidungen gewinnt die Aufweichung von Kompetenzgrenzen zusätzlich an Brisanz.

III. Zukunftsoptionen

Für die künftige Entwicklung gibt es zwei Vorstellungen. Einem Modell zufolge muß sich die Gemeinschaft um eine neue verfassungsgemäße Festlegung der Gemeinschaftskompetenzen, die dem neuen politischen Klima der Mehrheitsentscheidungen entspricht, und um eine ehrliche Lösung des Demokratiedefizits bemühen. Im Kontext dieser Vorstellung ist der Begriff der Subsidiarität in allen derzeitigen politischen Debatten aufgekommen. Dieses Konzept muß entmythifiziert werden. Es ist kein neues Konzept, sondern der Grundstein aller Föderationen, ob alt oder neu. Nur in seiner Anwendung unterscheiden sich diese Föderationen. In Systemen, in denen die Kompetenzverteilung materiell in Form von Listen vorgenommen wurde (z. B. Kanada, Australien), waren die Verfassungsväter natürlich von dem Subsidiaritätsprinzip geleitet. Klassischerweise wurde die Verteidigungs- und Außenpolitik der Zentralebene zugewiesen, während Bildung und einige soziale Angelegenheiten den Gliedstaaten zukamen. Klassischerweise zeigte sich dann eines Tages, daß die ursprüngliche Festlegung – die in einer bestimmten Zeit wurzelte – nicht mehr funktionierte. Dann griff man zu Kunstgriffen und Umwegen, in den USA z. B. zur „necessary and proper"-Klausel und zu „Grants in Aid", was ein Euphemismus für Bestechungsgelder der Union ist.

Bei funktioneller Kompetenzverteilung wie in der EG bedeutet die Tatsache, daß materielle Kompetenzkataloge umgangen wurden, nicht, daß keine Kompetenzabgrenzung beabsichtigt war – es hieß ja: „in begrenztem Rahmen". Doch richtet sich in diesem Fall die – politische und richterliche – Kontrolle nicht an einer materiellen Festlegung, sondern nach funktionellen Kriterien aus. Der Respekt vor Kompetenzgrenzen hängt damit letztlich vom – politischen und richterlichen – Ethos der Kontrolle ab. Wenn hierfür in der EG eine zufriedenstellende Lösung gefunden werden kann, ist es vielleicht nicht nötig, an dem derzeitigen Verteilungsprinzip herumzudoktern – und von einer funktionellen Definition (die der Gemeinschaft gute Dienste geleistet hat und differenzierter ist als eine materielle Definition) zu materiellen Kompetenzlisten überzugehen.

Nötig ist eine grundlegende Veränderung, die zu einem neuen Umgang mit Zuständigkeiten, Kompetenzen und Aufgaben führt, zu einer neuen Gesinnung beiträgt und praktikabel ist. In dieser Perspektive scheint die große Debatte, ob das Subsidiaritätsprinzip justitiabel ist, eine Lösung gefunden zu haben: bei dem Gipfel in Edinburgh sprach sich der Europäische Rat unmißverständlich dafür aus, daß der EuGH als oberster Schiedsrichter in Subsidiaritätsfragen agieren soll. Was nicht politisch gelöst werden kann, wird also dem EuGH zugewiesen.

Der zweiten Vorstellung zufolge ist das amerikanische Modell, demzufolge Fragen der Kompetenzverteilung am besten völlig dem politischen Prozeß überlassen werden, ohne richterlich gewährleisteten Verfassungsschutz, nicht nur funktionell wünschenswert, sondern die einzig machbare Lösung. Nach dieser Überzeugung können rechtliche Prinzipien zwar Leitlinien vorgeben, wie z. B. in Art. 3b des Vertrags über die Europäische Union, aber nicht rechtlich operationalisiert werden. Das Gericht ist dieser Sicht zufolge nicht gerüstet, diese Fragen zu behandeln, ohne seine Glaubwürdigkeit ernsthaft zu schädigen.

Vor diesem Hintergrund ist in der Frage der Kompetenzverteilung in der EU eine stürmische Zukunft zu erwarten. Aus der Perspektive der Mitgliedstaaten wird das Thema durch den Übergang zu Mehrheitsentscheidungen künftig äußerst spannungsreich. Aus gesellschaftlicher Perspektive werden Kompetenzfragen wegen der immer noch schwachen demokratischen Legitimation zu gesellschaftlichen Spaltungen führen und einige politische Schwachstellen der Gemeinschaft akzentuieren. Aus juristischer Perspektive wird der EuGH in eine Nicht-Gewinner-Situation geraten: Auf diesem Gebiet eine starke Rolle zu spielen, könnte seine politische Legitimität und sogar die Kooperationsbereitschaft der Gerichte der Mitgliedstaaten untergraben. Das Thema zu meiden, würde den EuGH jedoch dem Vorwurf ausliefern, seine verfassungsgemäße Verantwortung auf dem kritischsten Gebiet des öffentlichen Rechts aufzugeben. Es könnte sein, wie uns die amerikanische Erfahrung lehrt, daß die Lösung des Problems – falls es eine Lösung ist – bestenfalls durch eine radikale Neuordnung der EU-Organe und schlimmstenfalls durch harte politische Kämpfe erreicht werden kann.

(Übersetzung aus dem Englischen von Anita Wolf-Niedermaier)

ANMERKUNGEN

Heinrich Schneider/Wolfgang Wessels

Föderales Europa im Widerstreit

[1] So die Präambel des Maastrichter Vertrages vom 7. Februar 1992, zit. nach Thomas Läufer (Bearb.), Europäische Gemeinschaft, Europäische Union, Die Vertragstexte von Maastricht (mit den deutschen Begleitgesetzen), Bonn 1993, S. 172.

[2] Rede Winston Churchills am 19. September 1946 in Zürich, Auszüge in: Walter Lipgens, 45 Jahre Ringen um die europäische Verfassung, Bonn 1986, S. 214ff.

[3] Bundeskanzler Dr. Helmut Kohl am 3. April 1992 in Königswinter, zit. nach: Auswärtiges Amt (Hrsg.), Europäische Politische Zusammenarbeit (EPZ) auf dem Weg zu einer Gemeinsamen Außen- und Sicherheitspolitik (GASP), 9. Aufl. Bonn 1992, S. 443ff.

[4] Bundeskanzler Dr. Helmut Kohl, Die einigende Kraft des kulturellen Erbes im zusammenwachsenden Europa, in: Bulletin (Presse- und Informationsamt der Bundesregierung), Nr. 39 v. 17. Mai 1993, S. 341ff., hier S. 343f.

[5] Vgl. die Regierungserklärung des Bundeskanzlers am 30. Januar 1991, in: Auswärtiges Amt (Hrsg.), Europäische Politische Zusammenarbeit (EPZ) auf dem Weg zu einer Gemeinsamen Außen- und Sicherheitspolitik (GASP), a. a. O., S. 419, sowie die Erklärung des Bundeskanzlers vor dem Deutschen Bundestag bei der 2. und 3. Lesung des Zustimmungsgesetzes zum Maastrichter Vertragswerk am 2. Dezember 1992, zit. nach: Bulletin, Nr. 130, Ausg. v. 4. 12. 1992, S. 1189, hier S. 1193.

[6] Bundesverfassungsgericht, Urteil vom 12. 10. 1993 (2 BvR 2134/92, 2 BvR 2159/92), abgedruckt in: Europa-Archiv, 48. Jg., Nr. 22 (1993), D 460–476.

[7] Teil C I.2.b. der Urteilsbegründung, a. a. O., D 466.

[8] Teil D des Urteils (Schlußsatz der Urteilsbegründung), a. a. O., D 476.

[9] Der Institutionelle Ausschuß des Europäischen Parlaments hat 1993 ein „Arbeitsdokument" zum Projekt einer Verfassung der Europäischen Union vorgelegt, in dem der Ausdruck „föderal" kein einziges Mal vorkommt, das aber der Sache nach einen Europäischen Bundesstaat intendiert; siehe den Beitrag von Heinrich Schneider in diesem Band.

[10] Siehe oben S. 2.

[11] Bundesverfassungsgericht, a. a. O.

[12] Vgl. Heinrich Schneider, Synthese und Schlußfolgerungen, in: Rudolf Hrbek (Hrsg.), Der Vertrag von Maastricht in der wissenschaftlichen Kontroverse, Baden-Baden 1993, S. 133ff., hier S. 152f.

[13] Vgl. z. B. Ulrich Everling, Zur föderalen Struktur der Europäischen Gemeinschaft, in: Festschrift für Karl Doehring, Berlin 1989, S. 179ff.

[14] Eine bemerkenswerte Ausnahme war der sog. MacDougall-Bericht über die künftige Rolle der Finanzen in der Integration (von der EG-Kommission in Auftrag gegeben 1974, von einer unabhängigen Sachverständigengruppe unter Vorsitz von Sir Donald MacDougall vorgelegt 1977); das deutsche Mitglied dieser Sachverständigengruppe war Professor Dr. Dieter Biehl.

Heinrich Schneider

Föderale Verfassungspolitik für eine Europäische Union

[1] Siehe dazu Eberhard Grabitz, Institutionelle Anpassung der EG, Referat beim XXV. FIW-Symposion in Innsbruck (März 1992), Typoskript.

[2] Siehe: Europäisches Parlament/Institutioneller Ausschuß: Entwurf eines Arbeitsdokuments zu der Verfassung der Europäischen Union (Berichterstatter: Marcelino Oreja Aguirre) vom 3. Februar 1993 (Dokument POE 203601) bzw. 27. April 1993 (Dokument EPO 203601 rev.).

[3] Armin von Bogdandy, Konturen des integrierten Europa, in: Europa-Archiv, Jg. 1993, S. 49ff., hier S. 58.

[4] Gerda Zellentin, Die Schimäre des europäischen Superstaates, in: Blätter für deutsche und internationale Politik, Jg. 1992, S. 698ff., hier S. 708.

[5] Gerda Zellentin, Staatswerdung Europas? – Politikwissenschaftliche Überlegungen nach Maastricht, in: Rudolf Hrbek (Hrsg.), Der Vertrag von Maastricht in der wissenschaftlichen Kontroverse, Baden-Baden 1993, S. 41ff., hier S. 48f.

[6] Vgl. z. B. Hans Peter Ipsen, Europäisches Gemeinschaftsrecht, Tübingen 1972, S. 62ff. (betreffend „Recht und Verfassung der Gemeinschaften") und S. 975ff. (betr. „Verfassungspolitik"); Werner von Simson, Voraussetzungen einer Europäischen Verfassung, in: Jürgen Schwarze und Roland Bieber (Hrsg.), Eine Verfassung für Europa – Von der Europäischen Gemeinschaft zur Europäischen Union, Baden-Baden 1984, S. 115ff.; Jürgen Schwarze, Verfassungsentwicklung in der Europäischen Gemeinschaft, ebd., S. 91ff.; Werner Weidenfeld und Wolfgang Wessels (Hrsg.), Wege zur Europäischen Union – Vom Vertrag zur Verfassung, Bonn 1986; Roland Bieber, Verfassungsentwicklung und Verfassungsgebung in der Europäischen Gemeinschaft, in: Rudolf Wildenmann (Hrsg.), Staatswerdung Europas? Baden-Baden 1991, S. 393ff.; Jochen Abr. Frowein, Verfassungsperspektiven der Europäischen Gemeinschaft, in: Jürgen Schwarze (Hrsg.), Europa 1992: Markt, Staat, Gemeinschaft, Baden-Baden 1992, S. 63ff.

[7] Walter Hallstein, Die Europäische Gemeinschaft, 5. Aufl. Düsseldorf 1979, S. 64.

[8] Siehe statt vieler Carl Schmitt, Verfassungslehre (1928), Neuausg. Berlin 1957, S. 3ff.

[9] Vgl. z. B. Gerda Zellentin, Staatswerdung Europas?, a. a. O. und Die Schimäre des europäischen Superstaates, a. a. O. Zur Gegenüberstellung der beiden „Methoden" vgl. z. B. Eva Senghaas-Knobloch, Frieden durch Integration und Assoziation, Stuttgart 1969, S. 19ff. Variationen der erwähnten Gegenüberstellung finden sich in der Literatur in mannigfacher Weise, vgl. z. B. das Begriffspaar „Assoziative Integration"/ „Strukturelle Integration" bei Erwin Häckel, Theoretische Aspekte der regionalen Verflechtung, in: Regionale Verflechtung der Bundesrepublik Deutschland (Schriften des Forschungsinstituts der Deutschen Gesellschaft für Auswärtige Politik Bd. 33), München und Wien 1973, S. 15ff., hier S. 20f.; einflußreich war auch die Gegenüberstellung von „pluralistischen" und „amalgamierten" Sicherheitsgemeinschaften bei Karl Deutsch, der seinerzeit die „amalgamierte" (staatlich verfaßte) Staatengemeinschaft eher kritisch beurteilte und die Entwicklung „pluralistischer", d. h. nicht supranational verfaßter, Staatengemeinschaften für aussichtsreicher hielt. Vgl. Karl W. Deutsch, Nationenbildung – Nationalstaat – Integration, Düsseldorf 1972, S. 72ff., v. a. S. 74f., 83ff., 92f.: Ders., Der Nationalismus und seine Alternativen, München 1972, S. 113ff. und S. 122ff.

[10] So die amtliche deutsche Erläuterung des EGKS-Vertrags; siehe Verhandlungen des Deutschen Bundestages, 1. Wahlperiode, Drucksache 2401, Anl. 3, S. 4; vgl. die entsprechenden Ausführungen über den EWG-Vertrag: Verhandlungen des Deutschen Bundestages, 2. Wahlperiode, Drucksache 3440, Anl. C, S. 108.

[11] Hans Peter Ipsen, Europäisches Gemeinschaftsrecht, a. a. O., S. 975ff.

[12] Vgl. Anm. 6.

[13] Werner von Simson, Der politische Wille als Gegenstand der Europäischen Gemeinschaftsverträge, in: ders. (Hrsg.), Der Staat und die Staatengemeinschaft, Baden-Baden 1978, S. 133ff.

[14] Vgl. die diesbezüglichen Hinweise auf Darlegungen Hermann Hellers bei Heinrich Schneider, Leitbilder der Europapolitik 1 – Der Weg zur Integration, Bonn 1977, S. 22ff.

[15] Schon vor Jahrzehnten hat Dietrich Schindler (d. Ä.) darauf hingewiesen: Das Verhältnis zwischen Normordnung und Ambiance erscheint zuweilen als „parallel", zuweilen als „komplementär"; weder kann man „das Recht" schlichtweg als eine aktive Potenz und die Umwelt des Normensystems als „passives Objekt, als eine vom Recht zu formende Masse" noch auch umgekehrt „das Recht als Überbau der außerrechtlichen Kräfte" begreifen. Siehe Dietrich Schindler, Verfassungsrecht und soziale Struktur, 2. Aufl. 1944, S. 14ff., S. 70ff.

[16] Vgl. Dieter Grimm, Art. „Verfassung", in: Görres-Gesellschaft (Hrsg.), Staatslexikon, 7. Aufl. Bd. 5, Freiburg/Br. 1989., Sp. 633ff.; ders., Verfassung (II), in: Otto Brunner, Werner Conze, Reinhart Koselleck (Hrsg.), Geschichtliche Grundbegriffe, Bd. 6, Stuttgart 1990, S. 863ff.

[17] Vgl. Konrad Hesse, Die normative Kraft der Verfassung, Tübingen 1959; Dieter Grimm, „Verfassung", a. a. O.; Karl Löwenstein spricht im Hinblick darauf von einer „normativen Verfassung", siehe: ders., Verfassungslehre, Tübingen 1959, S. 151ff.

[18] Vgl. Karl Löwenstein, Verfassungslehre, a. a. O., S. 153: „Diesen Typ kann man als semantische Verfassung bezeichnen. Gäbe es überhaupt keine formelle Verfassung, so würde der tatsächliche Ablauf des Machtprozesses kein merklich anderer sein."

[19] Ebd., S. 153.

[20] Dieter Grimm, „Verfassung", a. a. O., Sp. 638.

[21] Ebd.

[22] Ebd., Sp. 636.

[23] Vgl. Horst Dreier, Art. „Souveränität", in: Görres-Gesellschaft (Hrsg.), Staatslexikon, 7. Aufl., Bd. 4, Freiburg/Br., 1988, Sp. 1203ff., hier Sp. 1208: „In manchen Staaten" ist „das Bewußtsein, ein einziger politischer Körper zu sein, erst Produkt der Staatsorganisation selbst..." Vgl. dazu die Hinweise auf die Voraussetzungen und Dimensionen politischer Identität bei Heinrich Schneider, Europäische Identität, in: integration, Jg. 1991, S. 160ff., hier S. 161f.

[24] Diese Wendung nach Georg Erler, Die Krise der Europäischen Gemeinschaften – Europäischer Bundesstaat oder Europa der Vaterländer, Göttingen 1966, S. 26.

[25] Diese Wendungen im Anschluß an Heinrich Schneider, Europäische Identität, a. a. O.

[26] So Herbert Krüger, Der Verfassungsgrundsatz, in: Roman Schnur (Hrsg.), Festschrift für Ernst Forsthoff zum 70. Geburtstag, München 1972, S. 187ff., hier S. 190.

[27] Vgl. z. B. Eberhard Schmidhäuser, Von den zwei Rechtsordnungen im staatlichen Gemeinwesen, Berlin 1964.

[28] Vgl. Dieter Grimm, „Verfassung", a. a. O., Sp. 637f.

[29] So Jochen Abr. Frowein, Verfassungsperspektiven der Europäischen Gemeinschaft, a. a. O., S. 65, unter Bezugnahme auf eine eigene frühere Veröffentlichung. Der Verf. dieses Beitrags hat bereits 1969 betont, daß die Strukturen der Gemeinschaftsintegration im Rahmen der Politischen Bildung in die Darstellung des „eige-

nen" Regierungssystems einbezogen werden müssen: Heinrich Schneider, Die Europäische Integration in der Politischen Bildung, in: Geschichte in Wissenschaft und Unterricht, 20. Jg., 1969, S. 756ff.

[30] Vgl. Hans Peter Ipsen, Fusionsverfassung Europäische Gemeinschaften, Bad Homburg v. d. H. 1969, S. 54 (der Hinweis auf die „anstaltlichen Züge"; auf S. 58 den Hinweis auf die nach Rudolf Smend einer Staatsverfassung eigene „Kraft zur politischen Selbstdarstellung"; vgl. auch Ipsen, Europäisches Gemeinschaftsrecht, a. a. O., S. 198.

[31] Daß die schon in der Frühzeit der EWG z. B. von Walter Hallstein befürwortete „Herstellung einer echten parlamentarischen Kontrolle durch ein in direkten Wahlen frei gewähltes europäisches Parlament" die Verbandsform der zweckgebundenen Staatengemeinschaft sprengen würde, ist schon sehr bald betont worden: Die Übertragung z. B. von Rechtsetzungs- und Budgetbefugnissen an das EG-Parlament würde auch dann, wenn damit keine wesentliche Ausweitung der Gemeinschaftsbefugnisse verbunden wäre (geschweige denn eine so weitgehende, wie sie die Schaffung einer Wirtschafts- und Währungsunion impliziert), den Charakter der EG „aufheben und durch eine bundesstaatliche Konstruktion ersetzen" – so Peter Badura in seinem Referat über „Bewahrung und Veränderung demokratischer und rechtsstaatlicher Verfassungsstruktur in den internationalen Gemeinschaften" (Kieler Staatsrechtslehrertagung 1964), in: Veröffentlichungen der Vereinigung der Deutschen Staatsrechtslehrer Heft 23, Berlin 1966., S. 34ff., hier S. 73f.

[32] Es ist daher eine kurzschlüssige Vereinfachung, den Föderalismus lediglich als ein Prinzip der „vertikalen Gewaltenteilung" oder als eine Technik der Verteilung von Steuerungsaufgaben auf verschiedene Trägerebenen zu begreifen.

[33] Und zwar einschneidender als das – siehe oben Anm. 26 – ohnehin schon der Fall war.

[34] In Robert Schumans Erklärung vom 9. Mai 1950 wurde das Projekt der Montan-Union zweimal als „erste Etappe" bzw. als „Grundstein" einer „europäischen Föderation" bezeichnet. „Europa läßt sich nicht mit einem Schlage herstellen." Text bei Walter Lipgens (Hrsg.), 45 Jahre Ringen um die Europäische Verfassung, Bonn 1986, S. 293f.; dazu auch Heinrich Schneider, Leitbilder der Europapolitik, a. a. O., S. 349ff.

[35] In diesem Sinne aufschlußreich der Hinweis eines deutschen Delegationsmitglieds bei den Schuman-Plan-Verhandlungen: „... Damals sprach man davon, ein neues politisches Ziel durch föderale Formen zu fördern. Wir sind mit unseren bundesstaatlichen Vorstellungen an diese Aufgabe herangegangen und mußten feststellen, daß die Franzosen und Italiener nicht verstanden, wovon wir sprachen...": Hermann Mosler, Diskussionsbeitrag zum Thema „Föderalismus als nationales und internationales Ordnungsprinzip", im Bericht über die Staatsrechtslehrertagung in Münster 1962: Veröffentlichungen der Vereinigung der Deutschen Staatsrechtslehrer, Heft 21, Berlin 1964, S. 138.

[36] Erklärung vom 9. Mai 1950, siehe Anm. 34.

[37] Französisches Memorandum vom 30. Mai 1950, Text in: Europa – Dokumente zur Frage der europäischen Einigung (Schriftenreihe des Forschungsinstituts der Deutschen Gesellschaft für Auswärtige Politik, Bd. 17), München 1962, 2. Teilband, S. 689ff., hier S. 690.

[38] Vgl. die Präambel zum EGKS-Vertrag vom 17. April 1991, ebd., S. 702ff., hier S. 703, wo die Entschlossenheit bekräftigt wird, „an die Stelle der jahrhundertealten Rivalitäten" einen „Zusammenschluß" der „wesentlichen Interessen" zu setzen – im Bewußtsein, „daß Europa nur durch konkrete Leistungen, die zunächst eine tatsächliche Verbundenheit schaffen, und durch die Errichtung gemeinsamer Grundlagen für die wirtschaftliche Entwicklung aufgebaut werden kann". Mit der „Errichtung einer

wirtschaftlichen Gemeinschaft" lege man „den ersten Grundstein für eine weitere und vertiefte Gemeinschaft" der beteiligten Völker; zugleich wolle man „die institutionellen Grundlagen ... schaffen, die einem nunmehr allen gemeinsamen Schicksal die Richtung weisen können."

[39] Siehe oben Anm. 11.

[40] Vgl. die Bemerkungen oben am Ende von Abschnitt 2. In politikwissenschaftlicher Perspektive hat David Easton, A Systems Analysis for Political Life, New York 1965, betont, daß ein legitimiertes politisches System auf einer „Political Community" beruhen muß, deren Bejahung durch die Bürger sozusagen die Basis für die Bejahung von Institutionen, Politiken und Amtswaltern bildet.

[41] Hans Peter Ipsen, Europäisches Gemeinschaftsrecht, a. a. O., S. 11.

[42] Carl Friedrich Ophüls, Die Europäischen Gemeinschaftsverträge als Planungsverfassungen, in: Joseph H. Kaiser (Hrsg.), Planung I, Baden-Baden 1965, S. 229ff., hier S. 233.

[43] Walter Hallstein, Die EWG als Schritt zur europäischen Einheit (9. Januar 1959), in: Ders., Europäische Reden, hrsg. v. Thomas Oppermann, Stuttgart 1979, S. 103ff., hier S. 109.

[44] Dies betrifft namentlich den sog. „Fusionsvertrag" über die Zusammenlegung von Organen der drei Gemeinschaften (1965), die erweiterungsbedingten Vertragsänderungen und die „Einheitliche Europäische Akte" von 1986.

[45] Vgl. auch den Beitrag von Kramer und Weiler in diesem Band.

[46] Vgl. statt vieler Helmut Steinberger, Der Verfassungsstaat als Glied einer europäischen Gemeinschaft, in: Veröffentlichungen der Vereinigung der Deutschen Staatsrechtslehrer, Heft 50, Berlin 1991, S. 9ff., hier S. 12f., v. a. Fußnote 8, sowie Eberhard Grabitz, Institutionelle Anpassung der EG, a. a. O., S. 41.

[47] Siehe Werner von Simson, Das „Recht" in den Europäischen Gemeinschaften, in: Ernst-Joachim Mestmäcker, Hans Möller, Hans-Peter Schwarz (Hrsg.), Eine Ordnungspolitik für Europa (Festschrift für Hans von der Groeben), Baden-Baden 1987, S. 391ff., hier S. 392ff. und S. 401.

[48] Christian Joerges, Die Europäisierung des Wirtschaftsrechts, in: Rudolf Hrbek (Hrsg.), Die Entwicklung der EG zur Politischen Union und zur Wirtschafts- und Währungsunion unter der Sonde der Wissenschaft, Baden-Baden 1993, S. 31ff., hier S. 33.

[49] Werner Weidenfeld (Hrsg.), Wie Europa verfaßt sein soll – Materialien zur Politischen Union, Gütersloh 1991, S. 22.

[50] Der hier in Erinnerung gebrachte Grundgedanke ist nicht neu; er liegt bereits der „neofunktionalistischen" Deutung der Integrationspolitik zugrunde, wie sie erstmals von Ernst B. Haas, The Uniting of Europe, London 1958, entwickelt wurde. Hier wurde lediglich auf bestimmte Voraussetzungen und Implikationen im Horizont „verfassungspolitischer" Fragestellungen aufmerksam gemacht.

[51] So Werner von Simson, Die Marktwirtschaft als Verfassungsprinzip in den Europäischen Gemeinschaften, in: Ders. (Hrsg.), Der Staat und die Staatengemeinschaft, Baden-Baden 1978, S. 149ff.

[52] Die „Balance" zwischen Markt- und Politikintegration war schon in der Zwischenkriegszeit und in den Nachkriegsjahren thematisiert worden; vgl. Heinrich Schneider, Leitbilder der Europapolitik, a. a. O. S. 96ff., 102ff., 238ff., 248ff., 258ff. Zum Problem vgl. auch Michael Kreile, Politische Dimensionen des europäischen Binnenmarktes, in: Aus Politik und Zeitgeschichte, Ausg. B 24–25, 1989, S. 25ff., v. a. S. 26 und 29ff.

[53] Siehe dazu Hans Peter Ipsen, Europäisches Gemeinschaftsrecht, a. a. O., S. 198ff.; Hans von der Groeben und Ernst Joachim Mestmäcker (Hrsg.), Ziele und Methoden der europäischen Integration, Frankfurt/M. 1972, v. a. S. 174ff.; Hans von

der Groeben, Der gemeinsame Markt als Kern und Motor der Europäischen Gemeinschaft, in: Europa ringt um seine Wirtschaftsverfassung (Liber amicorum für Karl Heinz Narjes), Bonn 1984, S. 19ff., v. a. S. 25ff.

[54] Siehe den sog. „Werner-Bericht" über die stufenweise Errichtung der Wirtschafts- und Währungsunion vom 8. Oktober 1970, in: Europa-Archiv, Jg. 1970, S. D 530ff.; dazu: Hans Tietmeyer, Die Europäische Wirtschafts- und Währungsunion – eine politische Herausforderung, in: Europa-Archiv, Jg. 1971, S. 409ff.

[55] Hans Tietmeyer, Die Europäische Wirtschafts- und Währungsunion – eine politische Herausforderung, a. a. O., S. 420.

[56] Siehe Hans von der Groeben und Ernst Joachim Mestmäcker (Hrsg.), Ziele und Methoden der Europäischen Integration, a. a. O., S. 19ff., 99, 126ff., 137, 174, 182f, 2. Auflage, 1974 unter dem Titel „Verfassung oder Technokratie für Europa".

[57] Maßgeblich waren u. a. der Zusammenbruch des Währungssystems von Bretton Woods und die u. a. durch die beiden rapiden Ölpreissteigerungen der frühen siebziger Jahre verursachten Veränderungen der weltwirtschaftlichen Großwetterlage.

[58] Die Erweiterung trug allerdings ihrerseits auch zur Krise bei: die wachsende Heterogenität der Interessenkonstellation und des politisch-kulturellen Umfeldes des Gemeinschaftssystems vermehrte die Schwierigkeiten, im größer gewordenen Kreis Einvernehmen über adäquate gemeinsame Problemlösungen zu erzielen.

[59] Vgl. Fritz W. Scharpf, Kann es in Europa eine stabile föderale Balance geben?, in: Rudolf Wildenmann (Hrsg.), Staatswerdung Europas?, a. a. O., S. 415ff., hier S. 420: „Moderne kapitalistische Gesellschaften sind so vollständig durchökonomisiert, daß kaum Bereiche denkbar sind, für die nicht . . . ein starker Einfluß auf oder eine starke Abhängigkeit von wirtschaftlichen Sachverhalten dargetan werden könnte". Dann ist z. B. die Ausstrahlung von Fernsehprogrammen den Ordnungsregeln des Dienstleistungsmarktes unterworfen, die Anerkennung von Bildungsabschlüssen ist für die Freiheit der Niederlassung oder des Zugangs zu Arbeitsplatzangeboten relevant, d. h. Medien- und Bildungspolitik sind dann Angelegenheit der „Binnenmarktpolitik", u. s. f.

[60] In diesem Sinn sind auch die häufig apostrophierten „interinstitutionellen" Arrangements und Praktiken von Belang; vgl. dazu Thomas Läufer, Die Organe der EG – Rechtsetzung und Haushaltsverfahren zwischen Kooperation und Konflikt, Bonn 1990, S. 30ff.

[61] Vgl. dazu Bruno Bengel u. a., Nur verpaßte Chancen? Die Reformberichte der Europäischen Gemeinschaft, Bonn 1983.

[62] Erst zwei Jahre nach der Proklamation entschloß man sich, das, was man eigentlich gemeint haben könnte, auszuloten und sich „über eine Gesamtkonzeption der Europäischen Union" zu „einigen". Vgl. dazu Heinrich Schneider und Wolfgang Wessels (Hrsg.), Auf dem Weg zur Europäischen Union?, Bonn 1977, sowie Bruno Bengel u. a., Nur verpaßte Chancen?, a. a. O., S. 18ff.

[63] Dazu auch Heinrich Schneider, Europäische Integration: die Leitbilder und die Politik, in: Michael Kreile (Hrsg.), Die Integration Europas, a. a. O., S. 3ff., hier S. 19ff.

[64] Die Befragung von rund 11000 Unternehmungen sensibilisierte diese für das Binnenmarktprojekt, sie antizipierten die bevorstehende Deregulierung in ihrer eigenen Politik und setzten auf dieser Basis die EG – d. h. vor allem: den Rat – entsprechenden Realisierungserwartungen aus.

[65] „Effizienz, Stabilität und Verteilungsgerechtigkeit" – Bericht einer von der Kommission der EG eingesetzten Studiengruppe unter Leitung von Tommaso Padoa-Schioppa, Brüssel 1987. Die im folgenden erwähnten Gedankengänge werden pointiert im Begleitbrief des Vorsitzenden der Gruppe an den Kommissionspräsidenten vom 10. April 1987 dargelegt (ebd., S. IIIf. und S. VII).

[66] Die im Zuge der Realisierung des Binnenmarktes erwartbaren verschärften Verteilungskonflikte ließen sich eher bewältigen, wenn das in einem breiteren System europäischer Problemlösung und Schicksalsmeisterung unternommen werden könne, wenn also eine größere Dispositionsmasse an Nutzen- und Kostenbilanzposten im Spiel sei.

[67] Dazu Heinrich Schneider, Gesamteuropäische Herausforderungen an eine Europäische Union, in: Rudolf Wildenmann (Hrsg.), Staatswerdung Europas, a. a. O., S. 41 ff.

[68] Vgl. z. B. Ernst-Joachim Mestmäcker, Politische und normativ-funktionale Legitimation der Europäischen Gemeinschaft, in: Ders., Recht und ökonomisches Gesetz, Baden-Baden 1972, S. 82ff.; Ernst-Joachim Mestmäcker, Macht, Recht, Wirtschaftsverfassung, in: Ders., Die sichtbare Hand des Rechts, Baden-Baden 1987, S. 91 ff.

[69] Das Wort, daß dann 80 Prozent der Wirtschaftsgesetzgebung, u. U. auch der steuerlichen und sozialen, gemeinschaftlichen Ursprungs sein würde, ist später häufig zitiert worden. Vgl. Heinrich Schneider, Europäische Integration: die Leitbilder und die Politik, a. a. O., S. 22.

[70] Gemeinsame Botschaft an den amtierenden Präsidenten des Europäischen Rates vom 6. Dezember 1990, nach: Auswärtiges Amt (Hrsg.), Europäische Politische Zusammenarbeit (EPZ) auf dem Weg zu einer Gemeinsamen Außen- und Sicherheitspolitik (GASP), a. a. O., S. 413ff., hier S. 414.

[71] Dazu u. a. Robert Bloes, Le „Plan Fouchet" et le problème de l'Europe politique, Bruges 1970; Hans von der Groeben, Aufbaujahre der Europäischen Gemeinschaft, Baden-Baden 1982, S. 127ff.; Thomas Jansen, Europa – Von der Gemeinschaft zur Union, Bonn 1986.

[72] Siehe Wolfgang Wessels, Maastricht: Ergebnisse, Bewertungen und Langzeittrends, in: integration, Jg. 1992, S. 2ff.; Otto Schmuck, Der Maastrichter Vertrag zur Europäischen Union, in: Europa-Archiv, Jg. 1992, S. 97ff.; Martin Seidel, Zur Verfassung der Europäischen Gemeinschaft nach Maastricht, in: Europarecht, Jg. 1992, S. 125ff.; Michael Nentwich, Institutionelle und verfahrensrechtliche Neuerungen im Vertrag über die Europäische Union, in: Europäische Zeitschrift für Wirtschaftsrecht, Jg. 1992, S. 235ff.; Rudolf Hrbek (Hrsg.), Der Vertrag von Maastricht in der wissenschaftlichen Kontroverse, a. a. O., passim.

[73] Das Parlament erhielt Mitwirkungsrechte bei der Investitur der Kommission, und seine Position im Normsetzungsverfahren wurde gestärkt.

[74] Thomas Läufer, Zum Stand der Diskussion über eine europäische Verfassung, in: Konrad-Adenauer-Stiftung (Hrsg.), In welcher Verfassung befindet sich Europa – Braucht Europa eine Verfassung, St. Augustin bei Bonn o. J. (1993), S. 13ff., hier S. 14.

[75] Letzteres meint Gerda Zellentin, Die Schimäre des europäischen Superstaates, a. a. O., S. 701.

[76] So der Vorsitzende der Gemeinsamen Verfassungskommission Rupert Scholz, in: Forschungsinstitut der Deutschen Gesellschaft für Auswärtige Politik (Hrsg.), Das Bund-Länder-Verhältnis im europäischen Einigungsprozeß, Bonn 1992, S. 20.

[77] Werner Weidenfeld und Christian Jung, Lehren aus Maastricht: Transparenz, Demokratie und Effizienz in der Europäischen Union, in: integration, Jg. 1993, S. 138ff., hier S. 143.

[78] Christian Joerges, Die Europäisierung des Wirtschaftsrechts, a. a. O., S. 33.

[79] Von Walter Hallstein wird die Aussage zitiert, die Integration sei wie ein Fahrrad – komme sie zum Stehen, so falle sie um; nach Armin von Bogdandy, Konturen des integrierten Europa, a. a. O., S. 49. Vgl. auch Hans Peter Ipsen, Europäisches Gemeinschaftsrecht, a. a. O., S. 995: „Vergemeinschaftung ist ein Prozeß", sie hat „keinen anderen formulierten Zielsinn des Integrationsprozesses als eben den seines Fortganges."

[80] Vgl. Joseph H. H. Weiler, The Community System – The Dual Character of Supranationalism, in: Yearbook of European Law, I, 1982, S. 267ff. Tatsächlich hat schon Ipsen diese Legitimitätsbedingung der EG betont: Europäisches Gemeinschaftsrecht, a. a. O., S. 208.

[81] Joseph Weiler meint, daß unter solchen Umständen die Nichtanwendung des Mehrheitsprinzips im Rat – im Sinne des Luxemburger Protokolls von 1966 – den wichtigsten Legitimationsfaktor der EG darstellte: Joseph H. H. Weiler, Europäisches Parlament, europäische Integration, Demokratie und Legitimität, in: Otto Schmuck und Wolfgang Wessels (Hrsg.), Das Europäische Parlament im dynamischen Integrationsprozeß, Bonn 1989, S. 73ff., hier S. 85f.

[82] Vgl. Werner Weidenfeld (Hrsg.), Wie Europa verfaßt sein soll, a. a. O., v. a. das Memorandum, der Professoren Karl Dietrich Bracher, Ulrich Everling, Meinhard Hilf, Peter Graf Kielmannsegg, Hermann Lübbe, Werner Maihofer, Joseph Rovan und Werner Weidenfeld, S. 11ff.

[83] Siehe oben Anm. 2.

[84] Der im Entwurf enthaltene Grundrechtekatalog enthält auch verschiedene Ausführungsbestimmungen eher als Programmsätze zu wertender sozialer Grundrechte, eine Wesensgehaltsgarantie nach deutschem Vorbild sowie die Bestimmung, daß ein weitergehender Grundrechtsschutz durch diese Verfassungsartikel nicht berührt wird.

[85] Das gilt auch im Vergleich zu dem 1984 vom Parlament vorgelegten Entwurf eines Vertrages zur Gründung der Europäischen Union.

[86] Vgl. z. B. Ulrich Everling, Das Europäische Gemeinschaftsrecht im Spannungsfeld von Politik und Wirtschaft, in: Festschrift für Hans Kutscher, Baden-Baden 1981, S. 155ff.; Werner von Simson, Wachstumsprobleme einer europäischen Verfassung, ebd., S. 481ff.

[87] Vgl. z. B. Dieter Grimm, Der Mangel an europäischer Demokratie, in: Der Spiegel, Heft 43/1992, S. 57f. Grimm behauptet nicht, daß Institutionen lediglich eine bereits vorgegebene politische Identität widerspiegeln könnten; er kennt die Dialektik von „normativer" und „empirischer" Verfassung; siehe oben die Hinweise auf seine verfassungstheoretischen Thesen in Abschnitt 2.

[88] Dieter Grimm, „Verfassung", a. a. O., Sp. 636.

[89] Vgl. ebd., Sp. 635.

[90] Eberhard Grabitz, Institutionelle Anpassung der EG, a. a. O., S. 41ff. und S. 2.

[91] Im Englischen wie im Französischen ist „union" eher ein Prozeß- als ein Strukturbegriff; der Ausdruck „Europäische Union" bezeichnet daher in beiden Sprachen eher eine Aufgabe oder eine Tendenz zur Einigung als einen Zustand der Einheit, gar der vollendeten. Siehe Heinrich Schneider und Rudolf Hrbek, Die Europäische Union im Werden?, in: Hans von der Groeben u. a., Die Europäische Union als Prozeß, Baden-Baden 1980, S. 209ff., hier S. 440ff.

[92] Walter Hallstein, Antrittsrede als Präsident der Europäischen Bewegung am 20. August 1968, zit. nach Walter Lipgens (Hrsg.), 45 Jahre Ringen um die Europäische Verfassung, a. a. O., S. 489ff., hier S. 491: „Das Verfahren muß auf eine permanente Evolution und Revision der Verfassung im Sinne einer immer stärkeren Intensivierung des Zusammenschlusses angelegt sein".

[93] Willy Brandt, Rede am 6. Februar 1976 bei der Europäischen Bewegung in Brüssel, nach: Walter Lipgens (Hrsg.), 45 Ringen um die Europäische Verfassung, a. a. O., S. 620ff., hier S. 621.

[94] Eberhard Grabitz und Thomas Läufer, Das Europäische Parlament, Bonn 1980, S. 378ff., v. a. S. 385.

[95] Eberhard Grabitz, Otto Schmuck, Sabine Steppat, Wolfgang Wessels, Das Europäische Parlament – verurteilt zur Machtlosigkeit?, in: Aus Politik und Zeitgeschichte, B 28, 1986, S. 22ff., hier S. 30f.

[96] Vgl. z. B. Wolfgang Renzsch, Die Subsidiaritätsklausel des Maastrichter Vertrages: Keine Grundlage für die Kompetenzabgrenzung in einer Europäischen Politischen Union, in: Zeitschrift für Parlamentsfragen, Jg. 1993, S. 104ff.

[97] Walter Hallstein, Die EWG als Schritt zur europäischen Einheit, a. a. O., S. 108.

[98] Vgl. z. B. die darauf bezogenen Überlegungen von Fritz W. Scharpf, Kann es in Europa eine stabile föderale Balance geben?, a. a. O., v. a. S. 422ff.

[99] Siehe z. B. Siegfried Magiera, Föderalismus und Subsidiarität als Rechtsprinzipien der Europäischen Union, in diesem Band, Kap. II.1 und II.2, sowie Rainer-Olaf Schultze, Föderalismus, in: Dieter Nohlen (Hrsg.,), Pipers Wörterbuch zur Politik, Bd. 1/1, 2. Aufl. München 1987, S. 93ff.

[100] Grundlegend: Georg Jellinek, Die Lehre von den Staatenverbindungen, Wien 1882; Josef L. Kunz, Die Staatenverbindungen (Handbuch des Völkerrechts II/4), Stuttgart 1929. Zur Kritik der Tradition wichtig: Roman Herzog, Artikel „Staatenverbindung", in: Hermann Kunst und Siegfried Grundmann (Hrsg.), Evangelisches Staatslexikon, Stuttgart 1966, Sp. 2165ff., v. a. Sp. 2167ff.

[101] Analytisch klärend damals „induktiv" Hans Peter Ipsen, Europäisches Gemeinschaftsrecht, a. a. O., „deduktiv" Alois Riklin, Die Europäische Gemeinschaft im System der Staatenverbindungen, Bern 1972. Vgl. auch schon Heinz Wagner, Grundbegriffe des Beschlußrechts der Europäischen Gemeinschaften, Köln 1965, S. 37ff., 48ff., 73ff.

[102] So statt vieler: Rudolf R. Bindschedler, Art. „Staatenverbindungen" (Staat, VI.2), in: Görres-Gesellschaft (Hrsg.), Staatslexikon, 6. Aufl., B. 7, Freiburg/Br. 1962, Sp. 556ff., hier Sp. 561. – Erst die anders ansetzenden, breitere Erfahrungsbestände zugrundelegenden Untersuchungen von Karl W. Deutsch und seinen Mitarbeitern haben das Bild geändert: Deutsch hält bundesstaatliche Zusammenschlüsse für gefährdeter als Staatengemeinschaften, die den Mitgliedern größere Selbständigkeit belassen.

[103] Siehe Werner Weidenfeld (Hrsg.), Wie Europa verfaßt sein soll, a. a. O., S. 19.

[104] Das gilt sowohl für die Schaffung des nordamerikanischen Bundesstaates (wo sich die Denkweise der „Federalist"-Autoren gegen die Anhänger der Staatenbundsverfassung und ihre Gefolgsleute wie John C. Calhoun durchsetzten) wie für die Bismarckverfassung, wo die Denkweisen Max von Seydels und seiner Schule den Lehren vom Paul Laband weichen mußten). Vgl. Heinrich Schneider und Rudolf Hrbek, Die Europäische Union im Werden, a. a. O., S. 250ff.; Heinrich Schneider, Der Verfassungsentwurf und der Föderalismus, in: integration, Jg. 1984, S. 3ff.; Heinrich Schneider, Synthese und Schlußfolgerungen für weitere Forschungsarbeiten, in: Rudolf Hrbek (Hrsg.), Die Entwicklung der EG zur Politischen Union und zur Wirtschafts- und Währungsunion unter der Sonde der Wissenschaft, a. a. O., S. 117f.

[105] Siehe Heinz Wagner, Grundbegriffe des Beschlußrechts der Europäischen Gemeinschaften, a. a. O., S. 9 (mit Nachweisen). Erich Kaufmann, Das Wesen des Völkerrechts und die clausula rebus sic stantibus, Tübingen 1911, S. 26ff., verweist darauf, daß die deutschen Staatsrechtslehrer in der Vor-Bismarck-Zeit bemüht waren, den Deutschen Bund durch die Zuerkennung staatsähnlicher Merkmale aufzuwerten.

[106] Siehe Heinrich Schneider, Rückblick für die Zukunft, Bonn 1986, S. 78f.

[107] Siehe z. B. Martin Kriele, Einführung in die Staatslehre, Reinbek 1975, S. 84f.

[108] Dolf Sternberger, Die neue Politik. Vorschläge zu einer Revision der Lehre vom Verfassungsstaat, in: Ders., Verfassungspatriotismus (Schriften Bd. X), Frankfurt/M. 1990, S. 156ff. (Erstdruck: Jahrbuch des öfftl. Rechts NF. Bd. 33, 1984/85).

[109] Siehe Heinrich Schneider, Rückblick für die Zukunft, a. a. O., S. 74ff.

[110] Siehe oben Anm. 2.

[111] Mit Recht betont Heinz Wagner, Grundbegriffe des Beschlußrechts der Europäischen Gemeinschaften, a. a. O., S. 37ff. die Unterscheidung der Fragen nach der Ver-

bandsnatur einerseits, der Verbandsstruktur andererseits. Aber ebenso wenig darf man die Augen davor verschließen, daß es auch hier dialektische Verschränkungen geben kann. Es ist möglich, daß „die Gliedstaaten z. B. auch im Bundesstaat ... auf Grund einer besonderen Struktur der sogenannten föderativen Organe ... das Heft in der Hand haben" können; so Roman Herzog, „Staatenverbindung", a. a. O., Sp. 2167. Mit anderen Worten: Ein mit Staatscharakter ausgestatteter Bund kann im Willensbildungssystem den Gliedern so starke Positionen einräumen, daß man den Eindruck gewinnt, es handle sich um einen Staatenbund. Umgekehrt ist es vorstellbar, daß Staaten im Plural sich durch Erfordernisse des Interdependenzmanagements genötigt sehen, eine so kohärente und koordinierte Politik zu betreiben, daß der Anschein entsteht, sie hätten sich zu einem kollektiven Akteur fusioniert; darauf bezieht sich offenbar Wolfgang Wessels These vom „fusionierten Föderalstaat"; siehe Wolfgang Wessels, Staat und (westeuropäische) Integration, in: Michael Kreile (Hrsg.), Die Integration Europas, a. a. O., S. 36ff. Umgekehrt ist es „nicht ausgeschlossen, daß eine starke Zentralgewalt selbst dort erheblichen Einfluß auf die Bundesglieder ausübt, wo sie auf den Vollzug ihrer Beschlüsse angewiesen ist." (Roman Herzog, „Staatenverbindung", a. a. O.).

[112] Der folgende Teil des im übrigen geraume Zeit vor der Verkündung des Urteils abgeschlossenen Beitrags wurde nachträglich verfaßt.

[113] Volkmar Götz, Das Maastricht-Urteil des Bundesverfassungsgerichts, in: Juristenzeitung Jg. 1993, Heft 22, S. 1081ff, hier S. 1086: die These ist auch in den in der folgenden Fußnote belegten Positionen impliziert.

[114] Brun-Otto Bryde, Das Maastricht-Urteil des Bundesverfassungsgerichts – Konsequenzen für die weitere Entwicklung der europäischen Integration, Tübingen 1994, S. 14ff; Werner Kaufmann-Bühler, Deutsche Europapolitik nach dem Karlsruher Urteil: Möglichkeiten und Hemmnisse, in: „integration" Jg. 1994 S. 1ff, auch unter Hinweis auf einen Artikel des Bundesverfassungsrichters Klein in der FAZ vom 24. 11. 1993.

[115] Vgl. das Urteil des Bundesverfassungsgerichts – Zweiter Senat – vom 12. Oktober 1993 (2 BvR 2134/92, 2 BvR 2159/92), abgedruckt in: Europa Archiv, 48. Jg., Nr. 22 (1993), D 460–476, hier D 465 (C III B 5).

[116] Vgl. Bundesverfassungsgericht, a. a. O., D 465 (C.) und D 466 (C Ib 2).

[117] Vgl. Bundesverfassungsgericht, a. a. O., D 468 (C II 1a).

[118] Bundesverfassungsgericht, a. a. O., D 468 (C II 1a).

[119] Bundesverfassungsgericht, a. a. O., D 471 (C II c).

[120] Vgl. den Leitsatz 2 zum Urteil, a. a. O., D 461.

[121] Siehe oben D 468 (C II 1a).

[122] Manfred Zuleeg, „Beim Grundrechtschutz ist das Gemeinschaftsrecht maßgeblich", in: Stuttgarter Zeitung 15. 10. 1993.

[123] Vgl. z. B. Hans Peter Ipsen, Europäisches Gemeinschaftsrecht, a. a. O. S. 101, 209ff., 228,232.

[124] Vgl. Stephan Hobe, Die Unionsbürgerschaft nach dem Vertrag von Maastricht, in:„Der Staat", Jg. 1993 , S. 245ff. v. a. S. 263 und 267.

[125] Gutachten des Europäischen Gerichtshofs betr. das System der gerichtlichen Kontrolle im Entwurf des EU-Vertrages über den Europäischen Wirtschaftsraum, in: Juristenzeitung Jg. 1992, S. 707.

[126] Bundesverfassungsgericht, a. a. O., D 476 (D.), (s. Anmerkung 115).

[127] Bundesverfassungsgericht, a. a. O., D 466 (C I b1). Das Gericht verweist in diesem Zusammenhang damit auf das Erfordernis des Vorhandenseins „bestimmter vorrechtlicher Voraussetzungen" für einen legitimitätssichernden politischen Prozeß, die sich „soweit sie noch nicht bestehen, im Verlauf der Zeit im institutionellen Rahmen der Europäischen Union entwickeln" können (Bundesverfassungsgericht,

a. a. O., D 466 (C I b1)). Mit anderen Worten: Auch hier kommt die in diesem Beitrag thematisierte „Dialektik europäischer Verfassungspolitik" in den Blick.

[128] Vgl. Heinrich Schneider, a. a. O. 1992 (s. Anm. 63).

[129] Dazu auch Brun-Otto Bryde a. a. O. S. 14ff.

[130] Vgl. Karlheinz Reiff, Ein Ende des „Permissive Consensus"? Zum Wandel europapolitischer Einstellungen in der öffentlichen Meinung de EG-Mitgliedstaaten, in: Rudolf Hrbek (Hrsg.), Der Vertrag von Maastricht in der wissenschaftlichen Kontroverse, S. 332ff.; dazu auch Heinrich Schneider, Synthese und Schlußfolgerungen, ebd. S 133ff., hier S. 140.

[131] Vgl. z. B. Fritz W. Scharpf, Die Handlungsfähigkeit des Staates am Ende des zwanzigsten Jahrhunderts, in: Politische Vierteljahresschrift, Jg. 1991, S. 621ff.

[132] So Joseph Kaiser schon 1964 in seinem Diskussionsschlußwort zum Thema „Bewahrung und Veränderung demokratischer und rechtsstaatlicher Verfassungsstruktur in den internationalen Gemeinschaften", in: Heft 23 der Veröff. der Vgg. der Dt. Staatsrechtslehrer, Berlin 1966, S. 28.

[133] Dazu Heinrich Schneider, Rückblick für die Zukunft, a. a. O.

Wolfgang Wessels

Die europoäischen Staaten und ihre Union

[1] Vgl. als aktuellen Beitrag zu diesen Begriffen im europäischen Kontext Rudolf Wildenmann, Einleitung, in: Rudolf Wildenmann (Hrsg.), Staatswerdung Europas? Optionen für eine Europäische Union, Baden-Baden 1991, S. 7–18.

[2] Vgl. u. a. den Beitrag von Siegfried Magiera, Föderalismus und Subsidiarität als Rechtsprinzipien der Europäischen Union, in diesem Band; Albrecht Weber, Zur Verfassungsstruktur der Europäischen Gemeinschaft nach Maastricht, in: Rudolf Hrbek (Hrsg.), Der Vertrag von Maastricht in der wissenschaftlichen Kontroverse, Baden-Baden 1993, S. 121–132.

[3] Vgl. zur neueren Diskussion des Begriffes „Bundesstaat": Ludger Kühnhardt, Europäische Union und föderale Idee, Europapolitik in der Umbruchzeit, Perspektiven und Orientierungen, Schriftenreihe des Bundeskanzleramtes Band 14, München 1993, S. 21–23.

[4] Vgl. ebd. und Siegfried Magiera, Föderalismus und Subsidiarität als Rechtsprinzipien der Europäischen Union, a. a. O. Vgl. auch Heinrich Schneider, Föderale Verfassungspolitik für eine Europäische Union, in diesem Band.

[5] Vgl. generell Hans Peter Bull, Die Staatsaufgaben nach dem Grundgesetz, 2. Auflage, Frankfurt am Main 1977; Günter Hesse, Staatsaufgaben – Zur Theorie der Legitimation und Identifikation staatlicher Aufgaben, Baden-Baden 1979.

[6] Vgl. Joachim Jens Hesse, Aufgaben einer Staatslehre heute, in: Thomas Ellwein et alii (Hrsg.), Jahrbuch zur Staats- und Verwaltungswissenschaft, Bd. I, Baden-Baden 1987, S. 55–87, S. 77ff.

[7] Vgl. zum Begriff u. a. Joachim Jens Hesse, Aufgaben einer Staatslehre heute, a. a. O., S. 80.

[8] Vgl. zur jüngeren Diskussion v. a. Reinhard Meyers, Die internationale Dimension des Sozialstaates: ein Fall mangelnder Forschungs- (und Daseins-)Vorsorge?, in: Paul Kevenhörster und Dietrich Thränhardt (Hrsg.), Herausforderungen an den Wohlfahrtsstaat, Internationalisierung, Individualisierung und gesellschaftlicher Wandel, Münster 1992, S. 99–127; David Held, Editor's Introduction, in: Ders. (Hrsg.), Political Theory Today, Cambridge/Oxford 1991, S. 1–21.

[9] Konrad Hesse, Der unitarische Bundesstaat, Karlsruhe 1962.

[10] Fritz W. Scharpf u. a., Politikverflechtung, Theorie und Empirie des kooperativen Föderalismus in der Bundesrepublik, Kronberg/Ts. 1976. Ders., Die Politikverflechtungsfalle: Europäische Integration und deutscher Föderalismus im Vergleich, in: Politische Vierteljahresschrift, Heft 4 (1985), S. 323–356.

[11] John Pinder, European Community, The building of a nation, Oxford 1991; Heinrich Schneider, Rückblick für die Zukunft, Konzeptionelle Weichenstellungen für die europäische Einigung, Bonn 1986, S. 89–98.

[12] Zitiert nach Thomas Läufer (Bearb.), Europäische Gemeinschaft, Europäische Union, Die Vertragstexte von Maastricht (mit den deutschen Begleitgesetzen), Bonn 1993, S. 273.

[13] Ebd., S. 285–288.

[14] Ebd., S. 286.

[15] Ebd., S. 288; zur Debatte im Europäischen Parlament vgl. die Entwürfe für eine Europäische Verfassung, die 1992/1993 im Institutionellen Ausschuß diskutiert werden.

[16] Entschließung des Bundesrates zum Vertrag vom 7. Februar 1992 über die Europäische Union, in: ebd., S. 291f.

[17] Ebd., S. 294.

[18] Vgl. zum Begriff u. a. Heinrich Schneider, Leitbilder der Europapolitik 1, Der Weg zur Integration, Bonn 1977; Reinhard Meyers, Metatheoretische und methodologische Betrachtungen zur Theorie der internationalen Beziehungen, in: Volker Rittberger (Hrsg.), Theorien der Internationalen Beziehungen, PVS-Sonderheft 21, Opladen 1990, S. 48–68, der mit dem Begriff „Weltbild" (ebd., S. 59) arbeitet. Ebenso Claus-Ekkehard Bärsch, Der Staatsbegriff in der neueren deutschen Staatslehre und seine theoretischen Implikationen, Berlin 1974, S. 34–43.

[19] Vgl. insbesondere Gerhard Göhler, Einleitung: Politische Ideengeschichte – institutionentheoretisch gelesen, in: Gerhard Göhler, Kurt Lenk, Herfried Münkler und Manfred Walter (Hrsg.), Politische Institutionen im gesellschaftlichen Umbruch, Opladen 1990, S. 7–19; vgl. u. a. Niklas Luhmann, Politische Theorie im Wohlfahrtsstaat, München/Wien 1981; Helmut Willke, Entzauberung des Staates, Grundlinien einer systemtheoretischen Argumentation, in: Thomas Ellwein et alii (Hrsg.), Jahrbuch zur Staats- und Verwaltungswissenschaft, Baden-Baden 1990; Helmut Willke, Ironie des Staates, Grundlinien einer Staatstheorie polyzentrischer Gesellschaften, Frankfurt a. M. 1992, S. 85–175 und Wolfgang Wessels, Staat und (westeuropäische) Integration, Die Fusionsthese, in: Michael Kreile (Hrsg.), Die Integration Europas, PVS-Sonderheft 23, Opladen 1992, S. 36–61.

[20] Vgl. ebd.

[21] Ulrich Scheuner, Die internationale Politik der Gegenwart und die nationale Entscheidungsstruktur, in: Wilhelm Hennis, Peter Graf Kielmannsegg und Ulrich Matz (Hrsg.), Regierbarkeit, Studien zu ihrer Problematisierung, Band 1, Stuttgart 1977, S. 290; vgl. auch Klaus Stern, Das Staatsrecht der Bundesrepublik Deutschland, Band I, 2. überarbeitete Auflage, München 1984, S. 516f.; vgl. zur Geschichte des Begriffs von Fichtes „geschlossenem Handelsstaat" bis zu den sechziger Jahren Klaus Vogel, Die Verfassungsentscheidung des Grundgesetzes für eine internationale Zusammenarbeit, Ein Diskussionsbeitrag zu einer Frage der Staatstheorie sowie des geltenden deutschen Staatsrechtes, Tübingen 1964, S. 10ff.; vgl. auch Gerhard A. Ritter, Der Sozialstaat, Entstehung und Entwicklung im internationalen Vergleich, München 1989, S. 2.

[22] Vgl. zum Begriff u. a. Gianfranco Poggi, The State, its nature, development and prospects, Stanford 1990, S. 19ff.; vgl. generell Georg Jellinek, Allgemeine Staatslehre, 3. Auflage, Berlin 1914, S. 394ff. und für den hier interessierenden Zusammenhang Ulrich Scheuner, Die internationale Politik der Gegenwart und die nationale

Entscheidungsstruktur, a. a. O.; Jost Delbrück, Internationale und nationale Verwaltung – Inhaltliche und institutionelle Aspekte, in: Kurt G. A. Jeserich et alii, Deutsche Verwaltungsgeschichte, Band V, Bundesrepublik Deutschland, Stuttgart 1987, S. 387–403; Charles Tilly, Reflections on the History of European State-Making, in: ders. (Hrsg.), The Formation of National States in Western Europe, Princeton 1975, S. 3–84; Ernst Forsthoff, Der Staat der Industriegesellschaft dargestellt am Beispiel der Bundesrepublik Deutschland, München 1971; Josef Isensee, Staat und Verfassung, in: Josef Isensee und Paul Kirchhoff (Hrsg.), Handbuch des Staatsrechts der Bundesrepublik Deutschland, Band 1, Heidelberg 1987, S. 591–661; Roman Herzog, Allgemeine Staatslehre, Frankfurt a. M. 1971; Eckart Klein, Leitsätze, Der Verfassungsstaat als Glied einer europäischen Gemeinschaft, in: Europarecht, Heft 4, 1990, S. 398 ff.; Daniel Thürer, Leitsätze, Der Verfassungsstaat als Glied einer europäischen Gemeinschaft, in: Europarecht, Heft 4, 1990, S. 391 ff.; Helmut Steinberger, Leitsätze, Der Verfassungsstaat als Glied einer Europäischen Gemeinschaft, in: Europarecht, Heft 4, 1990, S. 385 ff.

[23] Vgl. insbesondere Hans J. Morgenthau, Politics among Nations, The Struggle for Power and Peace, New York 1949, dt.: Macht und Frieden, Gütersloh 1963.

[24] Vgl. hierzu insbesondere: Kenneth N. Waltz, Reflections on Theory of International Politics: A response to my critics, in: Robert O. Keohane (Hrsg.), Neorealism and its critics, New York 1986, S. 323 ff.; Robert O. Keohane, Realism, Neorealism and the Study of World Politics, in: Keohane (Hrsg.), Neorealism and its critics, a. a. O., S. 1 ff.; Gottfried-Karl Kindermann, Zum Selbstverständnis des neorealistischen Ansatzes, in: Gottfried-Karl Kindermann (Hrsg.), Grundelemente der Weltpolitik, München 1986, S. 11 ff.; Joseph M. Grieco, Anarchy and the limits of cooperation: a realist critique of the newest liberal institutionalism, in: International Organization vol. 42, No. 3, 1988, S. 485 ff.

[25] Vgl. insbesondere Beiträge in Maurizio Ferrera (Hrsg.), Globalization and the Welfare State: Problems and Perspectives in Western Europe, North America, and Japan (erscheint 1993).

[26] Karl M. Meessen, Souveränität, in: Rüdiger Wolfrum (Hrsg.), Handbuch Vereinte Nationen, 2. überarbeitete Auflage, München 1991, S. 788.

[27] Georg Jellinek, Allgemeine Staatslehre, a. a. O., S. 394 ff.; vgl. auch Josef Isensee, Staat und Verfassung, a. a. O., S. 603 f.

[28] Charles Tilly, Reflections on the History of European State-Making, a. a. O., S. 34; vgl. auch Gianfranco Poggi, The State, a. a. O., S. 19 ff.

[29] Vgl. u. a. Volker Rittberger, Theorie der Internationalen Organisationen, in: Rüdiger Wolfrum (Hrsg.), Handbuch Vereinte Nationen, a. a. O., S. 363 f.

[30] Joseph M. Grieco, Anarchy and the limits of cooperation, a. a. O., S. 494; vgl. grundsätzlich Graham T. Allison, Essence of Decision, Explaining the Cuban Missile Crisis, Boston 1971, S. 28 ff.

[31] Vgl. Roman Herzog, Allgemeine Staatslehre, a. a. O., S. 85.

[32] Robert Jessop, Changes in the international economy, their impact on European social structure, and their implications for the Welfare State, erscheint in: Maurizio Ferrera (Hrsg.), Globalization and the Welfare State, a. a. O., S. 1 (des Manuskriptes).

[33] Richard Rose, The Welfare state in an open international economy, erscheint in: Maurizio Ferrera (Hrsg.), Globalization and the Welfare State, a. a. O., S. 12 (des Manuskriptes).

[34] Ebd., S. 6.

[35] Harold L. Wilensky, The Nation-state, social policy and economic performance, erscheint in: Maurizio Ferrera (Hrsg.), Globalization and the Welfare State, a. a. O., S. 4 (des Manuskriptes).

[36] Vgl. ebd., S. 13 f.

[37] Alfred Pfaller, The European Welfare States facing common endogeneous and exogeneous challenges: towards convergence?, erscheint in: Maurizio Ferrera (Hrsg.), Globalization and the Welfare State, a. a. O., S. 8ff. (des Manuskriptes).

[38] Vgl. u. a. Daniel Thürer, Leitsätze, Der Verfassungsstaat als Glied einer Europäischen Gemeinschaft, a. a. O., S. 391.

[39] Vgl. James M. Buchanan, Die Grenzen der Freiheit, Zwischen Anarchie und Leviathan, Tübingen 1984, S. 135.

[40] Vgl. Ernst Forsthoff, Der Staat der Industriegesellschaft, a. a. O., S. 113f. und Ernst Hasso Ritter, Das Recht als Steuerungsmedium im kooperativen Staat, in: Staatswissenschaften und Staatspraxis, Heft 1, 1990, S. 50–88, S. 53f.

[41] James M. Buchanan, Die Grenzen der Freiheit, a. a. O., S. 135.

[42] Siegfried Magiera, Föderalismus und Subsidiarität als Rechtsprinzipien der Europäischen Union, a. a. O.

[43] Thomas Oppermann, Europarecht, Juristische Kurz-Lehrbücher, München 1991, S. 756.

[44] Vgl. dazu Heinrich Schneider, Rückblick für die Zukunft, a. a. O., S. 51–65; Wolfgang Wessels, Institutionen der Europäischen Union, Langzeittrends und Leitideen, in: Gerhard Göhler (Hrsg.), Theorie politischer Institutionen (Arbeitstitel), erscheint 1994.

[45] Vgl. zur Darstellung mehrerer Varianten des Föderalismus Heinrich Schneider, Rückblick für die Zukunft, a. a. O., S. 63–85, Wolfgang Wessels, Institutionen der Europäischen Union, a. a. O.

[46] Vgl. Altiero Spinelli, Manifest der Europäischen Föderalisten, Frankfurt a. M. 1958, S. 24.

[47] Bundesverfassungsgericht, Urteil vom 12. 10. 1993 (2 BvR 2134/92, 2 BvR 2159/92), abgedruckt in: Europa-Archiv, 48. Jg., Nr. 22 (1993), D 460–476, hier D 461 (8. Leitsatz zum Urteil des Zweiten Senats vom 12. Oktober 1992).

[48] Vgl. zum Begriff insbesondere Klaus Vogel, Die Verfassungsentscheidung des Grundgesetzes für eine internationale Zusammenarbeit, a. a. O., S. 28f. und S. 33f.; vgl. u. a. Eckart Klein, Leitsätze, Der Verfassungsstaat als Glied einer Europäischen Gemeinschaft, a. a. O., S. 389.

[49] Vgl. insbesondere Daniel Frei, Internationale Zusammenarbeit, Theoretische Ansätze und empirische Beiträge, Königstein/Ts. 1982; Bruno S. Frey, Internationale Politische Ökonomie, München 1985.

[50] Vgl. insbesondere Stephen D. Krasner (Hrsg.), International Regimes, Ithaca 1983; Robert O. Keohane, After Hegemony, Cooperation and Discord in World Political Economy, Princeton 1984; Stephan Haggard u. Beth A. Simmons, Theories of International Regimes, in: International Organization, No. 41, Vol. 3, 1987, S. 491ff.; Klaus Dieter Wolf u. Michael Zürn, „International Regimes" und Theorien der internationalen Politik, Politische Vierteljahresschrift, Heft 2, 1986, S. 201–221, S. 201ff.; Manfred Efinger, Volker Rittberger, Michael Zürn, Internationale Regime in den Ost-West-Beziehungen, Ein Beitrag zur Erforschung friedlicher Behandlung internationaler Konflikte, Frankfurt 1988; Joseph M. Grieco, Anarchy and the limits of cooperation, a. a. O., S. 485ff.; Beate Kohler-Koch, Zur Empirie und Theorie internationaler Regime, in: dies. (Hrsg.), Regime in den internationalen Beziehungen, Baden-Baden 1989, S. 17ff.; Manfred Efinger, Volker Rittberger, Klaus Dieter Wolf, Michael Zürn, Internationale Regime und Internationale Politik, in: Volker Rittberger (Hrsg.), Theorien der Internationalen Beziehungen, PVS-Sonderheft 21, Opladen 1990, S. 263ff.

[51] Vgl. Joachim Jens Hesse, Aufgaben einer Staatslehre heute, a. a. O., S. 80; Hans-Hermann Hartwich, Die Suche nach einer wirklichkeitsnahen Lehre vom Staat, in: Aus Politik und Zeitgeschichte, B 46–47, 1987, S. 14f.

[52] Vgl. insbesondere Maurizio Ferrera (Hrsg.), Globalization and the Welfare State, a. a. O.

[53] Alle Zitate von Klaus Vogel, Die Verfassungsentscheidung des Grundgesetzes für eine internationale Zusammenarbeit, a. a. O., S. 28.

[54] So ebd., S. 28.

[55] Manfred Efinger u. a., Internationale Regime und Internationale Politik, a. a. O., S. 279.

[56] Klaus Vogel, Die Verfassungsentscheidung des Grundgesetzes für eine internationale Zusammenarbeit, a. a. O., S. 31.

[57] Robert Jessop, Changes in the international economy, their impact on European social structure, and their implications for the Welfare State, a. a. O., S. 17 (des Manuskriptes).

[58] Ebd.

[59] Ebd., S. 18.

[60] David Held, Democracy, the Nation-State and the Global System, in: ders. (Hrsg.) Political Theory Today, a. a. O., S. 212.

[61] Ebd., S. 224; vgl. zum Begriff auch Fritz W. Scharpf, Die Handlungsfähigkeit des Staates am Ende des zwanzigsten Jahrhunderts, in: Politische Vierteljahresschrift, Heft 4, 1991, S. 623.

[62] Fritz W. Scharpf, Die Handlungsfähigkeit des Staates am Ende des zwanzigsten Jahrhunderts, a. a. O., S. 630f.

[63] Vgl. insgesamt Stephan Haggard u. Beth A. Simmons, Theories of International Regimes, a. a. O.; Beate Kohler-Koch (Hrsg.), Regime in den internationalen Beziehungen, a. a. O.; Volker Rittberger (Hrsg.), Theorien der internationalen Beziehungen, a. a. O.

[64] Vgl. insbesondere Daniel Frei, Internationale Zusammenarbeit, a. a. O., S. 19ff.

[65] Vgl. u. a. Manfred Efinger u. a., Internationale Regime und Internationale Politik, a. a. O., S. 273.

[66] Vgl. Robert O. Keohane, After Hegemony, a. a. O., S. 116.

[67] Vgl. zum Begriff und zur folgenden Definition Stephen D. Krasner, Structural causes and regime consequences: regimes as intervening variables, in: ders. (Hrsg.), International Regimes, a. a. O., S. 2 und Beate Kohler-Koch, Zur Empirie und Theorie internationaler Regime, a. a. O., S. 18f.

[68] Ebd.

[69] Vgl. Stephan Haggard u. Beth A. Simmons, Theories of international regimes, a. a. O., S. 499 und S. 513.

[70] Hans Herrmann Hartwich, Die Suche nach einer wirklichkeitsnahen Lehre vom Staat, a. a. O., S. 14 und zur Literaturübersicht Ernst Hasso Ritter, Das Recht als Steuerungsmedium im kooperativen Staat, a. a. O., S. 53f.

[71] Ernst Hasso Ritter, Das Recht als Steuerungsmedium im kooperativen Staat, a. a. O., S. 53f.

[72] Manfred Bulling, Der öffentliche Dienst im Umbruch, in: Joachim Jens Hesse, Christoph Zöpel (Hrsg.), Der Staat der Zukunft, Baden-Baden 1990, S. 82.

[73] Joachim Jens Hesse, Aufgaben einer Staatslehre heute, a. a. O., S. 68ff.; vgl. auch Joachim Jens Hesse u. Artur Benz, Die Modernisierung der Staatsorganisation, Institutionspolitik im internationalen Vergleich: USA, Großbritannien, Frankreich, Bundesrepublik Deutschland, Baden-Baden 1990, S. 153ff.

[74] Joachim Jens Hesse, Aufgaben einer Staatslehre heute, a. a. O., S. 68.

[75] Vgl. zum Begriff James M. Buchanan, Die Grenzen der Freiheit, a. a. O., S. 135.

[76] Vgl. dazu insbesondere die Arbeiten von Peter Flora, hier: Peter Flora, Introduction, in: ders. (Hrsg.), Growth to limits, The Western European Welfare States since World War II, Volume I, Berlin/New York 1986, S. XIff.; Gerhard A. Ritter, Der Sozialstaat, a. a. O., S. 4.

[77] Gerhard A. Ritter, Der Sozialstaat, a. a. O., S. 12f.

[78] Joachim Jens Hesse, Aufgaben einer Staatslehre heute, a. a. O., S. 71.

[79] Ebd., S. 69.

[80] Ernst Hasso Ritter, Das Recht als Steuerungsmedium im kooperativen Staat, a. a. O., S. 59.

[81] Bundesverfassungsgericht, a. a. O., D 468 (C II) und (C II Ia).

[82] Vgl. zum Begriff Reinhard Meyers, Weltpolitik in Grundbegriffen, Bonn 1977, S. 270; Meinhard Schröder, Bundesstaatliche Erosionen im Prozeß der europäischen Integration, in: Peter Häberle (Hrsg.), Jahrbuch des öffentlichen Rechts der Gegenwart, N. F. Band 35, Tübingen 1986, S. 86f.; Daniel Thürer, Leitsätze, Der Verfassungsstaat als Glied einer Europäischen Gemeinschaft, a. a. O., S. 392; David Held, Democracy and the Global System, a. a. O., S. 212; Fritz W. Scharpf, Die Handlungsfähigkeit des Staates am Ende des zwanzigsten Jahrhunderts, a. a. O., S. 622.

[83] Vgl. u. a. Bettina Westle, Politische Legitimität – Theorien, Konzepte, empirische Befunde, Baden-Baden 1989, S. 40–47; Wilhelm Hennis, Peter Graf Kielmannsegg, Ulrich Matz (Hrsg.), Regierbarkeit, Studien zu ihrer Problematisierung, a. a. O.

[84] Vgl. insbesondere Dietrich Fürst, Die Neubelebung der Staatsdiskussion: Veränderte Anforderungen an Regierung und Verwaltung in westlichen Industriegesellschaften, in: Thomas Ellwein u. a. (Hrsg.), Jahrbuch zur Staats- und Verwaltungswissenschaft, Bd. 1, a. a. O., S. 263ff.

[85] Vgl. ebd., S. 269ff.

[86] Vgl. insbesondere Fritz W. Scharpf u. a., Politikverflechtung, a. a. O.

[87] Vgl. insbesondere Fritz W. Scharpf, Die Politikverflechtungsfalle, a. a. O., S. 232ff.

[88] Dietrich Fürst, Die Neubelebung der Staatsdiskussion, a. a. O., S. 266.

[89] Fritz W. Scharpf, Die Politikverflechtungsfalle, a. a. O., S. 340.

[90] Helmut Willke, Entzauberung des Staates, a. a. O., S. 287ff.

[91] Jost Delbrück, Internationale und nationale Verwaltung, a. a. O., S. 398.

[92] Vgl. Robert Jessop, Changes in the international economy, their impact on European social structure, and their implications for the Welfare State, a. a. O., S. 18 (des Manuskriptes).

[93] Ebd.

[94] Vgl. Karl Kaiser, Transnationale Politik, in: Ernst-Otto Czempiel (Hrsg.), Die anachronistische Souveränität, Köln/Opladen 1969, S. 81–110, Karl Kaiser, Interdependenz und Autonomie, Die Bundesrepublik Deutschland und Großbritannien in ihrer multinationalen Umwelt, in: ders., Roger Morgan (Hrsg.), Strukturwandlungen der Außenpolitik in Großbritannien und der Bundesrepublik Deutschland, München/Wien 1970, S. 50–70, DFG-Schwerpunktprogramm Interdependenz, Bonn 1980, S. 18ff. und als Bilanz Robert O. Keohane, Joseph S. Nye, Power and Interdependence revisited, in: International Organization, Vol. 41, 1987, S. 725.

[95] Walter L. Bühl, Transnationale Politik, Internationale Beziehungen zwischen Hegemonie und Interdependenz, Stuttgart 1978, S. 11, so auch Joseph S. Nye, Robert O. Keohane, Transnational Relations and World Politics: An Introduction, in: dies. (Hrsg.), Transnational Relations and World Politics, Cambridge (Mass.), 1973, S. XI.

[96] DFG-Schwerpunktprogramm Interdependenz, a. a. O., S. 18.

[97] Ernst-Otto Czempiel, Internationale Politik, Ein Konfliktmodell, Paderborn/München u. a. 1991, S. 182f.

[98] Walter L. Bühl, Transnationale Politik, a. a. O., S. 45f.

[99] Jost Delbrück, Internationale und nationale Verwaltung, a. a. O., S. 390.

[100] Heinz Laufer, Der überregelte Staat, in: Aus Politik und Zeitgeschichte, B 15, 1987, S. 32.

[101] Ebd.

[102] Karl Kaiser, Interdependenz und Autonomie, a.a.O., S. 69.

[103] Vgl. Helga Haftendorn u.a., Strukturprobleme des außenpolitischen Entscheidungsprozesses der Bundesrepublik Deutschland, in: Helga Haftendorn u.a. (Hrsg.), Verwaltete Außenpolitik, Köln 1978, S. 283; DFG-Schwerpunktprogramm Interdependenz, a.a.O., S. 42f.

[104] Klaus Haensch, Europäische Integration und parlamentarische Demokratie, in: Europa-Archiv, Heft 7, 1986, S. 194f. und Europäisches Parlament, Generaldirektion Wissenschaft, Kompetenzübergang und Demokratiedefizit, Reihe Politik Nr. 4, Luxemburg 1990.

[105] DFG-Schwerpunktprogramm Interdependenz, a.a.O., S. 42; vgl. auch Carl-Christoph Schweitzer, Die nationalen Parlamente in der Gemeinschaft – ihr schwindender Einfluß in Bonn und Westminster auf die Europagesetzgebung, Bonn 1978, S. 89f.

[106] Ernst-Otto Czempiel, Internationale Politik, a.a.O., S. 183f.

[107] John H. Herz, Aufstieg und Niedergang des Territorialstaates, in: ders. (Hrsg.), Staatenwelt und Weltpolitik, Aufsätze zur internationalen Politik im Nuklearzeitalter, Hamburg 1974, S. 63ff.

[108] Karl Kaiser, Interdependenz und Autonomie, a.a.O., S. 66.

[109] Daniel Thürer, Leitsätze, Der Verfassungsstaat als Glied einer Europäischen Gemeinschaft, a.a.O., S. 392.

[110] Roman Herzog, Allgemeine Staatslehre, a.a.O., S. 85.

[111] Jost Delbrück, Internationale und nationale Verwaltung, a.a.O., S. 388.

[112] Josef Isensee, Staat und Verfassung, a.a.O., S. 630.

[113] Vgl. zu den Unterschieden Rüdiger Wolfrum, Konsens, in: Rüdiger Wolfrum (Hrsg.), Handbuch Vereinte Nationen, a.a.O., S. 529–534.

[114] Fritz W. Scharpf, Die Politikverflechtungsfalle, a.a.O., S. 340.

[115] Ebd., S. 349.

[116] Kritik deutscher Rechts- und Staatswissenschaftler an Maastricht, abgedruckt in: integration, Heft 4, 1992, S. 236.

[117] Vgl. Wolfgang Wessels, Maastsricht: Ergebnisse, Bewertungen und Langzeittrends, in: integration, Heft 1, 1992, S. 2ff.

[118] Vgl. Wolfgang Wessels, Staat und (westeuropäische) Integration, a.a.O., S. 40.

[119] Thomas Oppermann, Europarecht, a.a.O., S. 756. Vgl. mit anderer Akzentsetzung auch Thomas Oppermann, Der Maastrichter Unionsvertrag – Rechtspolitische Wertung, in: Rudolf Hrbek (Hrsg.), Der Vertrag von Maastricht in der wissenschaftlichen Kontroverse, Baden-Baden 1993, S. 109.

[120] Vgl. Georg Jellinek, Allgemeine Staatslehre, a.a.O., S. 394ff. und oben S. 6ff.

[121] Vgl. Walter Hallstein, Die Europäische Gemeinschaft, 5. überarbeitete und erweiterte Auflage, Düsseldorf/Wien 1979 (1. Auflage 1969, Der unvollendete Bundesstaat), S. 63.

[122] Thomas Oppermann, Der Maastrichter Vertrag – Rechtspolitische Wertung, a.a.O., S. 108.

[123] Vgl. u.a. Eberhard Grabitz u.a., Direktwahl und Demokratisierung, Eine Funktionenbilanz des Europäischen Parlaments nach der ersten Wahlperiode, Bonn 1988, S. 59ff.

[124] Ebd.

[125] Vgl. etwa Ernst B. Haas, The Uniting of Europe, 2. Aufl., Stanford 1968, S. 16.

[126] Peter Flora, Introduction, a.a.O., S. XXIII.

[127] Gerhard A. Ritter, Der Sozialstaat, a.a.O., S. 191–192.

[128] Ebd., S. 193.

[129] Ebd., S. 23.

[130] Niklas Luhmann, Politische Theorie im Wohlfahrtsstaat, a.a.O., S. 100.

[131] Vgl. auch Reinhard Meyers, Die internationale Dimension des Wohlfahrtsstaates, a. a. O., S. 119- 127.

[132] Vgl. Konrad Hesse, Der unitarische Bundesstaat, a. a. O.

[133] Rolf Caesar, Grundfragen einer Theorie des internationalen Finanzausgleichs, in: Quartalshefte der Girozentrale, 15. Jg., Wien 1980, S. 36.

[134] Konrad Littmann, Ausgaben, öffentliche, in: Willi Albers u. a. (Hrsg.), Handwörterbuch der Wirtschaftswissenschaft, Stuttgart u. a. 1977, S. 349–362.

[135] Daniel Thürer, Leitsätze, Der Verfassungsstaat als Glied einer europäischen Gemeinschaft, a. a. O., S. 392.

[136] Gerhard A. Ritter, Der Sozialstaat, a. a. O., S. 20; Konrad Hesse, Der unitarische Bundesstaat, a. a. O., S. 13.

[137] Hartmut Kaelble, Auf dem Weg zu einer europäischen Gesellschaft, Eine Sozialgeschichte Westeuropas 1880–1980, München 1987, S. 149.

[138] Stein Kuhnle, The Scandinavian Welfare Model in the Era of European Integration: Internal and External Pressure for Change, erscheint in: Maurizio Ferrera (Hrsg.), Globalization and the Welfare State, a. a. O., S. 24–25 (des Manuskriptes).

[139] Stein Kuhnle, The Scandinavian Welfare Model in the Era of European Integration, a. a. O., S. 20 (des Manuskriptes).

[140] Vgl. Eberhard Grabitz u. a., Direktwahl und Demokratisierung, a. a. O., S. 68.

[141] Vgl. u. a. Joachim Jens Hesse, Laurence J. Sharpe, Local Government in International Perspective: Some Comparative Observations, in: Joachim Jens Hesse (Hrsg.), Local Government and Urban Affairs in International Perspective, Analyses of Twenty Western Industrialized Countries, Baden-Baden 1991, S. 616; Christian Engel, Jef van Ginderachter, Trends in Regional and Local Government in the European Community, Leuven 1993, S. 27–37; Angelika Poth-Mögele, Das Prinzip der „Partnerschaft" in der Strukturpolitik der Europäischen Gemeinschaft, dargestellt an den Beispielen Bayerns und Schottlands, Frankfurt a. M. 1993.

[142] Vgl. u. a. Bettina Westle, Politische Legitimität, Theorien, Konzepte, empirische Befunde, a. a. O.; vgl. Bundesverfassungsgericht, a. a. O., D 476 (D.).

[143] Vgl. auch das Urteil des Bundesverfassungsgerichts, a. a. O.

[144] Vgl. u. a.: Manifest für Maastricht, in: integration, Heft 4, 1992, S. 241–245.

Siegfried Magiera

Föderalismus und Subsidiarität als Rechtsprinzipien der Europäischen Union

[1] Vgl. dazu näher unten, Abschnitt V.

[2] Vgl. dazu näher Siegfried Magiera, Die Einheitliche Europäische Akte und die Fortentwicklung der Europäischen Gemeinschaft zur Europäischen Union, in: Gedächtnisschrift für Wilhelm Geck, Köln u. a. 1989, S. 507ff.

[3] Bull. EG 6–1983, Ziff. 1.6.1.

[4] ABl. EG C 77/33 (1984).

[5] ABl. EG L 169/1 (1987).

[6] Vgl. dazu den Überblick in EG-Gesamtbericht 23/1989, Ziff. 1ff.; 24/1990, Ziff. 1ff.; 25/1991, Ziff. 1ff.; ferner Finn Laursen u. Sophie Vanhoonacker (Hrsg.), The Intergovernmental Conference on Political Union, Maastricht 1992.

[7] BGBl. 1992 II S. 1253; ABl. EG C 191/1 (1992); eine konsolidierte Fassung findet sich im ABl. EG C 224/1 (1992).

[8] Vgl. dazu näher unten, Abschnitt V. 1.

[9] Bodo Dennewitz, Der Föderalismus – Sein Wesen und seine Geschichte, Hamburg 1947, S. 15.

[10] Aus dem umfangreichen Schrifttum vgl. neben Bodo Dennewitz, Der Föderalismus, a. a. O. allgemein: Ernst Deuerlein, Föderalismus, Bonn 1972; Constantin Frantz, Der Föderalismus als das leitende Prinzip für die soziale, staatliche und internationale Organisation, unter besonderer Bezugnahme auf Deutschland, Mainz 1879 (Neudruck 1962); Roman Herzog, Stichwort „Föderalismus", in: Evangelisches Staatslexikon, 3. Aufl., Stuttgart 1987; Josef Isensee, Der Föderalismus und der Verfassungsstaat der Gegenwart, AöR 115 (1990), S. 248ff.; Franz W. Jerusalem, Die Staatsidee des Föderalismus, Tübingen 1949; Hans Maier, Der Föderalismus – Ursprung und Wandlungen, AöR 115 (1990), S. 213ff.; Heinrich Oberreuter, Stichwort „Föderalismus", in: Staatslexikon (hrsg. von der Görres-Gesellschaft), 7. Aufl., Freiburg 1986; Herbert Schambeck, Vom Wesen und Wert des Föderalismus heute, in: Detlef Merten (Hrsg.), Föderalismus und Europäische Gemeinschaften, Berlin 1990, S. 27ff.; speziell zum deutschen Föderalismus: Gerhard Anschütz u. Karl Bilfinger, Der deutsche Föderalismus, VVDStRL 1 (1924), S. 11ff./35ff.; Peter Häberle, Aktuelle Probleme des deutschen Föderalismus, Die Verwaltung 1991, S. 169ff.; Jochen Huhn u. Peter-Christian Witt (Hrsg.), Föderalismus in Deutschland, Baden-Baden 1992; Josef Isensee, Idee und Gestalt des Föderalismus im Grundgesetz, HStR IV, 1990, 98; Otto Kimminich, Historische Grundlagen und Entwicklung des Föderalismus in Deutschland, in: Probleme des Föderalismus, Tübingen 1985, S. 1ff.; Fritz Ossenbühl, Föderalismus nach 40 Jahren Grundgesetz, DVBl. 1989, S. 1230ff.; Ulrich Scheuner, Wandlungen im Föderalismus der Bundesrepublik, DÖV 1966, S. 513ff.; Heinrich Triepel, Unitarismus und Föderalismus im Deutschen Reiche, Tübingen 1907; speziell zum europäischen Föderalismus: die Angaben unten, in Anm. 82.

[11] Vgl. dazu näher unten, Abschnitt V.1.

[12] Vgl. dazu Alexander Hamilton, John Jay u. James Madison, The Federalist – A Commentary on the Constitution of the United States (1787/1788), in: The Modern Library, Chicago o.J. (1937).

[13] Vgl. dazu Hartwig Bülck u. Peter Lerche, Föderalismus als nationales und internationales Ordnungsprinzip, VVDStRL 21 (1964), S. 1ff./66ff., und die daran anschließende Aussprache.

[14] In dieser Richtung schon Hermann Mosler in der Aussprache, ebd., S. 138f.

[15] Georg Jellinek, Allgemeine Staatslehre, 3. Aufl., Berlin 1914, S. 625ff.

[16] Helmut Quaritsch, Staat und Souveränität, Bd. 1, Frankfurt (M.) 1970, S. 255ff.

[17] Helmut Quaritsch, Staat und Souveränität, a. a. O., S. 310ff.; Georg Jellinek, Allgemeine Staatslehre, a. a. O., S. 626.

[18] Reinhold Zippelius, Allgemeine Staatslehre, 11. Aufl., München 1991, 14 I 3; Walter Rudolf, Verwaltungsorganisation, in: Hans-U. Erichsen u. Wolfgang Martens (Hrsg.), Allgemeines Verwaltungsrecht, 9. Aufl., Berlin 1992, 56 Rdnr. 49.

[19] Reinhold Zippelius, ebd.; Walter Rudolf, ebd., 56 Rdnr. 51ff.; ferner Hans Peters, Zentralisation und Dezentralisation, Zugleich ein Beitrag zur Kommunalpolitik im Rahmen der Staats- und Verwaltungslehre, Berlin 1928, S. 4ff.; Felix Ermacora, Das Wesen und die Grundformen der Zentralisation und Dezentralisation, ÖZöRV (1953), S. 101ff. (S. 125ff.).

[20] Reinhold Zippelius, Allgemeine Staatslehre, a. a. O., 9 IV; Konrad Hesse, Stichwort „Bundesstaat", in: Evangelisches Staatslexikon, 3. Aufl., Stuttgart 1987; Otto Kimminich, Der Bundesstaat, HStR I, 1987, 26 Rdnr. 5; Klaus Stern, Das Staatsrecht der Bundesrepublik Deutschland, Bd. I, 2. Aufl., München 1984, S. 644f.; Hans Nawiasky, Der Bundesstaat als Rechtsbegriff, Tübingen 1920, S. 8ff.; Siegfried Brie, Der Bundesstaat, Eine historisch-dogmatische Untersuchung, 1. Abthl.: Geschichte der Lehre vom Bundesstaat, Leipzig 1874.

[21] Im Unterschied zur „politischen" Selbstverwaltung durch Beteiligung von Laien; vgl. Hans Peters, Zentralisation und Dezentralisation, a. a. O., S. 22ff.

[22] Herbert Krüger, Allgemeine Staatslehre, 2. Aufl., Stuttgart u. a. 1966, S. 492ff.

[23] Zu den damit verbundenen dogmatischen Schwierigkeiten, die insbesondere die deutsche Staatsrechtslehre aufgrund der historischen Gegebenheiten in Deutschland beschäftigt haben, vgl. den kritischen Überblick bei Roman Herzog, Stichwort „Staatenverbindung", in: Evangelisches Staatslexikon, 3. Aufl., Stuttgart 1987, m. w. N.; ferner etwa Georg Jellinek, Allgemeine Staatslehre, a. a. O., S. 737ff.; Siegfried Brie, Theorie der Staatenverbindungen, Festschrift zur 500jährigen Jubelfeier der Universität Heidelberg, Stuttgart 1886.

[24] Ebenso etwa Reinhold Zippelius, Allgemeine Staatslehre, a. a. O., 9 IV; zu weiteren – typischen, aber nicht ausschließlichen – Elementen des Bundesstaates vgl. die Zusammenstellungen bei Peter Häberle, Aktuelle Probleme des deutschen Föderalismus, a. a. O., 177f.; Klaus Stern, Das Staatsrecht der Bundesrepublik Deutschland, a. a. O., S. 645f.; Karl Weber, Kriterien des Bundesstaates, Wien 1980, S. 27f.; Michael Bothe, Die Kompetenzstruktur des modernen Bundesstaates in rechtsvergleichender Sicht, a. a. O., S. 10; Ulrich Scheuner, Struktur und Aufgabe des Bundesstaates in der Gegenwart, DÖV 1962, S. 641ff.; Carl Th. Welcker, Stichwort „Bund", in: Carl von Rotteck u. Carl Th. Welcker (Hrsg.), Staats-Lexikon, Altona 1836, S. 76ff. (81ff.).

[25] Vgl. auch Reinhold Zippelius, Allgemeine Staatslehre, a. a. O., 38 I; anders etwa Karl Weber, Kriterien des Bundesstaates, a. a. O., S. 28 (Bundesstaat als „die" staatliche Verwirklichung des Föderalismus).

[26] Vgl. dazu näher Ignaz Seidl-Hohenveldern u. Gerhard Loibl, Das Recht der Internationalen Organisationen einschließlich der Supranationalen Organisationen, 5. Aufl., Köln 1992, S. 1ff.

[27] Vgl. oben, Abschnitt II. 1. c.

[28] Vgl. dazu die Nachweise oben, Anm. 23.

[29] Vgl. näher Ignaz Seidl-Hohenveldern u. Gerhard Loibl, Das Recht der Internationalen Organisationen einschließlich der Supranationalen Organisationen, a. a. O., S. 227f.

[30] Zu darüber hinausgehenden Merkmalen, die den Staatenbund vom Bundesstaat unterscheiden sollen, aber nicht die notwendige Trennschärfe aufweisen, vgl. schon Carl Th. Welcker, Stichwort „Bund", in: Carl v. Rotteck u. Carl Th. Welcker (Hrsg.), Staats-Lexikon, a. a. O., S. 96ff.

[31] Vgl. auch Reinhold Zippelius, Allgemeine Staatslehre, a. a. O., 38 vor I; ferner Roman Herzog, Stichwort „Staatenverbindung", a. a. O.

[32] Dem entspricht, wie Bodo Dennewitz, Der Föderalismus, a. a. O., feststellt, die Entgegensetzung von Föderalismus und Unitarismus in der deutschen, von Föderalismus und Partikularismus in der amerikanischen Verfassungsgeschichte; vgl. auch – zur deutschen Auffassung – Heinrich Triepel, Unitarismus und Föderalismus im Deutschen Reich, a. a. O., S. 9ff.; Gerhard Anschütz, Der deutsche Föderalismus, a. a. O., S. 11.

[33] In dieser Richtung etwa Josef Isensee, Der Föderalismus und der Verfassungsstaat der Gegenwart, a. a. O., S. 269f. („Gewaltenbalance"); Klaus Stern, Föderative Besinnungen, in: Festschrift für Hans Huber, Bern 1981, S. 319ff. (S. 331: „Verkörperung des permanenten Kompromisses").

[34] Im Schrifttum werden die einzelnen Voraussetzungen bei unterschiedlicher Akzentuierung zumeist im engeren Zusammenhang mit dem Bundesstaat erörtert, für den sie jedoch lediglich typische, aber keine exklusiven Elemente darstellen; vgl. dazu oben, Anm. 24.

[35] Vgl. dazu die vergleichende Untersuchung von Michael Bothe, Die Kompetenzstruktur des modernen Bundesstaates in rechtsvergleichender Sicht, a. a. O., passim.

[36] Zum gesteigerten Bedarf des Föderalismus an einer staatsrechtlichen Ausfor-

mung vgl. auch Klaus Stern, Föderative Besinnungen, Festschrift für Hans Huber, a. a. O., S. 327; Josef Isensee, Der Föderalismus und der Verfassungsstaat der Gegenwart, a. a. O., S. 267.

[37] Vgl. – auch zum folgenden – Klaus Stern, Das Staatsrecht der Bundesrepublik Deutschland, a. a. O., S. 644f. m. w. N.; ferner Peter Häberle, Aktuelle Probleme des deutschen Föderalismus, a. a. O., S. 177f.; Hans-Peter Ipsen, Über Verfassungs-Homogenität in der Europäischen Gemeinschaft, Festschrift für Günter Dürig, München 1990, S. 159ff.

[38] Vgl. dazu oben, Abschnitt II. 1. c–e.

[39] Eine absolute Trennung zwischen rechtsimmanentem und rechtsbildendem Föderalismus wäre nicht nur ein Rückfall in den staatsrechtlichen Positivismus, sondern – angesichts der immer lückenhaften Positivierung – auch praktisch undurchführbar; ähnlich Klaus Stern, Das Staatsrecht der Bundesrepublik Deutschland, a. a. O., S. 662f.; Josef Isensee, Idee und Gestalt des Föderalismus im Grundgesetz, a. a. O., 98 Rdnr. 7ff.; Otto Kimminich, Der Bundesstaat, a. a. O., 26 Rdnr. 9.

[40] Klaus Stern, Das Staatsrecht der Bundesrepublik Deutschland, a. a. O., S. 646; Michael Bothe, Die Kompetenzstruktur des modernen Bundesstaates in rechtsvergleichender Sicht, a. a. O., S. 10.

[41] Josef Isensee, Subsidiaritätsprinzip und Verfassungsrecht, Eine Studie über das Regulativ des Verhältnisses von Staat und Gesellschaft, Berlin 1968, S. 14.

[42] Adolf Süsterhenn, Das Subsidiaritätsprinzip als Grundlage der vertikalen Gewaltenteilung, in: Festschrift für Hans Nawiasky, München 1956, S. 141ff. (141).

[43] Vgl. dazu unten, Abschnitt V.2.

[44] Abgedruckt in: Texte zur katholischen Soziallehre (hrsg. vom Bundesverband der Katholischen Arbeitnehmer-Bewegung [KAB] Deutschlands), 4. Aufl., Kevelaer 1977, S. 91ff.

[45] Roman Herzog, Subsidiaritätsprinzip und Staatsverfassung, in: Der Staat, 1963, S. 399ff., S. 407.

[46] So auch das Ergebnis der eingehenden Untersuchung von Josef Isensee, Subsidiaritätsprinzip und Verfassungsrecht, a. a. O., S. 71.

[47] Enzyklika „Quadragesimo anno", Nr. 79 (oben, im Text, nach Anm. 44).

[48] Dies zeigt sich deutlich, wenn etwa Hans Stadler, Subsidiaritätsprinzip und Föderalismus, Freiburg/Schweiz 1951, S. 47f., die Leistungsfähigkeit „physisch" und „sittlich" sowie letztlich „durch die Rücksicht auf die wohlgeordnete Zweckerfüllung" bestimmen und begrenzen will.

[49] Enzyklika „Quadragesimo anno", Nr. 79 (oben, im Text, nach Anm. 44).

[50] Vgl. auch Roman Herzog, Subsidiaritätsprinzip und Staatsverfassung, a. a. O., S. 409: Subventionsmentalität „zur naturrechtlichen Tugend geadelt".

[51] Vgl. Josef Isensee, Subsidiaritätsprinzip und Verfassungsrecht, a. a. O., S. 30: Aufforderung an den Staat, „sich selbst überflüssig zu machen".

[52] Enzyklika „Quadragesimo anno" Nr. 80 (oben, im Text, nach Anm. 44).

[53] Der Verweis auf so unbestimmte Begriffe wie die „Menschennähe" (Adolf Süsterhenn, Das Subsidiaritätsprinzip als Grundlage der vertikalen Gewaltenteilung, a. a. O., S. 145), das „Gesetz der Nähe" (Helmut Kalkbrenner, Die rechtliche Verbindlichkeit des Subsidiaritätsprinzips, in: Festschrift für Günter Küchenhoff, 2. Halbband, Berlin 1972, S. 515ff., S. 521, unter Berufung auf Günter Küchenhoff) oder die „wohlgeordnete Zweckerfüllung" (Hans Stadler, Subsidiaritätsprinzip und Föderalismus, a. a. O., S. 57) bewirken lediglich eine Problemverschiebung, aber keine Problemlösung; kritisch zur „Personennähe" der katholischen Soziallehre Trutz Rendtorf, Kritische Erwägungen zum Subsidiaritätsprinzip, in: Der Staat, 1962, S. 405ff., S. 419ff.; Roman Herzog, Subsidiaritätsprinzip und Staatsverfassung, a. a. O., S. 404.

[54] Vgl. oben, Abschnitt II.2.b.

[55] Vgl. oben, Abschnitt II.2.c.

[56] Vgl. oben, Abschnitt II.4.

[57] So wohl auch Josef Isensee, Subsidiaritätsprinzip und Verfassungsrecht, a. a. O., wenn er zwischen dem Subsidiaritätsprinzip als einem möglichen Rechtsprinzip (S. 73) und einem im Verfassungsrecht enthaltenen Rechtsprinzip (S. 313) unterscheidet.

[58] Abgedruckt u. a. in: Walter Lipgens, 45 Jahre Ringen um die Europäische Verfassung – Dokumente 1939–1984, Bonn 1986, S. 293f.

[59] Vgl. näher Prodromos Dagtoglou, Die Rechtsnatur der Europäischen Gemeinschaft, in: Dreißig Jahre Gemeinschaftsrecht, Luxemburg 1981, S. 37ff.; Walter Hallstein, Der unvollendete Bundesstaat, Düsseldorf 1969, S. 39ff.; Siegfried Magiera, Die Einheitliche Europäische Akte und die Fortentwicklung der Europäischen Gemeinschaft zur Europäischen Union, a. a. O., S. 520ff.

[60] Vgl. dazu die Nachweise oben, Anm. 24.

[61] Zu diesem „klassischen" Merkmal des Bundesstaates vgl. etwa Georg Jellinek, Allgemeine Staatslehre, a. a. O., S. 773f.; Siegfried Brie, Theorie der Staatenverbindungen, a. a. O., S. 113; Heinrich Triepel, Unitarismus und Föderalismus im Deutschen Reich, a. a. O., S. 8ff.; Hans Nawiasky, Der Bundesstaat als Rechtsbegriff, a. a. O., S. 35, 106f.

[62] Vgl. oben, Abschnitt II.2.a; ferner Ulrich Everling, Zur föderalen Struktur der Europäischen Gemeinschaft, in: Festschrift für Karl Doehring, Berlin u. a. 1989, S. 179ff.; Dietrich Schindler, Schweizerischer und europäischer Föderalismus, in: Schweizerisches Zentralblatt für Staats- und Verwaltungsrecht, Jg. 93, 1993, S. 193ff., insbesondere S. 204ff.

[63] Vertrag über die Einsetzung eines gemeinsamen Rates und einer gemeinsamen Kommission der Europäischen Gemeinschaften (sog. Fusionsvertrag) vom 8. 4. 1965, BGBl. II S. 1454: „Die Kommission besteht aus ... Mitgliedern, die ... volle Gewähr für ihre Unabhängigkeit bieten müssen" (Art. 10 Abs. 1 Unterabs. 1). „Die Mitglieder der Kommission üben ihre Tätigkeit in voller Unabhängigkeit zum allgemeinen Wohl der Gemeinschaften aus. Sie dürfen bei der Erfüllung ihrer Pflichten Anweisungen von einer Regierung oder einer anderen Stelle weder anfordern noch entgegennehmen ..." (Art. 10 Abs. 1 Unterabs. 1 und 2).

[64] „Die Verordnung hat allgemeine Geltung. Sie ist in allen ihren Teilen verbindlich und gilt unmittelbar in jedem Mitgliedstaat" (Art. 189 Abs. 2 EWGV; Art. 161 Abs. 2 EAGV; ähnlich Art. 14 Abs. 2 EGKSV für die dortige „Entscheidung").

[65] „Der Rat besteht aus Vertretern der Mitgliedstaaten ..." (Art. 2 Fusionsvertrag [Anm. 63]).

[66] „Die Richtlinie ist für jeden Mitgliedstaat, an den sie gerichtet ist, hinsichtlich des zu erreichenden Ziels verbindlich, überläßt jedoch den innerstaatlichen Stellen die Wahl der Form und der Mittel" (Art. 189 Abs. 3 EWGV; Art. 161 Abs. 3 EAGV; ähnlich Art. 14 Abs. 3 EGKSV für die dortige „Empfehlung").

[67] „Das Europäische Parlament besteht aus Vertretern der Völker der in der Gemeinschaft zusammengeschlossenen Staaten; es übt Beratungs- und Kontrollbefugnisse aus, die ihm nach diesem Vertrag zustehen" (Art. 137 EWGV; Art. 107 EAGV; Art. 20 EGKSV); vgl. zu der – umstrittenen – Repräsentation und Funktion des Europäischen Parlaments näher Eberhard Grabitz, Thomas Läufer, Das Europäische Parlament, Bonn 1980, S. 364ff.; Roland Bieber, Art. 137 Rdnr. 1ff., in: Hans von der Groeben, Jochen Thiesing u. Claus-D. Ehlermann (Hrsg.), Kommentar zum EWG-Vertrag, 4. Aufl., Baden-Baden 1991.

[68] Vgl. dazu näher Jürgen Schwarze, Europäisches Verwaltungsrecht, Bd. I, Baden-Baden 1988, S. 25ff.; zur Praxis: Heinrich Siedentopf u. Jacques Ziller (Hrsg.), Making European Policies Work – The Implementation of Community Legislation in the Member States, 2 Bde., Brüssel u. a. 1988.

[69] „Der Gerichtshof sichert die Wahrung des Rechts bei der Auslegung und Anwendung dieses Vertrages" (Art. 164 EWGV; Art. 136 EAGV; Art. 31 EGKSV, der zusätzlich die Durchführungsvorschriften nennt); vgl. auch Ulrich Everling, Zur föderalen Struktur der Europäischen Gemeinschaft, a.a.O., S. 195f.

[70] „Dieser Vertrag gilt auf unbegrenzte Zeit" (Art. 240 EWGV; Art. 208 EAGV; anders noch – „für die Dauer von fünfzig Jahren" – Art. 97 EGKSV).

[71] Dazu näher Siegfried Magiera, Kompetenzgrenzen und Strukturprinzipien der Europäischen Gemeinschaft, in: Festschrift für Rudolf Morsey, Berlin 1992, S. 211ff.

[72] Vgl. insbesondere Vlad Constantinesco, Subsidiarität: Zentrales Verfassungsprinzip für die Europäische Union, in: integration, Heft 4, 1990, S. 165ff. (168f.); ferner Rudolf Geiger, Die Stellung der Bundesländer im Europäischen Gemeinschaftsrecht und ihre Rechtsschutzmöglichkeiten gegen Rechtsakte der Gemeinschaft, in: Harry A. Kremer (Hrsg.), Die Landesparlamente im Spannungsfeld zwischen europäischer Integration und europäischem Regionalismus, Referate und Diskussionsbeiträge eines Symposiums des Bayerischen Landtages am 9./10. Juli 1988 in München, München 1988, S. 51ff. (63); Paul Joan George Kapteyn, Community Law and the Principle of Subsidiarity, in: Rev. des Affaires Européennes No. 2, 1991, S. 35ff. (38); Franz-Ludwig Knemeyer, Subsidiarität – Föderalismus, Dezentralisation, in: DVBl. 1990, S. 449ff. (450); Marc Wilke u. Helen Wallace, Subsidiarity: Approaches to Power-Sharing in the European Community, Royal Institute of International Affairs, Discussion Paper No. 27, London 1990, S. 36; Norbert Wimmer u. Wolfgang Mederer, Das Subsidiaritätsprinzip und seine Entdeckung durch die Europäischen Gemeinschaften, in: ÖJZ 1991, S. 586ff. (589); Jacques Delors, The Principle of Subsidiarity: Contribution to the Debate, in: Subsidiarity: The Challenge of Change, Maastricht 1991, S. 7ff. (8); Jacques Santer, Some Reflections on the Principle of Subsidiarity, ebd., S. 19ff. (22); Valéry Giscard d'Estaing (Berichterstatter des Europäischen Parlaments), Zwischenbericht des Institutionellen Ausschusses über den Grundsatz der Subsidiarität, EP-Dok. A3–163/90/Teil B v. 4. 7. 1990, S. 3ff.

[73] Vgl. dazu näher unten, Abschnitt V.2.

[74] Vgl. oben, Abschnitt III.2.c.

[75] Ebenso Eberhard Grabitz, Subsidiarität im Gemeinschaftsrecht, in: Bernhard Vogel u. Günther Oettinger (Hrsg.), Föderalismus in der Bewährung, Köln 1992, S. 139ff. (142, 148).

[76] Vgl. die Nachweise oben, Anm. 72: ferner Eberhard Grabitz, Subsidiarität im Gemeinschaftsrecht, a.a.O., S. 147; Kay Hailbronner, Die deutschen Bundesländer in der EG, in: JZ 1990, S. 149ff. (153); Markus Heintzen, Subsidiaritätsprinzip und Europäische Gemeinschaft, in: JZ 1991, 317ff. (319); Eckart Klein, Der Verfassungsstaat als Glied einer europäischen Gemeinschaft, VVDStRL Heft 50, 1991, S. 56ff. (73); Thomas Schröer, Die Kompetenzverteilung zwischen der Europäischen Wirtschaftsgemeinschaft und ihren Mitgliedstaaten auf dem Gebiet des Umweltschutzes, Berlin 1992, S. 71ff.

[77] Dieter Scheuing, Umweltschutz auf der Grundlage der Einheitlichen Europäischen Akte, EuR 1989, S. 152ff. (164), spricht deshalb von „Besserklausel", um Mißverständnisse, die mit der Bezeichnung „Subsidiaritätsprinzip" verbunden sind, zu vermeiden.

[78] Ebenso Eberhard Grabitz, Subsidiarität und Gemeinschaftsrecht, a.a.O., S. 148; Markus Heintzen, Subsidiaritätsprinzip und Europäische Gemeinschaft, a.a.O., S. 322; Eckart Klein, Der Verfassungsstaat als Glied einer europäischen Gemeinschaft, a.a.O., S. 73; a.A. wohl Kay Hailbronner, Die deutschen Bundesländer in der EG, a.a.O., S. 153f.

[79] Vgl. oben, Anm. 4.

[80] Bundesrats-Drucksache 31/86 (Beschluß) vom 31. 1. 1986, Ziff. I 4.

[81] So die Formulierung in dem Beschluß der Ministerpräsidentenkonferenz der deutschen Länder vom 20./21. 12. 1990 zur Europapolitik (Münchener Erklärung zum Föderalismus in Europa), Punkt a), Ziff. I, abgedruckt in: Joachim Bauer (Hrsg.), Europa der Regionen, 2., unveränderte, Aufl., Berlin 1992, S. 117ff.

[82] Aus dem umfangreichen Schrifttum zum europäischen Föderalismus vgl. Hermann-J. Blanke, Föderalismus und Integrationsgewalt, Berlin 1991; Michael Borchmann, Doppelter Föderalismus in Europa, in: Europa-Archiv 1991, S. 340ff.; Michael Burgess, Federalism and European Union, London 1989; Peter Eisenmann u. Bernd Rill (Hrsg.), Das Europa der Zukunft – Subsidiarität, Föderalismus, Regionalismus, Regensburg 1992; Fried Esterbauer u. Peter Pernthaler (Hrsg.), Europäischer Regionalismus am Wendepunkt, Wien 1991; Ulrich Everling, Zur föderalen Struktur der Europäischen Gemeinschaft, a. a. O.; Peter Häberle, Föderalismus, Regionalismus, Kleinstaaten – in Europa, in: Die Verwaltung 1992, S. 1ff.; Rudolf Hrbek u. Uwe Thaysen (Hrsg.), Die deutschen Länder und die Europäischen Gemeinschaften, Baden-Baden 1986; Stefan Langer, Unitarismus und Föderalismus im künftigen Europa, DÖV 1991, S. 823ff.; Siegfried Magiera u. Detlef Merten (Hrsg.), Bundesländer und Europäische Gemeinschaft, Berlin 1988; Detlef Merten (Hrsg.), Föderalismus und Europäische Gemeinschaften, Berlin 1990; Fritz Ossenbühl (Hrsg.), Föderalismus und Regionalismus in Europa, Baden-Baden 1990; Dietrich Schindler, Schweizerischer und europäischer Föderalismus, a. a. O.; Dusan Sidjanski, Objectif 1993: Une Communauté fédérale européenne, in: Rev. Marché Commun 1990, S. 687ff.; Helmut Steinberger, Eckart Klein u. Daniel Thürer, Der Verfassungsstaat als Glied einer europäischen Gemeinschaft, VVDStRL, Heft 50, 1991, S. 9ff./56ff./97ff.; Wolfgang Graf Vitzthum, Der Föderalismus in der europäischen und internationalen Einbindung der Staaten, in: AöR 115, 1990, S. 281ff.; Bernhard Vogel u. Günther Oettinger (Hrsg.), Föderalismus in der Bewährung, Köln 1992.

[83] Arbeitsdokument für das Treffen mit den Ministerpräsidenten der Bundesländer am 19. 5. 1988, in: Europa-Archiv 1988, D 340ff. (D 341).

[84] Entschließungen v. 14. 3. 1990 (Punkt B), ABl. EG C 96/114 (1990); v. 14. 6. 1990 (Ziff. 6), ABl. EG C 175/175 (1990); v. 11. 7. 1990 (Punkt A), ABl. EG C 231/91 (1990); v. 11. 7. 1990 (Ziff. 4), ABl. EG C 231/97 (1990); v. 10. 10. 1991 (Ziff. 9), ABl. EG C 280/148 (1991).

[85] Beschluß der Ministerpräsidentenkonferenz v. 21./23. 10. 1987 zum Föderalismus in der Europäischen Gemeinschaft – allgemeine Grundsätze, Ziff. I vor 1 und I 3, abgedruckt in: Joachim Bauer (Hrsg.), Europa der Regionen, a. a. O., S. 13ff.

[86] Vgl. dazu oben, Abschnitt II.2.b.

[87] Vgl. dazu oben, Abschnitt II.2.c.

[88] Beschluß der Ministerpräsidentenkonferenz der deutschen Länder (vgl. Anm. 81), Punkt a), Ziff. II 2.

[89] EG-Kommission, Antwort auf die schriftliche Anfrage Nr. 1877/91, ABl. EG C 168/8 (1992); vgl. auch – unter Bezugnahme auf das Subsidiaritätsprinzip – EG-Kommission, Bericht über die Europäische Union v. 26. 6. 1975 (Ziff. 6, 12), Bull. EG, Beil. 5/1975.

[90] Kommissionspräsident Delors, in: Europa-Archiv 1988, D 341.

[91] EP-Entschließungen v. 12. 12. 1990 (Ziff. 8), ABl. EG C 19/65 (1991); v. 11. 7. 1990 (Ziff. 1), ABl. EG C 231/91 (1990).

[92] Präambel Abs. 5, Art. 130a–e EWGV; vgl. dazu HandkommEWGV/Magiera, 1991, Art. 130a–e; Winfried Haneklaus, Regionalpolitik in der Europäischen Gemeinschaft, Münster 1991; jeweils m. w. N.

[93] Oben, Anm. 4.

[94] Michael Borchmann, Konferenzen „Europa der Regionen" in München und

Brüssel, in: DÖV 1990, S. 879ff.; Winfried Haneklaus, Zur Frage der funktionsgerechten Regionalisierung in einer föderal verfaßten Europäischen Union, in: DVBl. 1991, S. 295ff.; Franz-Ludwig Knemeyer, Subsidiarität – Föderalismus – Dezentralisation, a. a. O., S. 451ff.; Uwe Wulf Petersen, Zur Rolle der Regionen im künftigen Europa, in: DÖV 1991, S. 278ff.

[95] Beschluß der Regierungschefs der Länder vom 7. 6. 1990, abgedruckt in: Joachim Bauer (Hrsg.), Europa der Regionen, a. a. O., S. 92ff.; Entschließung des Bundesrats vom 24. 8. 1990, Bundesrats-Drucks. 550/90 (Beschluß).

[96] Entwurf eines Vertrags über die Union (luxemburgischer Vorsitz) vom 18. 6. 1991 (CONF-UP-UEM-2008/91): „Dieser Vertrag stellt eine neue Stufe bei der schrittweisen Verwirklichung einer föderativen Union dar" (Art. A Abs. 3 der Gemeinsamen Bestimmungen; vgl. ferner Art. W Abs. 2 betr. die für 1996 vorgesehene Revisionskonferenz); Entwurf eines Vertrags zur Europäischen Union (niederländischer Vorsitz) v. 24. 9. 1991 (SN/1079/91): „Durch diesen Vertrag, der eine neue Stufe der schrittweisen Verwirklichung einer Union mit föderaler Ausrichtung darstellt ..." (Art. 1); endgültiger Entwurf vor dem Europäischen Rat von Maastricht am 9./10. 12. 1991 (niederländischer Vorsitz): „This Treaty marks a new stage in the process leading gradually to a Union with a federal goal" (Art. A Abs. 2 der Gemeinsamen Bestimmungen; vgl. ferner Art. W Abs. 2 betr. die für 1996 vorgesehene Revisionskonferenz), abgedruckt in: Europe – Agence Internationale, Documents, No. 1750/1751 vom 13. 12. 1991.

[97] Premierminister John Major vor dem Unterhaus am 20. 11. 1991, in: Finn Laursen u. Sophie Vanhoonacker, a. a. O., S. 419ff. (S. 423); vgl. auch House of Lords, Select Committee on the European Communities: Economic and Monetary Union and Political Union, Session 1989–90, 27th Report, Volume I (Report), S. 13f.

[98] Vgl. oben, Abschnitt II.2.c.

[99] Ebenso Rudolf Hrbek, Der Ertrag der „Verfassungsdebatte" von Maastricht: Ein Erfolg für den Föderalismus und die deutschen Länder?, in: Festschrift für Bodo Börner, Köln 1992, S. 125ff., insbesondere S. 149.

[100] Zur Stellung der Kommunen in der europäischen Integration vgl. Hermann-Josef Blanke, Die kommunale Selbstverwaltung im Zuge fortschreitender Integration, in: DVBl. 1992, S. 477ff.; Angela Faber, Die Zukunft kommunaler Selbstverwaltung und der Gedanke der Subsidiarität in den Europäischen Gemeinschaften, in: DVBl. 1991, S. 1126ff.; Werner Hoppe u. Alexander Schink (Hrsg.), Kommunale Selbstverwaltung und europäische Integration, Köln 1990; Alexander Martini, Gemeinden in Europa – Einwirkungen der Europäischen Gemeinschaft auf die deutschen Gemeinden und Schutz der kommunalen Selbstverwaltung im Gemeinschaftsrecht, Köln 1992; Peter M. Mombaur u. Hans G. von Lennep, Die deutsche kommunale Selbstverwaltung und das Europarecht, in: DÖV 1988, S. 988ff.; Wolfgang Müller, Die Entscheidung des Grundgesetzes für die gemeindliche Selbstverwaltung im Rahmen der europäischen Integration, Baden-Baden 1992; Werner Rengeling, Die Garantie der kommunalen Selbstverwaltung im Zeichen der europäischen Integration, in: DVBl. 1990, S. 893ff.; Heinrich Siedentopf, Europäische Gemeinschaft und kommunale Beteiligung, in: DÖV 1988, S. 981ff.; Manfred Zuleeg, Selbstverwaltung und Europäisches Gemeinschaftsrecht, in: Festschrift für Georg-Christoph von Unruh, Heidelberg 1983, S. 91ff.

[101] Zum Subsidiaritätsprinzip im Rahmen der europäischen Integration vgl. aus dem Schrifttum Andrew Adonis u. S. Jones, Subsidiarity and the European Community's Constitutional Future, in: Staatswissenschaften und Staatspraxis 1991, S. 179ff.; Hermann-Josef Blanke, Das Subsidiaritätsprinzip als Schranke des Europäischen Gemeinschaftsrechts?, in: ZG 1991, S. 133ff.; Vlad Constantinesco, „Subsidiarität": Magisches Wort oder Handlungsprinzip der Europäischen Union?, in: EuZW 1991,

S. 561ff.; Markus Heintzen, Subsidiaritätsprinzip und Europäisches Gemeinschaftsrecht, in: JZ 1991, S. 317ff.; Kurt Schelter, Subsidiarität – Handlungsprinzip für das Europa der Zukunft, in: EuZW 1990, S. 217ff.; Subsidiarity: The Challenge of Change, Proceedings of the Jacques Delors Colloquium, Maastricht 1991; ferner die Nachweise oben, Anm. 72, 75 bis 77 und unten, Anm. 113.

102 Oben, Anm. 4.

103 Vgl. Jean-Paul Jacqué, in: Francesco Capotorti, Meinhard Hilf, Francis Jacobs u. Jean-Paul Jacqué, Der Vertrag zur Gründung der Europäischen Union – Kommentar, Baden-Baden 1986, S. 83.

104 Entschließungen v. 17. 6. 1987 (Ziff. 5), ABl. EG C 190/71 (1987); v. 16. 2. 1989 (Ziff. 8), ABl. EG C 69/145 (1989).

105 Arbeitsdokument . . . (Anm. 83), D 341.

106 Tagung in Madrid am 26./27. 6. 1989, Schlußfolgerungen des Vorsitzes, Bull. EG 6–1989, Ziff. 1.1.11 und 1. 1. 14; in Rom am 14./15. 12. 1990, Bull. EG 12–1990, Ziff. I.8; in Luxemburg am 28./29. 6. 1991, Bull. EG 6–1991, Ziff. I.5.

107 Z. B. Belgien, abgedruckt in: Finn Laursen u. Sophie Vanhoonacker (Hrsg.), The Intergovernmental Conference on Political Union, a. a. O., S. 272; Griechenland, ebd., S. 280; Dänemark, ebd., S. 294; Portugal, ebd., S. 304f.

108 Arbeitsgruppe der Staats- und Senatskanzleien der (deutschen) Länder, Bericht zu dem Thema „Europa der Regionen – Beteiligung der Länder an der interregionalen Zusammenarbeit sowie Fortentwicklung der Rechte und politischen Mitwirkungsmöglichkeiten der Regionen in Europa“, Ziff. IV, abgedruckt in: Joachim Bauer, Europa der Regionen, a. a. O., S. 41ff.; Europäischer Rat, Tagung in Rom (Anm. 106); Europäisches Parlament, Entschließungen vom 11. 7. 1990 (Ziff. 1), ABl. EG C 231/91 (1990); vom 12. 7. 1990 (Ziff. 11), ABl. EG C 231/163 (1990).

109 Europäischer Rat, Tagungen in Rom und Luxemburg (Anm. 106); Europäisches Parlament, Entschließung vom 11. 7. 1990 (Ziff. 3), ABl. EG C 231/97 (1990).

110 Beschluß der Ministerpräsidentenkonferenz vom 21./23. 10. 1987 (Anm. 85).

111 Die Verpflichtung der Europäischen Union auf das Subsidiaritätsprinzip findet sich, wenn auch etwas kürzer als im Vertragstext formuliert, erstmals in dem am 9./10. 12. 1991 vorgelegten Entwurf (Anm. 96).

112 Vgl. oben, Abschnitt II.1.

113 Europäischer Rat, Tagung in Lissabon am 26./27. 6. 1992, Schlußfolgerungen des Vorsitzes, Bull. EG 6–1992, Ziff. I.6.; Bundesregierung, Memorandum zum Subsidiaritätsprinzip v. 21. 9. 1992, Europe – Agence Internationale, No. 5834 v. 12./13. 10. 1992, S. 13f., Ziff. I.3.; Bundesverfassungsgericht, Urteil v. 12. 10. 1993 (2 BvR 2134/92, 2 BvR 2159/92), (C II 1a), abgedruckt in: Europa-Archiv 1993, D 460–476, hier D 468; – Vgl. aus dem umfangreichen Schrifttum u. a. Reimer v. Borries, Gedanken zur Tragweite des Subsidiaritätsprinzips im Europäischen Gemeinschaftsrecht, in: Festschrift für Arved Deringer, Baden-Baden 1993, S. 22ff.; Deborah Cass, The Word that Saves Maastricht? The Principle of Subsidiarity and the Division of Powers within the European Community, in: CMLR 1992, S. 1107ff.; Nicholas Emiliou, Subsidiarity: An Effective Barrier Against „the Enterprises of Ambition“?, in: EurLawRev 1992, S. 383ff.; Jochen Frowein, Konkurrierende Zuständigkeit und Subsidiarität – Zur Kompetenzverteilung in bündischen Systemen, in: Festschrift für Peter Lerche, München 1993, S. 401ff.; Thomas Goppel, Die Bedeutung des Subsidiaritätsprinzips – Der Beitrag Bayerns zur Konkretisierung des Subsidiaritätsprinzips in der EG, in: EuZW 1993, S. 367ff.; Ingo Hochbaum, Kohäsion und Subsidiarität – Maastricht und die Länderkulturhoheit, in: DÖV 1992, S. 285ff.; Markus Jachtenfuchs, Die EG nach Maastricht – Das Subsidiaritätsprinzip und die Zukunft der Integration, in: Europa-Archiv 1992, S. 279ff.; Wolfgang Kahl, Möglichkeiten und Grenzen des Subsidiaritätsprinzips nach Art. 3b EG-Vertrag, in: AöR 1993, S. 414ff.; Ger-

hard Konow, Zum Subsidiaritätsprinzip des Vertrags von Maastricht, in: DÖV 1993, S. 405ff.; Helmut Lecheler, Das Subsidiaritätsprinzip – Strukturprinzip einer europäischen Union, Berlin 1993; Lord Mackenzie-Stuart, Subsidiarity – A Busted Flush?, in: Essays for the Hon. Mr. Justice T. F. O'Higgins, Irland 1992, S. 19ff.; Detlef Merten (Hrsg.), Die Subsidiarität Europas, Berlin 1993; Gerhard Möschel, Zum Subsidiaritätsprinzip im Vertrag von Maastricht, in: NJW 1993, S. 3025ff.; Stefan Ulrich Pieper, Subsidiaritätsprinzip – Strukturprinzip der Europäischen Union, in: DVBl. 1993, S. 705ff.; Jörn Pipkorn, Das Subsidiaritätsprinzip im Vertrag über die Europäische Union – rechtliche Bedeutung und gerichtliche Überprüfbarkeit, in: EuZW 1992, S. 697ff.; Peter Schmidhuber, Das Subsidiaritätsprinzip im Vertrag von Maastricht, in: DVBl. 1993, S. 417ff.; ders. und Gerhard Hitzler, Die Verankerung des Subsidiaritätsprinzips im EWG-Vertrag – ein wichtiger Schritt auf dem Weg zu einer föderalen Verfassung der Europäischen Gemeinschaft, in: NVwZ 1992, S. 720ff.; Achim Schnabel, Das Subsidiaritätsprinzip im Vertrag über die Europäische Union, in: BayVBl. 1993, S. 393ff.; Michael Schweitzer und Oliver Fixson, Subsidiarität und Regionalismus in der Europäischen Gemeinschaft, in: JURA 1992, S. 579ff.; Clemens Stewing, Subsidiarität und Föderalismus in der Europäischen Union, Köln 1992; A. G. Toth, The Principle of Subsidiarity in the Maastricht Treaty, in: CMLR 1992, S. 1079ff.; ferner die Nachweise oben, Anm. 101.

[114] Vgl. oben, Abschnitt V.2.

[115] Vgl. unten, Abschnitt VI.2.f.

[116] Arbeitsgruppe der Staats- und Senatskanzleien, a.a.O. (Anm. 108), Ziff. IV.

[117] Entschließung des Bundesrats v. 9. 11. 1990, Bundesrats-Drucks. 780/90 (Beschluß), Ziff. II.

[118] Europäischer Rat, Tagung in Edinburg am 11./12. 12. 1992, Schlußfolgerungen des Vorsitzes, Bull. EG 12–1992, Ziff. I.15.

[119] Vgl. EuGH, Rs. 101/78 – Granaria, Slg. 1979, S. 623/636f.; Rs. 314/85 – Foto Frost, Slg. 1987, S. 4199/4232; Rs. C-143/88 und C-92/89 – Zuckerfabrik Süderdithmarschen, Slg. 1991, S. I-415/541.

[120] Die Frage stellt sich im Anschluß an das Urteil des Bundesverfassungsgerichts v. 12. 10. 1993, a.a.O. (Anm. 113), D 467 (C I 3 a.E.), das sich jedoch zu den damit verbundenen verfahrensrechtlichen Problemen und der möglichen Gefahr einer vertragsrechtlichen Verantwortlichkeit der Bundesrepublik Deutschland (vgl. dazu Bundesverfassungsgericht, Beschluß v. 9. 11. 1987 – 2 BvR 808/82, EuR 1988, S. 191, 195) nicht äußert; kritisch auch Christian Tomuschat, Die Europäische Union unter der Aufsicht des Bundesverfassungsgerichts, in: EuGRZ 1993, S. 489ff., 494; Brun-Otto Bryde, Das Maastricht-Urteil des Bundesverfassungsgerichts – Konsequenzen für die weitere Entwicklung der europäischen Integration, 1993, S. 10f.

[121] Vgl. auch Jochen Frowein, Konkurrierende Zuständigkeit und Subsidiaritätsprinzip, a.a.O., S. 406f.

[122] Bundesverfassungsgericht, a.a.O. (Anm. 113), D 475f. (C II 3c).

[123] Europäischer Rat von Lissabon, a.a.O. (Anm. 113).

[124] Unzutreffend erscheint demgegenüber der – auch vom Bundesverfassungsgericht, a.a.O. (Anm. 113), D 468 (C II 1a) und passim – verwendete Begriff der „begrenzten Einzelzuständigkeit"; vgl. dazu Eberhard Grabitz, Art. 189 Rdnr. 4, in: ders., Kommentar zum EWG-Vertrag, Loseblatt, München (Stand: 1992).

[125] Bundesverfassungsgericht, a.a.O. (Anm. 113), D 469 (C II 2a); ebenso EG-Kommission, Das Subsidiaritätsprinzip, Bull. EG 10–1992, S. 118ff., Ziff. I.1.a; Europäischer Rat von Edinburg, a.a.O. (Anm. 118), Ziff. I.15.

[126] EG-Kommission, ebd.; EP-Entschließung zur Verwirklichung des Subsidiaritätsprinzips v. 18. 11. 1992 (Punkt A), ABl. EG C 337/116 (1992); Europäischer Rat von Edinburg, a.a.O. (Anm. 118), Ziff. I.15; Bundesverfassungsgericht, a.a.O. (Anm. 113), D 475 (C II 3c).

[127] So auch das Bundesverfassungsgericht, a. a. O. (Anm. 113), D 476 (C II 3d), trotz der mißverständlichen Formulierung auf S. 82 (C II 3c).

[128] EG-Kommission, Das Subsidiaritätsprinzip, a. a. O. (Anm. 125), Ziff. II.2.

[129] EuGH, Rs. 3, 4 und 6/76 – Kramer, Slg. 1976, S. 1279/1312; Rs. 804/79 – Kommission/Vereinigtes Königreich, Slg. 1981, S. 1045/1073 (betr. Fischereipolitik).

[130] EG-Kommission, Das Subsidiaritätsprinzip, a. a. O. (Anm. 125), Ziff. 2 vor I; Europäischer Rat von Edinburg, a. a. O. (Anm. 118), Ziff. I. 15; Bundesrat, Entschließung v. 7. 5. 1993, Ziff. 5, Bundesrats-Drucks. 182/93 (Beschluß).

[131] Bundesverfassungsgericht, a. a. O. (Anm. 113), D 469 f. (C II 2a), D 475 (C II 3c); unzutreffend Wolfgang Kahl, Möglichkeiten und Grenzen des Subsidiaritätsprinzips nach Art. 3b EG-Vertrag, a. a. O., S. 433 („Kompetenzverteilungs-. . .norm"); Peter Schmidhuber, Das Subsidiaritätsprinzip im Vertrag von Maastricht, a. a. O., S. 418 („kompetenzbegründend").

[132] Bundesregierung, Memorandum zum Subsidiaritätsprinzip, a. a. O. (Anm. 113), Ziff. I.4; Bundesverfassungsgericht, a. a. O. (Anm. 113), D 475–476 (C II 3c und d).

[133] EG-Kommission, Das Subsidiaritätsprinzip, a. a. O. (Anm. 125), Ziff. I.2, III; wohl auch Europäischer Rat von Edinburg, a. a. O. (Anm. 118), Ziff. I. 16 ff.

[134] Vgl. dazu EuGH, Rs. 18/63 – Schmitz/Kommission, Slg. 1964, S. 175/204; Rs. 265/87 – Schräder, Slg. 1989, S. 2237/2269; std. Rspr. (betr. das Verhältnis zwischen öffentlicher Gewalt und einzelnen).

[135] Bundesverfassungsgericht, a. a. O. (Anm. 113), D 471 (C II 2c).

[136] Bundesregierung, Memorandum zum Subsidiaritätsprinzip, a. a. O. (Anm. 113), Ziff. I. 1; EG-Kommission, Das Subsidiaritätsprinzip, a. a. O. (Anm. 125), Ziff. 2 vor I.

[137] Bundesverfassungsgericht, a. a. O. (Anm. 113), D 466 (C I 2b 1).

[138] Europäischer Rat von Edinburg, a. a. O. (Anm. 118), Ziff. I. 15.

[139] Ebd., Ziff. I. 15, I. 20 ff.

[140] Ebd., Ziff. I. 15.

[141] Bull. EG 10–1993, Ziff. 2.2.2.

[142] Zu den deutschen Vorschlägen vgl. Bundesregierung, Memorandum zum Subsidiaritätsprinzip, a. a. O. (Anm. 113); zum Rechtscharakter interinstitutioneller Vereinbarungen vgl. Reimer v. Borries, Gedanken zur Tragweite des Subsidiaritätsprinzips im Europäischen Gemeinschaftsrecht, a. a. O., S. 31 m. w. N.

[143] EG-Dok. KOM (93) 545.

[144] Entschließung v. 8. 12. 1993, Ziff. 1, 4, Bundesrats-Drucks. 767/93 (Beschluß).

[145] EG-Kommission, Das Subsidiaritätsprinzip, a. a. O. (Anm. 125), Ziff. I.2, III. – Kritisch dazu Gerhard Konow, Zum Subsidiaritätsprinzip des Vertrags von Maastricht, a. a. O., S. 409, der jedoch – wie die Länder allgemein (vgl. dazu oben, Abschnitt VI.2.a) – keinen Konkretisierungsmaßstab für die damit herangezogene Autarkievariante nennt; ebenso Thomas Goppel, Die Bedeutung des Subsidiaritätsprinzips, a. a. O., S. 368; kaum weiterführend insoweit auch Peter Schmidhuber/Gerhard Hitzler, Die Verankerung des Subsidiaritätsprinzips im EWG-Vertrag, a. a. O., S. 723 (Leistungsfähigkeit „einiger" bzw. mangelnde Leistungsfähigkeit „einzelner" Mitgliedstaaten).

[146] A. a. O. (Anm. 118), Ziff. I. 15.

[147] Vgl. oben, Anm. 131.

[148] Vgl. oben, Anm. 135.

[149] EG-Kommission, a. a. O. (Anm. 143), S. 3 (Prüfraster zu b) i. V. m. S. 1a.

[150] Schlußfolgerungen des Vorsitzes, in: Europe – Agence Internationale, Documents No. 6127 v. 12. 12. 1993, S. 11.

Dieter Biehl

Zur ökonomischen Theorie des Föderalismus

[1] Vgl. Dieter Biehl, Bestimmungsgründe des regionalen Entwicklungspotentials, Kiel 1975; Dieter Biehl, The Contribution of Infrastructure to Regional Development, Dokuments, EC-Commission, Brüssel 1986, 2 Bde.

[2] Die Begriffe „Frustrationskosten" bzw. „Präferenzenkosten" stellen eine Erweiterung des Begriffs der „externen Kosten" dar, den Buchanan und Tullock geprägt haben (vgl. James M. Buchanan und Gordon Tullock, The Calculus oft Consent, Logical Foundations of Constitutional Democracy, Ann Arbor 1962, insbes. Kap. 6, S. 63–84). Die Frustrationskosten wurden von Pennock eingeführt (vgl. J. R. Pennock, Federal and Unitary Government – Disharmony and Frustration, Behavioral Science, Bd. 4, 1969, S. 147–157). Für den erweiterten Kostenansatz vgl. Dieter Biehl, Die EG-Finanzreform: Struktur, Mängel und Reformmöglichkeiten, in: Rudolf Wildenmann (Hrsg.), Staatswerdung Europas?, Optionen für eine Europäische Union, Baden-Baden 1991, S. 355–391.

[3] Ein solcher Ansatz, mit dem Bewertungskriterien abgeleitet werden können, ist von Francesco Forte entwickelt worden (vgl. Grundsätze der Zuordnung öffentlicher ökonomischer Funktionen im Rahmen von Gebietskörperschaften, in: EG-Kommission (Hrsg.), Bericht der Sachverständigengruppe zur Untersuchung der Rolle der öffentlichen Finanzen bei der europäischen Integration (MacDougall-Bericht), Bd. II, Brüssel 1977, S. 333–376.

[4] Vgl. James M. Buchanan und Gordon Tullock, The Calculus oft Consent, a. a. O., S. 7, 110.

[5] Vgl. James M. Buchanan und Gordon Tullock, The Calculus oft Consent, a. a. O., S. 37, 78.

[6] Vgl. John Rawls, A Theory of Justice, Oxford 1972, Kap. III.24., S. 136–142.

[7] In James M. Buchanan und Gordon Tullock, The Calculus of Consent, a. a. O., wird diese Zweistufigkeit noch nicht eindeutig postuliert, sie findet sich jedoch ausdrücklich in der Nobel-Preis-Rede von Buchanan (vgl. James M. Buchanan, The Constitution of Economic Policy, in: Karl-Göran Mäler (Hrsg.), Nobel Lectures in Economic Sciences 1981–1990, Singapore 1992, S. 180–189).

[8] Vgl. Klaus Stern, Das Staatsrecht der Bundesrepublik Deutschland, München 1984, Bd. I, S. 68.

[9] Der Begriff der Verfassungsfunktion ist aus der hier zugrundegelegten ökonomischen Perspektive weiter als der rechtliche Verfassungsbegriff (vgl. zu diesem z. B. Klaus Stern, Das Staatsrecht der Bundesrepublik Deutschland, a. a. O, Bd. I, S. 61 ff.), da er auf die Gesamtheit der Ressourcen- und Präferenzenkosten abstellt, die mit der Errichtung, Aufrechterhaltung und Funktionsfähigkeit eines verfassungsrechtlich geordneten institutionellen System verbunden sind.

[10] Richard A. Musgrave, Finanztheorie, 2. Aufl., Tübingen 1969, Kap. 1.

[11] Vgl. Dieter Biehl, Finanzausgleich IV: Internationaler Finanzausgleich, in: Willi Albers et al. (Hrsg.), Handwörterbuch der Wirtschaftswissenschaften, Bd. 2, Stuttgart 1980, S. 698–713; Dieter Biehl, Die EG-Finanzverfassung: Struktur, Mängel und Reformmöglichkeiten, in: Rudolf Wildenmann (Hrsg.), a. a. O., Baden-Baden 1991, S. 355–391.

[12] Vgl. Art. 79 Abs. 3 GG und dazu Klaus Stern, das Staatsrecht in der Bundesrepublik Deutschland, a. a. O., Bd. I, S. 93 ff. und S. 500 ff.

[13] Vgl. dazu z. B. Josef Isensee, Subsidiaritätsprinzip und Verfassungsrecht, Eine Studie über das Regulativ des Verhältnisses von Staat und Gesellschaft, Berlin 1968.

[14] Ein solches „Abwägen" scheint zwar beispielsweise in Art. 72 Abs. 2 GG bei der Inanspruchnahme der konkurrierenden Gesetzgebungsbefugnis durch den Bund vorgeschrieben, wenn man die dort genannten Voraussetzungen für ein „Bedürfnis nach bundesgesetzlicher Regelung" betrachtet. Das Bundesverfassungsgericht hat die Abwägung jedoch in das Ermessen des Bundesgesetzgebers gestellt (vgl. Klaus Stern, Das Staatsrecht der Bundesrepublik Deutschland, a. a. O., Bd. I, S. 511 und die Kritik daran in Fußnote 167). Dieser entscheidet jedoch letztlich nur auf der Basis seiner eigenen Kosteneinschätzung, obwohl die Präferenzenkosten ja nicht bei ihm, sondern bei den Ländern anfallen und wegen der Eigenart dieser Kosten auch von den Ländern artikuliert werden müßten.

[15] Vgl. Dieter Biehl, Finanzausgleich IV: Internationaler Finanzausgleich, a. a. O., S. 690. Das zweite Kriterium des Art. 72 Abs. 2 GG stellt auf Inkongruenz mit räumlichen Überwirkungen ab, wenn etwa die Gesetzgebung eines Landes über sein Territorium hinausreichende Beeinträchtigungen in dem Gebiet eines anderen Landes oder darüber hinaus im gesamten Staatsgebiet zur Folge hat.

[16] Vgl. James M. Buchanan, An Economic Theory of Clubs, Economica, Vol. 32, 1965, S. 1–14.

[17] Vgl. Richard A. Musgrave, Finanztheorie, a. a. O., S. 8.

[18] Dabei sind natürlich die mit dem Zwang verbundenen Frustrationskosten zu berücksichtigen.

[19] Vgl. Mancur Olson und Richard Zeckhauser, An Economic Theory of Alliances, Review of Economics and Statistics, Vol. 48, 1966, S. 266–279.

[20] Vgl. Klaus Stern, Das Staatsrecht der Bundesrepublik Deutschland, a. a. O., Bd. I, S. 73f.

[21] Vgl. Albert Breton, A Theory of Government Grants, Canadian Journal of Economics and Political Science, Bd. 31, 1965, S. 175–187; Wallace E. Oates, Fiscal Federalism, New York 1972.

[22] Zum Subsidiaritätsprinzip existiert eine Fülle von Literatur, auf die hier aus Raummangel nicht näher eingegangen werden kann. Vgl. insbesondere das bereits zitierte Werk von Josef Isensee, Subsidiaritätsprinzip und Verfassungsrecht, a. a. O.; für den EG-Kontext Jacques Delors, Le principe de subsidiarité, in: Jacques Delors, Le nouveau concert européen, Paris 1992, und Vlad Constantinesco, La distribution des pouvoirs entre la Communauté et ses Etats membres, in: Christian Engel und Wolfgang Wessels (eds.), From Luxembourg to Maastricht, Bonn 1992, S. 109–138; ferner die in späteren Fußnoten erwähnten Quellen.

[23] Vgl. Klaus Stern, Das Staatsrecht der Bundesrepublik Deutschland, a. a. O., Bd. I, S. 142f.

[24] Vgl. C. Gellert, Subsidiarität, in: Joerg Monar, Nanette Neuwahl und Paul Noack (Hrsg.), Sachwörterbuch zur Europäischen Union, Stuttgart 1993, S. 320.

[25] Vgl. Adolf Süsterhenn, Das Subsidiaritätsprinzip als Grundlage der vertikalen Gewaltenteilung, in: Theodor Maunz (Hrsg.), Vom Bonner Grundgesetz zur gesamtdeutschen Verfassung, Köln 1956, S. 147f.

[26] Ein Beispiel für ein simultanes vertikales und horizontales Kooperationssystem sind die deutschen Gemeinschaftsaufgaben insbesondere nach Art. 91a GG.

[27] Vgl. Fritz W. Scharpf, Die Theorie der Politikverflechtung: ein kurzgefaßter Leitfaden, in: Jens J. Hesse (Hrsg.), Politikverflechtung im föderativen Staat, Baden-Baden 1978, S. 21–31, sowie die dort abgedruckten weiteren Beiträge.

[28] Vgl. Konrad Hesse, Der unitarische Bundesstaat, Karlsruhe 1962.

[29] Vgl. dazu generell Fritz Neumark, Grundsätze gerechter und ökonomisch rationaler Steuerpolitik, Tübingen 1970, sowie für die EG Rolf Caesar, Neue Steuern für

die Europäische Gemeinschaft? Kriterien und Vorschläge, in: Dieter Biehl und Gero Pfennig (Hrsg.), Zur Reform der EG-Finanzverfassung, Bonn 1990, S. 57–105.

[30] Die Bezeichnung „Finanzausgleich i. e. S." wird gewählt, weil es auch den Begriff des Finanzausgleichs i. w. S. gibt, der die gesamte Aufgaben-, Ausgaben- und Einnahmenverteilung umfaßt.

[31] Vgl. MacDougall-Bericht, a. a. O., Bd. 1.

[32] Vgl. Hans von der Groeben et al., Kommentar zum EWG-Vertrag, Bd. 2, 3. Aufl., Baden-Baden 1983, S. 16–23.

[33] Vgl. Hans von der Groeben et al., a. a. O., Bd. 2, S. 15ff.

[34] Die folgenden Ausführungen stützen sich im wesentlichen auf Dieter Biehl, Die EG-Finanzverfassung: Struktur, Mängel und Reformmöglichkeiten, a. a. O., sowie Dieter Biehl und Horst Winter, Die EG-Finanzierung aus föderalistischer Perspektive, in: Bertelsmann-Stiftung (Hrsg.), Europa finanzieren – ein föderalistisches Modell, Gütersloh 1990, S. 21–131.

[35] Vgl. EG-Kommission, Haushaltsvademekum, Ausgabe 1992, Brüssel, Tabellen 1 und 2.

[36] Vgl. Thomas Läufer, Das Haushaltsverfahren: Grundprobleme, Konfliktlagen, Reformvorschläge, in: Dieter Biehl und Gero Pfennig (Hrsg.), Zur Reform der EG-Finanzverfassung, Bonn 1990, S. 141.

[37] Vgl. hierzu und zum Folgenden Thomas Läufer, Das Haushaltsverfahren, a. a. O., S. 146ff.

[38] Vgl. Peter M. Schmidhuber, Ist die Finanzverfassung der EG reformbedürftig? in: EG-Kommission, Vertretung in der Bundesrepublik Deutschland (Hrsg.), Europäische Gespräche, Heft 6, Bonn 1991, S. 7.

[39] Vgl. Peter M. Schmidhuber, Ist die Finanzverfassung der EG reformbedürftig?, a. a. O., S. 5.

[40] Vgl. Peter M. Schmidhuber, Ist die Finanzverfassung der EG reformbedürftig?, a. a. O., S. 13, sowie EG-Kommission, Haushaltsvademekum 1992, S. 6.

[41] Grund dafür ist, daß die (hohen) Agrarpreise in den privaten Verbrauch eingehen, der die Bemessungsgrundlage für die MWSt darstellt und bei niedrigem Einkommen einen größeren Einkommensanteil als bei höherem Einkommen beanspruchen.

[42] Vgl. Dieter Biehl, Finanzausgleich IV: Internationaler Finanzausgleich, a. a. O., S. 704, sowie United Nations, Report of the Committee on Contributions, Supplement no. 11 (A/47/11), New York 1992.

[43] Auch Peter M. Schmidhuber als das für den EG-Haushalt zuständige Mitglied der Kommission spricht sich in seinem schon zitierten Beitrag „Ist die EG-Finanzverfassung reformbedürftig?" für eine „echte Gemeinschaftssteuer" aus (vgl. a. a. O., S. 13). Er erwähnt zwar nicht ausdrücklich, daß diese progressiv ausgestaltet sein solle, beruft sich jedoch auf diesbezügliche Forderungen des EP, das schon seit langem eine progressive Finanzierung befürwortet; einer der ersten Vorschläge stammt schon aus 1980 (vgl. die erste Fassung des sog. Spinelli-Berichts, Report on Own Resources of the Community, EP-Dokument vom 5. Mai 1980).

[44] Vgl. hierzu MacDougall-Bericht, a. a. O., Bd. I, S. 71f. sowie für weitere Belege Rolf Caesar, Neue Steuern für die Europäische Gemeinschaft, a. a. O., S. 88.

[45] Vgl. Thomas Läufer, Haushaltspolitik, in: Werner Weidenfeld und Wolfgang Wessels (Hrsg.), Europa von A–Z, Bonn 1991, S. 215.

[46] Vgl. Künftige Finanzierung der Gemeinschaft – Delors-Paket II, Bulletin der EG, Nr. 12–1992, S. 28f.

[47] Vgl. Michael Leyendecker, Verkehrspolitik, in: Werner Weidenfeld und Wolfgang Wessels (Hrsg.), a. a. O., S. 311.

[48] Vgl. Claude Blumann, La Comitologie: L'exercice de la fonction exécutive dans la Communauté Européenne, in: Christian Engel und Wolfgang Wessels (eds.), From

Luxembourg to Maastricht, Bonn 1992, S. 89–108. Auch der EG-Präsident hat diese Praktiken kritisiert; vgl. Jacques Delors, Le principe de subsidiarité, a. a. O., S. 176.

[49] So sind z. B. alle von der EG unterstützten Maßnahmen in den neuen Bundesländern aus dem Regional-, dem Sozial- und dem Agrastrukturfonds in einem Gemeinschaftlichen Förderkonzept zusammengefaßt worden, für das 1990–92 rd. 6 Mrd. DM bereitgestellt wurden und für das 1993–1999 weitere 28 Mrd. DM vorgesehen sind. Die 6 Mrd. DM sind jedoch nur teilweise in den entsprechenden deutschen Programmen identifizierbar; nur die EFRE-Mittel finden sich im explizit 21. Rahmenplan für die Gemeinschaftsaufgabe „Verbesserung der regionalen Wirtschaftsstruktur".

[50] Vgl. EG-Kommission, Reform der Strukturfonds, Brüssel 1989.

[51] Vgl. dazu EG-Kommission, Die Regionen in den 90er Jahren, Brüssel/Luxemburg 1991, sowie für neuere Zahlen zu den Infrastrukturdisparitäten Dieter Biehl und Peter Ungar, Kapazitätsausstattung und Kapazitätsengpässe an großräumig bedeutsamer Infrastruktur, in: Bundesforschungsanstalt für Landeskunde und Raumforschung (Hrsg.), Raumordnung in Deutschland, Teil 2, Bonn 1991, S. 237–284.

[52] Vgl. EG-Kommission, Haushaltsvademekum, a. a. O., S. 15.

[53] Vgl. Fritz Franzmeyer und Bernhard Seidel, Die Regionalausgleichswirkungen des EG-Haushalts – Bedarf und Realität, in: Dieter Biehl und Gero Pfennig (Hrsg.), Zur Reform der EG-Finanzverfassung, Bonn 1990, S. 206.

[54] Vgl. Dieter Biehl, Finanzausgleich IV: Internationaler Finanzausgleich, a. a. O., S. 710.

[55] Vgl. Jacques Delors, Le principe de subsidiarité, a. a. O., S. 165.

[56] Vgl. die bei Delors, Le principe de subsidiarité, a. a. O., S. 165, wiedergegebenen Formulierungen, sowie Vlad Constantinesco, La distribution des pouvoirs entre la Communauté et ses Etats membres, a. a. O., S. 125–127.

[57] Vgl. EP (Hrsg.), Maastricht, The Treaty on European Union, The Position of the European Parliament, Luxembourg 1992, insbes. Bericht Giscard d'Estaing zum Bericht Martin, S. 57, und die Resolution des EP zu den Regierungskonferenzen, S. 16.

[58] Vgl. Jacques Delors, Le principe de subsidiarité, a. a. O., S. 165.

[59] Vgl. C. Gellert, Subsidiarität, a. a. O., S. 320.

[60] Vgl. Vlad Constantinesco, Subsidiarität: Zentrales Verfassungsprinzip für die Politische Union, Integration, Nr. 4/1990, a. a. O., S. 174, S. 176, Ziff. 9.

[61] Vgl. Jacques Delors, Le principe de subsidiarité. a. a. O., S. 176 ff., S. 173.

[62] Vgl. für diese Zahlen Dieter Biehl und Horst Winter, Die EG-Finanzierung aus föderalistischer Perspektive, a. a. O., Kap. 6, S. 96–107.

Rudolf Hrbek

Die Regionen in der Europäischen Union

[1] Vgl. dazu Viktor von Malchus, Partnerschaft an europäischen Grenzen, Integration durch grenzüberschreitende Zusammenarbeit, Bonn 1975.

[2] Das ist sicherlich der Grund, warum diese sehr weitgehende Auffassung vom „Europa der Regionen" in der politischen und wissenschaftlichen Debatte letztlich keine Rolle spielt.

[3] So haben Ministerpräsident Späth und der Präsident der Region Rhône-Alpes, Béraudier, anläßlich einer Zusammenkunft in Stuttgart Ende 1987 unterstrichen, daß der Gedanke der europäischen Einigung durch das Konzept „Europa der Regionen" mit neuem Leben erfüllt werden könnte. Auf diesen Zusammenhang verweist auch

Wolfgang Clement („Auf dem Weg zum Europa der Regionen", in: Joachim Jens Hesse u. Wolfgang Renzsch (Hrsg.), Föderalstaatliche Entwicklung in Europa, Baden-Baden 1991, S. 15–26).

[4] Darauf hat in nach wie vor überzeugender und gültiger Weise Karl W. Deutsch in vielen Beiträgen und größeren Projekten hingewiesen. Eine Zusammenfassung seiner Position zu diesem Zusammenhang findet sich in seinem Werk „Analyse internationaler Beziehungen", Frankfurt 1968, S. 272–289 (Kap. 18: Erreichung und Erhaltung von Integration).

[5] So beispielsweise auch Wolfgang Clement, Auf dem Weg zum Europa der Regionen, a. a. O., sowie vielfach erhobene Forderungen, auf die in diesem Beitrag noch näher eingegangen wird.

[6] Auf diese unterschiedlichen Gegebenheiten verweist u. a. Christian Engel, Regionen in der Europäischen Gemeinschaft, Eine integrationspolitische Rollensuche, in: integration 1 (1991), S. 9–29. Sehr informativ ist auch der Sammelband von Fritz Ossenbühl (Hrsg.), Föderalismus und Regionalismus in Europa, Baden-Baden 1990.

[7] Vgl. dazu Beiträge in dem von Roger Morgan für das European Centre for Political Studies am Policy Studies Institute, London, herausgegebenen Sammelband „Regionalism in European Politics", London 1986 sowie auch in dem von Michael Keating und Barry Jones herausgegebenen Sammelband „Regions in the European Community", Oxford 1985. Über neuere Entwicklungen informieren verschiedene Landesberichte in Ossenbühl (Hrsg.), Föderalismus und Regionalismus in Europa, a. a. O. Vgl. schließlich auch die verschiedenen Länderberichte in diesem Band.

[8] Vgl. hierzu auch den Länderbericht von Frank Delmartino „Föderalstaatliche Entwicklung in Belgien", in: Joachim Jens Hesse u. Wolfgang Renzsch (Hrsg.), Föderalstaatliche Entwicklung in Europa, a. a. O., S. 49–62.

[9] Vgl. hierzu auch Luciano Parejo Alfonso, Aufbau, Entwicklung und heutiger Stand des spanischen Staates und seiner Autonomen Gemeinschaften, in: Joachim Jens Hesse u. Wolfgang Renzsch (Hrsg.), Föderalstaatliche Entwicklung in Europa, a. a. O., S. 63–75.

[10] Vgl. zu diesem Verständnis des Begriffs Dirk Gerdes (Hrsg.), Aufstand der Provinz: Regionalismus in Westeuropa, Frankfurt 1980; sowie Edward A. Tiryakian u. Ronald Rogowski (Hrsg.), New Nationalisms of the developped West, London 1985. Vgl. auch den Sammelband von Hans Georg Wehling (Hrsg.), Regionen und Regionalismus in Westeuropa, Stuttgart 1987.

[11] Vgl. dazu Dirk Gerdes, Regionalimus als soziale Bewegung, Frankfurt/New York 1985; sowie Theo Stammen, Das Phänomen des europäischen Regionalismus, in: Die Landesparlamente im Spannungsfeld zwischen europäischer Integration und europäischem Regionalismus (Beiträge zum Parlamentarismus, hrsg. von Harry Andreas Kremer, Bayerischer Landtag, Bd. 2, München 1988, S. 163–185).

[12] Vgl. Hans Eberhard Birke, Die deutschen Bundesländer in den Europäischen Gemeinschaften, Berlin 1973.

[13] Folgende drei Sammelbände informieren über die Problematik in relativer Breite: Rudolf Hrbek u. Uwe Thaysen (Hrsg.), Die deutschen Länder und die Europäischen Gemeinschaften, Baden-Baden 1986; Siegfried Magiera u. Detlef Merten (Hrsg.), Bundesländer und Europäische Gemeinschaft, Berlin 1988; Bernhard Vogel u. Günther H. Oettinger (Hrsg.), Föderalismus in der Bewährung, Die deutschen Länder vor der Herausforderung fortschreitender EG-Integration, Köln 1992.

[14] Vgl. z. B. Alegría Borrás, Die Mitgliedschaft Spaniens in der EG in ihrer Auswirkung auf die Autonomen Gemeinschaften, in: Detlef Merten (Hrsg.), Föderalismus und Europäische Gemeinschaften unter besonderer Berücksichtigung von Umwelt und Gesundheit, Kultur und Bildung, Berlin 1990, S. 47–62.

[15] Viktor von Malchus, Partnerschaft an europäischen Grenzen, a. a. O.

[16] Mit der Zusammenarbeit in Grenzregionen befaßt sich eine Themenausgabe der Wochenzeitung „Das Parlament", Nr. 3–4/1984.

[17] Für die folgende kurze Übersicht stütze ich mich auf Vorarbeiten von Sabine Weyand.

[18] Zu den Aufgaben des saarländischen Büros äußert sich frühzeitig Ottokar Hahn („EG-Engagement der Länder: Lobbyismus oder Nebenaußenpolitik?" in: Rudolf Hrbek u. Uwe Thaysen (Hrsg.), Die deutschen Länder in den Europäischen Gemeinschaften, a.a.O., S. 105–110). Zu den Aufgaben des Bayerischen Büros vgl. Rudolf W. Strohmeier, Möglichkeiten der Einflußnahme auf den Entscheidungsprozeß der Europäischen Gemeinschaften durch die deutschen Bundesländer nach Einrichtung von Länderbüros in Brüssel, in: Die Öffentliche Verwaltung 15, 1988, S. 633–637.

[19] Antwort des Ministeriums für Bundes- und Europaangelegenheiten auf eine Kleine Anfrage des Landtagsabgeordneten Bütikofer (Die Grünen), Drucksache 10/6793, vgl. Staatsanzeiger Baden-Württemberg vom 13. Mai 1992, S. 3.

[20] Vgl. dazu Rudolf Hrbek, Die Regionen in Europa, in: Werner Weidenfeld u. Wolfgang Wessels (Hrsg.), Jahrbuch der europäischen Integration 1990/91, Bonn 1991, S. 277–284, insbesondere S. 280/81.

[21] Vgl. dazu den Bericht von Michael Borchmann, Konferenzen „Europa der Regionen" in München und Brüssel, in: Die Öffentliche Verwaltung 20/1990, S. 879–882. Vgl. auch Gisela Müller-Brandeck-Bocquet, Ein föderalistisches Europa? Zur Debatte über die Föderalisierung und Regionalisierung der zukünftigen Europäischen Politischen Union, in: Aus Politik und Zeitgeschichte 45/1991, S. 13–25.

[22] Amtsblatt der EG v. 6. 9. 1988, L 247, S. 23–25.

[23] Die Ministerpräsidenten der Länder faßten am 7. Juni 1990 einen entsprechenden Beschluß; die darin enthaltenen Forderungen sind dann in einer Entschließung des Bundesrates zur Regierungskonferenz, beschlossen am 24. 8. 1990, enthalten (Bundesrat-Drucksache 550/90 Beschluß). Beide Dokumente sind abgedruckt in Joachim Bauer (Hrsg.), Europa der Regionen, Aktuelle Dokumente zur Rolle und Zukunft der deutschen Länder im europäischen Integrationsprozeß, Berlin 1991, als Dokument 5 u. 6).

[24] Die Entschließung der VRE ist abgedruckt in Bernhard Vogel u. Günther H. Oettinger (Hrsg.), Föderalismus in der Bewährung, a.a.O., als Dokument 5 (S. 170/71).

[25] Die Resolution ist abgedruckt in Michael Borchmann, Konferenzen „Europa der Regionen" in München und Brüssel, a.a.O.

[26] Zu dieser Bilanz siehe Rudolf Hrbek, Der Ertrag der „Verfassungsdebatte" von Maastricht: Ein Erfolg für den Föderalismus und die deutschen Länder? In: Jürgen F. Baur, Peter-Christian Müller-Graff u. Manfred Zuleeg (Hrsg.), Europarecht, Energierecht, Wirtschaftsrecht, Festschrift für Bodo Börner, Köln 1992, S. 125–149.

[27] Das Zustandekommen der Vorschrift geht auf Drängen der belgischen Regionen zurück.

[28] Diese Lösung wurde von den deutschen Ländern lange massiv abgelehnt. Sie sehen in der Beteiligung von Vertretern der Spitzenverbände ein Hindernis für ihre Bemühungen, den AdR zum Vertretungsorgan einer eigenständigen dritten regionalen Ebene zu machen.

[29] Der Begriff wurde von Wolfgang Wessels in einem Beitrag in Europäische Zeitung 6/1986, S. 1 („Es geht um die Europafähigkeit") geprägt.

[30] Das geht aus der ersten offiziellen Stellungnahme von Länderseite zu den Ergebnissen von Maastricht in der Sitzung des Bundestages am 13. 12. 1991, abgegeben von Minister Wolfgang Clement (Nordrhein-Westfalen) unverkennbar hervor (Deutscher Bundestag, 12. Wahlperiode, Stenographische Bericht, S. 5830–5832).

[31] Daten nach Eurobarometer.

[32] Diesen Begriff verwendet der Unionsvertrag von Maastricht an Stelle des in Vorentwürfen verwendeten Begriffs „föderal" für die angestrebte Struktur der künftigen Union.

Larry Kramer/Joseph Weiler

Theorie und Praxis des amerikanischen Föderalismus

[1] R. Wiebe, The Opening of American Society, 1984, S. 24.

[2] James Madison, in: The Federalist No. 45.

[3] Mit der Einrichtung einer Zweikammer-Legislative sollte der Sorge kleiner Staaten begegnet werden, daß größere Staaten die Bundesregierung dominieren würden. Indem jeder Staat zwei Senatorensitze erhielt, wurde kleineren Staaten ebenso wie größeren die Möglichkeit gegeben, Gesetze zu blockieren.

[4] Der folgende kurze Katalog geht zurück auf McConnell, Federalism: Evaluating the Founders, Design, in: Univ. Chi. L. Rev. 54, 1987, S. 1484–1511.

[5] Der britisch-amerikanische Krieg von 1812–1814 hatte starke patriotische Gefühle innerhalb der Bevölkerung hervorgerufen.

[6] 17 U. S. (4 Wheat.) 316 (1819).

[7] 60 U. S. (19 How.) 393 (1857).

[8] Bailey v. Drexel Furniture Co., 259 U. S. 20 (1922).

[9] M. Grodzin, The Federal System, in: Goals for America, 1960, S. 265–282.

[10] 295 U. S. 495 (1935).

[11] 426 U. S. 833 (1976). In diesem Urteil vertrat das Gericht die Ansicht, daß der Kongreß Bundesgesetze zu Mindestlohn und Arbeitszeit für Bedienstete der Einzelstaaten durchsetzen könne, da dies in den Kernbereich einzelstaatlicher Kompetenz eingreife.

[12] 469 U. S. 528 (1985).

[13] 304 U. S. 144 (1938).

[14] S. Grodzins, a. a. O.

[15] Madison, in: The Federalist No. 51.

[16] Das 17. Verfassungsamendment von 1913 schwächte diesen Schutz durch die Vorschrift, daß die Senatoren in Volkswahlen zu wählen sind. Dieses Amendment spielte zweifellos eine Rolle bei der Ausdehnung der politischen Macht des Bundes, wenn auch die eigentliche Machtexpansion wegen der Bemühungen des Supreme Court, die Bundesmacht zu begrenzen, erst ab 1937 eintrat. Das 17. Amendment eliminierte jedoch keineswegs die Stimme der Staaten im politischen Entscheidungsprozeß auf nationaler Ebene. Die Senatoren werden immer noch in einzelstaatlicher Wahl gewählt; sowohl die Senatoren als auch die Mitglieder des Repräsentantenhauses sind auf die Unterstützung der regionalen Parteien- und Interessengruppen angewiesen, die nach wie vor enge Bindungen zu den einzelstaatlichen Parlamenten haben. Die Kontrolle der Staaten über den Kongreß ist demnach zwar verringert, aber immer noch erheblich.

[17] Die wichtigsten dieser Verbände sind: Council of State Governments, National Governors Association, National Conference of State Legislatures, Association of State Attorneys General, Conference of State Chief Justices, State Justice Institute, National Association of Counties, National League of Cities. Diese Organisationen entwickeln und unterstützen Initiativen, die für die für die einzelstaatliche und lokale Ebene von Bedeutung sind; sie agieren als Experten, Berater oder Lobby.

[18] A. G. for Canada v. A. G. for Ontario (1937) A. C. 326 (P. C.).

[19] In: McCulloch v. Maryland, 17 U. S. (4 Wheat.) 316, 421 (1819).

[20] S. z. B. Van Alstyne, The Second Death of Federalism, in: Michigan Law Review 83, 1985, S. 1709.

[21] Vgl. Wade, Memorandum and evidence on the Amendment of the Constitution of Canada submitted to The Foreign Affairs Committee of the House of Commons in British North America Acts: The Role of Parliament, in: H. C. P. 42 Vol. II (HMSO), London 1981.

[22] Vgl. Weiler, The Transformation of Europe, in: Yale Law Journal 100, 1991, S. 2403ff.

[23] Art. 2 und 3 EWGV geben die Aufgaben und Tätigkeiten der EG an, von denen ihre Kompetenzen in einer eher offen gehaltenen Sprache abgeleitet werden.

[24] Rs. 26/62, Slg. 1963, S. 1 (Hervorhebung Weiler).

[25] Rs. 7/56, 3–7/57 Algera (1957–58), ECR 39.

[26] Institutionelle Änderungen werden strikt überwacht.

[27] Konraad Lenaerts, Constitutionalism and the Many Faces of Federalism, in: American Journal of Comparative Law 38, 1990, S. 220. Für einen umfassenden Vergleich der europäischen und amerikanischen Entwicklung s. z. B. M. Cappelletti/M. Seccombe/J. H. H. Weiler, Integration Through Law. Europe and the American Federal Experience, Berlin/New York 1985–88.

[28] Für eine umfassende Analyse der EuGH-Rechtsprechung zu Menschenrechten vgl. Ronald Clapham, Human Rights and the European Community, Bd. 1 von: Cassese/Clapham/Weiler (Hrsg.), European Union. The Human Rights Challange, 3 Bde., 1991.

[29] Rs. 9/74, Slg. 1974, 773; s. z. B. auch Rs. 6 und 11/69 (Kommission v. Frankreich), Slg. 1969, 529.

[30] Amtsblatt der EG, L 257 v. 15. 10. 1968.

[31] Ausführlich zu diesem Thema s. Joseph Weiler, The European Court at a Cross Roads: Community Human Rights and Member State Action in: Capotorti u. a. (Hrsg.), Du droit international au droit de l'Integration, Baden-Baden 1987, S. 821ff.

[32] Für eine quantitative Analyse s. Weiler, Il Sistema Comunitario Europeo, Teil 2, 1985, S. 195.

[33] Ein Mitgliedstaat kann eine Maßnahme zwar auch nach anfänglicher Zustimmung anfechten, wird dies aber kaum mit mangelnder Kompetenz der EG begründen.

DIE AUTOREN DIESES BANDES

Biehl, Dieter, Prof. Dr. rer. pol., geb. 1931. Professor für Wirtschaftliche Staatswissenschaften, Johann Wolfgang Goethe-Universität Frankfurt.
Veröffentlichungen zur EG/EU-Steuerharmonisierung, zur Bedeutung der Infrastruktur für das regionale Entwicklungspotential, zum Finanzausgleich und zur Reform der EU-Finanzverfassung.

Hrbek, Rudolf, Prof. Dr. phil., geb. 1938. Professor, Institut für Politikwissenschaft, Universität Tübingen; Abteilung Innen- und EG-Politik und Politische Theorie.
Veröffentlichungen: Europäische Bildungspolitik und die Anforderungen des Subsidiaritätsprinzips, Baden-Baden 1994 (Herausgeber). Das neue Europäische Parlament: mehr Vielfalt – weniger Handlungsfähigkeit, in: integration 3, 1994, S. 157–164. Ordnungspolitische Fragen im Europäischen Parlament, in: Wolfgang Vitzthum (Hg.), Europäische und Internationale Wirtschaftsordnung aus der Sicht der Bundesrepublik Deutschland, Baden-Baden 1994, S. 17–45. Das Europa der Regionen, München 1994 (Mitautor). Die EG als Wirtschaftsunion: Gesamteuropäischer Hoffnungsträger oder westeuropäischer Prosperitätsgarant?, in: Hartmut Wasser (Hg.), Europa in den neunziger Jahren: Visionen und Realitäten, Weingarten 1994, S. 13–33.

Kramer, Larry, geb. 1958. Professor of Law, New York University Law School.
Veröffentlichungen: Conflict of Laws (Mitautor), West 1993. Civil Justice Reform in the 1990s, New York University Press, im Erscheinen. Understanding Federalism, Vanderbilt Law Review, im Erscheinen. Return of Renvoi, New York University Law Review, 1991.

Magiera, Siegfried, Prof. Dr. jur., geb. 1941. Professor, Lehrstuhl für Öffentliches Recht, insbesondere Völker- und Europarecht, Hochschule für Verwaltungswissenschaften Speyer.
Veröffentlichungen: Handkommentar zum EU-Vertrag (Mitautor), 1991 ff. Das Recht des öffentlichen Dienstes in den Mitgliedstaaten der Europäischen Gemeinschaft (Mitherausgeber), 1994. Die Grundgesetzänderung von 1992 und die Europäische Union, in: JURA 1994, S. 1 ff.

Schneider, Heinrich, Prof. Dr. phil., geb 1929. Vorsitzender des Wiss. Direktoriums und Vorstandsmitglied des Instituts für Europäische Politik, Bonn; bis 1991 Ord. Professor für Politikwissenschaft an der Universität Wien.
Veröffentlichungen: Leitbilder der Europapolitik 1: Der Weg zur Integration, Bonn 1977. Rückblick für die Zukunft, Konzeptionelle Weichenstellungen für die Europäische Einigung, Bonn 1986. Macht und Ohnmacht (Hrsg.), 1988. Alleingang nach Brüssel, Österreichs EG-Politik, Bonn 1989.

Weiler, Joseph, H. H., geb. 1951. Manley O. Hudson Professor of Law, Harvard Law School; Ko-Direktor der Academy of European Law am European University Institute, Florenz.

Veröffentlichungen: European Union: The Human Rights Challenge (Mitautor), Nomos 1991. The Transformation of Europe, Yale Law Journal, 1991. Journey to an Unknown Destination: A Retrospective and Prospective of the European Court of Justice in the Arena of Political Integration, Journal of Common Market Studies, 1993.

Wessels, Wolfgang, Prof. Dr. rer. pol., geb. 1948. Universitätsprofessor, Forschungsinstitut für Politische Wissenschaft und Europäische Fragen der Universität zu Köln; Geschäftsführendes Vorstandsmitglied des Instituts für Europäische Politik, Bonn; Direktor des Départements d'Etudes politiques et administratives européennes am Europa-Kolleg in Brügge.
Veröffentlichungen: zahlreiche Publikationen zur Europapolitik; Jahrbuch der Europäischen Integration (Mitherausgeber), Bonn 1980ff. Der Europäische Rat, Bonn 1980. Staat und (westeuropäische) Integration, Die Fusionsthese, in: Michael Kreile (Hg.), Die Integration Europas, PVS-Sonderheft 23, Opladen 1992, S. 36–61. Maastricht: Ergebnisse, Bewertungen und Langzeittrends, in: integration 1, 1992, S. 2–16. The European Union in the 1990s – Ever closer and larger, Bonn 1993 (Mitherausgeber). Rationalizing Maastricht: the search for an optimal strategy of the new Europe, in: International Affairs, 3, 1994, S. 445–457.

PERSPEKTIVEN UND ORIENTIERUNGEN

Schriftenreihe des Bundeskanzleramtes

„Perspektive und Orientierung sind Schlüsselbegriffe einer verantwortungsvollen Politik. Gerade die freiheitliche Demokratie, die nicht einer Ideologie, sondern vor allem ihren Bürgern verpflichtet ist, darf nicht der Versuchung erliegen, ihre Entscheidungen von den Intervallen der Wahlgänge abhängig zu machen. Demokratische Politik, ganz besonders Regierungspolitik, muß über die jeweilige Legislaturperiode hinausdenken, sie muß sich dem Auftrag stellen, die Zukunft zu gestalten. Sie kann diesem Auftrag dann gerecht werden, wenn ihre politischen Entscheidungen und Initiativen wertebezogen sind, wenn sie feste Orientierungen hat, an denen sich Politik über den Tag hinaus ausrichten kann, wenn sie schließlich auf der Grundlage dieser Orientierungen Perspektiven aufzeigt.

In der Schriftenreihe erscheint jährlich eine Auswahl gesellschaftspolitischer Studien und Gutachten, die für das Bundeskanzleramt erstellt worden sind. Sie untersuchen im Rahmen der mittel- und längerfristigen Aufgabenplanung Trends im Bereich staatlichen Handelns und gesellschaftlicher Entwicklungen und setzen sich mit Tendenzen auseinander, die für die Gesellschaftspolitik der Bundesrepublik Deutschland Bedeutung gewinnen können oder zum Teil schon gewonnen haben.

Regierungspolitik sollte niemals nur reaktiv sein. Sie muß sich stets darum bemühen, den Wandel in Staat und Gesellschaft rechtzeitig zu erspüren und Probleme, die aus ihm hervorgehen können, aufzugreifen und Lösungsmöglichkeiten vorzubereiten. Es kommt darauf an, daß die Zukunft nicht verwaltet wird, sondern gestaltet werden kann. Diesem Ziel dienen auch die Gutachten und Expertisen, die für das Bundeskanzleramt erarbeitet werden.

Mit der Schriftenreihe wird ein Beitrag zur Transparenz der Bonner Politik geleistet. Die Reihe gibt einen Enblick in das, was man als „wissenschaftlichen Unterbau“ politischer Entscheidungsfindung bezeichnen könnte. Sie zeigt auf, mit welchen Fragestellungen, Überlegungen, wissenschaftlichen und politischen Optionen sich die Bundesregierung auseinandersetzt. Naturgemäß können nicht alle der im Rahmen dieser Reihe veröffentlichten Analysen zur Grundlage politischer Entscheidungen werden. In jedem Fall aber werden sie sorgfältig geprüft und ausführlich erörtert. Viele der in diesen Arbeiten formulierten Gedanken finden so auf die eine oder andere Weise Eingang in die Regierungspolitik, andere leisten zumindest als Diskussionsgrundlage einen wertvollen und unverzichtbaren Beitrag zur Entscheidungsfindung."

(Aus dem Vorwort bei Begründung
der Schriftenreihe in Band 1 von
Dr. Wolfgang Schäuble, damals Bundesminister,
MdB, Chef des Bundeskanzleramtes)